今注本二十四史

晋書

二三

載記〔一〕

唐 房玄齡等 撰

梁滿倉 主持校注

中国社会科学出版社

晋書　卷一〇一

載記第一

晋書載記序　劉元海 子和 劉宣

晋書載記序

古者帝王乃生奇類，淳維、伯禹之苗裔，[1]豈異類哉？反首衣皮，餐羶飲湩，[2]而震驚中域，其來自遠。天未悔禍，種落彌繁。其風俗險詖，性靈馳突，前史載之，亦以詳備。軒帝患其干紀，[3]所以徂征；武王竄以荒服，同乎禽獸。而於露寒之野，候月覘風，睹隙揚埃，乘間騁暴，邊城不得緩帶，百姓靡有室家。孔子曰："微管仲，吾其被髮左衽矣。"[4]此言能教訓卒伍，整齊車甲，邊場既伏，境内以安。然則燕築造陽之郊，[5]秦塹臨洮之險，[6]登天山，紀地脉，[7]苞玄菟，[8]款黄河，[9]所以防夷狄之亂中華，其備豫如此。

[1]淳維：匈奴的始祖。《史記》卷一一〇《匈奴列傳》："匈奴，其先祖夏后氏之苗裔也，曰淳維。"　伯禹：夏禹。《尚書·舜

典》："伯禹作司空。"孔穎達疏引賈逵曰："伯，爵也。禹代鯀爲崇伯，入爲天子司空，以其伯爵，故稱伯禹。"

［2］餐羶飲湩（dòng）：吃牛羊肉喝牛羊奶。湩，乳汁。

［3］軒帝：黄帝，軒轅氏。　干紀：違法亂紀。

［4］"吾其被髪左衽矣"句：語出《論語·憲問》。

［5］燕築造陽之郊：《史記》卷一一〇《匈奴列傳》："燕亦築長城，自造陽至襄平。置上谷、漁陽、右北平、遼西、遼東郡以拒胡。"造陽，地名，在今河北省獨石口附近。

［6］秦塹臨洮之險：《史記》卷一一〇《匈奴列傳》："後秦滅六國，而始皇帝使蒙恬將十萬之衆北擊胡，悉收河南地。因河爲塞，築四十四縣城臨河，徙適戍以充之。而通直道，自九原至雲陽，因邊山險壍溪谷可繕者治之，起臨洮至遼東萬餘里。"臨洮，縣名，治所在今甘肅省岷縣。

［7］紀地脉：紀，宋本作"絶"，殿本於"紀"下有小字夾注"一作絶"。

［8］玄菟：郡名，西漢武帝置，治所在沃沮縣（今朝鮮民主主義人民共和國咸鏡南道咸興市），昭帝時移治高句麗縣（今遼寧省新賓滿族自治縣），東漢治所在高句麗縣（今遼寧省瀋陽市東）。

［9］款黄河：到黄河。

漢宣帝初納呼韓，[1]居之亭鄣，[2]委以候望，始寬戎狄。光武亦以南庭數萬徙入西河，[3]後亦轉至五原，[4]連延七郡。[5]董卓之亂，[6]則汾晋之郊蕭然矣。郭欽騰箋於武帝，[7]江統獻策於惠皇，[8]皆以爲魏處戎夷，綉居都鄙，[9]請移沙塞之表，定一殷周之服。統則憂諸并部，欽則慮在盟津。言猶自口，元海已至。語曰"失以豪釐"，[10]晋卿大夫之辱也。聰之誓兵，[11]東兼齊地；曜之馳旆，[12]西逾隴山，[13]覆没兩京，蒸徒百萬。[14]天子陵江御物，分據地險，回首中原，力不能救，劃長淮以北，大抵棄之。胡人利我艱虞，分鑣起亂；晋臣或阻兵遐遠，接武效尤。[15]

[1]呼韓：呼韓邪，匈奴單于，攣鞮氏，名稽侯狦，虛閭權渠單于之子。西漢神爵四年（前58）爲左地貴人擁立。甘露二年（前52）率衆降漢。次年至長安謁見漢宣帝。元帝竟寧元年（前33），漢廷將王昭君嫁給他。長期與漢朝保持和親關係。

[2]亭鄣：古代設置於边塞要地的堡垒。

[3]南庭：即南匈奴。　西河：郡名，治所在離石縣（今山西省吕梁市離石區）。

[4]五原：郡名，即西漢九原郡，東漢稱五原郡（今内蒙古自治區包頭市西北）。

[5]連延：連，原本、宋本作“運”，殿本作“連”，據殿本改。

[6]董卓：東漢末隴西臨洮（今甘肅省岷縣）人，字仲穎。本爲凉州豪强，靈帝時任中郎將、前將軍、并州牧等職。應何進之招進京殺宦官，進京後專權，廢少帝立獻帝。因受關東諸侯討伐，焚燒洛陽宫室，遷獻帝於長安。後爲部將吕布所殺。

[7]郭欽：西晋人，武帝時曾上書建議把内遷的胡人遷徙出去。

[8]江統：字應元，本書卷五六有傳。

[9]綉居都鄙：宋本無“綉”字，作一字空白。

[10]失以豪釐：《史記》卷一三〇《太史公自序》：“故《易》曰‘失之豪釐，差以千里’。”

[11]聰：劉聰，字玄明，一名載，本書卷一〇二有載記。

[12]曜：劉曜，字永明，劉淵族子，本書卷一〇三有載記。

[13]隴山：又名隴阪、隴首、隴頭、隴坻，位於今陝西省隴縣、寶鷄市與甘肅省清水縣、張家川回族自治縣之間。

[14]蒸徒：衆人，徒衆。

[15]接武效尤：一個接一個地效法。

大凡劉元海以惠帝永興元年據離石稱漢。[1]後九年，石勒據襄國稱趙。[2]張氏先據河西，[3]是歲，自石勒後三十六年也，重華自稱涼王。[4]後一年，冉閔據鄴稱魏。[5]後一年，苻健據長安稱秦。[6]慕容氏先據遼東稱燕，[7]是歲，自苻健後一年也，儁始僭號。[8]後三十一年，後燕慕容垂據鄴。[9]後二年，西燕慕容冲據阿房。[10]是歲也，乞伏國仁據枹罕稱秦。[11]後一年，慕容永據上黨。[12]是歲也，吕光據姑臧稱涼。[13]後十二年，慕容德據滑臺稱南燕。[14]是歲也，秃髮烏孤據廉川稱南涼，[15]段業據張掖稱北涼。[16]後三年，李玄盛據敦煌稱西涼。[17]後一年，沮渠蒙遜殺段業，[18]自稱涼。後四年，譙縱據蜀稱成都王。[19]後二年，赫連勃勃據朔方稱大夏。[20]後二年，馮跋殺離班，[21]據和龍稱北燕。[22]提封天下，[23]十喪其八，莫不龍旌帝服，建社開祊，[24]華夷咸暨，人物斯在。或篡通都之鄉，或擁數州之地，雄圖内卷，師旅外并，窮兵凶於勝負，盡人命於鋒鏑，其爲戰國者一百三十六載，抑元海爲之禍首云。

[1]離石：縣名，治所在今山西省吕梁市離石區。

[2]石勒：字世龍，本書卷一〇四有載記。　襄國：縣名，治所在今河北省邢臺市。

[3]張氏：張軌及其後代。張軌，本書卷八六有傳。　河西：地區名，今甘肅、青海二省之間黄河南段以西地區，即河西走廊、

湟水流域一帶。

[4]是歲，自石勒後三十六年也，重華自稱涼王：中華本校勘記："是歲指永興元年後九年，即永嘉六年，張重華稱涼王據《通鑑》九八在永和六年，相距三十八年。'六'當作'八'。"

[5]冉閔：字永曾，本書卷一〇七有載記。　鄴：縣名，曹魏五都之一。治所在今河北省臨漳縣西南。

[6]苻健：字建業，本書卷一一二有載記。苻，殿本作"符"，下文"苻健"同。　長安：縣名，治所在今陝西省西安市西北。

[7]慕容氏：慕容廆，本書卷一〇八有載記。　遼東：郡名，治所在襄平縣（今遼寧省遼陽市）。

[8]儁：慕容儁，字宣英，本書卷一一〇有載記。

[9]慕容垂：字道明，本書卷一二三有載記。

[10]慕容沖：小字鳳凰，昌黎棘城（今遼寧省義縣西）人，慕容儁之子。西燕國主。　阿房：阿房宮。位於今陝西省西安市西南阿房村、古城村與朐家莊一帶。

[11]乞伏國仁：十六國時西秦主，本書卷一二五有載記。　枹罕：縣名，治所在今甘肅省臨夏縣西南。

[12]慕容永：字叔明，十六國時西燕國主，被後燕慕容垂攻殺。　上黨：郡名，治所在潞縣（今山西省黎城縣南）。

[13]呂光：字世明，本書卷一二二有載記。　姑臧：縣名，治所在今甘肅省武威市。

[14]慕容德：字玄明，又名備德，十六國南燕創建者，本書卷一二七有載記。　滑臺：滑臺城，即今河南省滑縣東舊滑縣，北臨古黄河。

[15]秃髮烏孤：十六國南涼主，河西鮮卑人，本書卷一二六有載記。　廉川：廉川堡，位於今青海省民和回族土族自治縣西北。

[16]是歲也，秃髮烏孤據廉川稱南涼，段業據張掖稱北涼：中華本校勘記："是歲指慕容德據滑臺之年，檢《慕容德載記》事在隆安二年，而秃髮烏孤稱南涼，段業稱涼州牧，據《安紀》在隆安

元年，不在一歲。此誤。”

［17］李玄盛：即十六國西涼創始人李暠，字玄盛，本書卷八七有傳。　敦煌：郡名，治所在敦煌縣（今甘肅省敦煌市西）。

［18］沮渠蒙遜：盧水胡人，十六國北凉主，本書卷一二九有載記。

［19］譙縱：巴西南充（今四川省南充市）人，本書卷一〇〇有傳。　蜀：蜀郡，治所在成都縣（今四川省成都市）。

［20］赫連勃勃：字屈孑，本書卷一三〇有載記。　朔方：郡名，治所在朔方縣（今内蒙古自治區杭錦旗北），轄境相當於今内蒙古自治區前套西北部及後套地區。

［21］馮跋：字文起，本書卷一二五有載記。

［22］和龍：和龍城，又名黄龍城、龍都。即今遼寧省朝陽市。

［23］提封天下：天下版圖。

［24］建社開祊（bēng）：建立社稷壇進行祭祀。祊，指正祭畢於次日舉行之繹祭。《禮記·禮器》：“設祭於堂，爲祊乎外。”鄭玄注：“祊祭，明日之繹祭也。謂之祊者，於廟門之旁，因名焉。”祊，殿本作“枋”。

劉元海

劉元海，新興匈奴人，[1]冒頓之後也。[2]名犯高祖廟諱，[3]故稱其字焉。

［1］新興：郡名，治所在九原縣（今山西省忻州市）。　匈奴：古代北方少數民族名。東漢時分裂爲南北兩部，建安二十一年（216）南匈奴呼厨泉單于入朝，部衆分爲五部，散居各郡縣。

［2］冒（mò）頓（dú）：匈奴單于，姓攣鞮氏。初爲質於月氏，後盗月氏善馬逃回。其父頭曼以之爲勇，令率萬騎。公元前209年弑父自立。即位後東敗東胡，西逐月氏，降服西域二十餘國。

數次侵擾漢邊郡，曾將漢高祖劉邦圍困於平城白登山。自後與漢和親，漢遣公主遠嫁，歲贈幣帛，開放關市，終文景之世不變。

[3]高祖廟諱：指唐高祖李淵之名。

初，漢高祖以宗女爲公主，以妻冒頓，約爲兄弟，故其子孫遂冒姓劉氏。建武初，烏珠留若鞮單于子右奥鞬日逐王比自立爲南單于，入居西河美稷，[1]今離石左國城即單于所徙庭也。[2]中平中，單于羌渠使子於扶羅將兵助漢，討平黄巾。會羌渠爲國人所殺，於扶羅以其衆留漢，自立爲單于。屬董卓之亂，寇掠太原、河東，[3]屯於河内。[4]於扶羅死，弟呼厨泉立，以於扶羅子豹爲左賢王，[5]即元海之父也。魏武分其衆爲五部，以豹爲左部帥，其餘部帥皆以劉氏爲之。太康中，改置都尉，[6]左部居太原兹氏，[7]右部居祁，[8]南部居蒲子，[9]北部居新興，中部居大陵。[10]劉氏雖分居五部，然皆家居晋陽汾澗之濱。[11]

[1]美稷：縣名，治所在今内蒙古自治區准格爾旗西北。

[2]左國城：位於今山西省吕梁市離石區東北。

[3]太原：郡名，治所在晋陽縣（今山西省太原市西南）。河東：郡名，治所在安邑縣（今山西省夏縣西北禹王城）。

[4]河内：郡名，治所在野王縣（今河南省沁陽市）。

[5]豹：東漢末人，匈奴族。傳説爲匈奴單于羌渠之孫，預付咯之子。漢末居并州，曹操使右賢王去卑監其國，部衆分前、後、左、右、中五部。匈奴渠率改姓劉自豹始。　左賢王：匈奴官名，即左屠耆王。屠耆爲匈奴語“賢”，漢人因稱之爲左賢王。單于手下最高官職，常由太子擔任。

［6］都尉：分别統率五部匈奴的長官。

［7］兹氏：縣名，治所在今山西省汾陽市。兹，原本、殿本作“泫”，宋本作“兹”，據宋本改。

［8］祁：縣名，治所在今山西省祁縣東南祁城。

［9］蒲子：縣名，治所在今山西省隰縣。

［10］大陵：縣名，治所在今山西省文水縣東北武陵村。

［11］晋陽：縣名，治所在今山西省太原市西南。　汾澗：汾水和澗水。汾水，即今陝西省汾河。澗水，即今山西省安澤、洪洞二縣境汾河支流澗河。

豹妻呼延氏，魏嘉平中祈子於龍門，[1]俄而有一大魚，頂有二角，軒鬐躍鱗而至祭所，久之乃去。巫覡皆異之，曰：“此嘉祥也。”其夜夢旦所見魚變爲人，左手把一物，大如半雞子，光景非常，授呼延氏，曰：“此是日精，服之生貴子。”寤而告豹，豹曰：“吉徵也。吾昔從邯鄲張冏母司徒氏相，[2]云吾當有貴子孫，三世必大昌，[3]仿像相符矣。”自是十三月而生元海，左手文有其名，遂以名焉。齠齔英慧，[4]七歲遭母憂，擗踴號叫，哀感旁鄰，宗族部落咸共嘆賞。時司空太原王昶等聞而嘉之，[5]並遣吊賻。[6]幼好學，師事上黨崔游，習《毛詩》《京氏易》《馬氏尚書》，尤好《春秋左氏傳》《孫吴兵法》，略皆誦之，《史》、《漢》、諸子，無不綜覽。嘗謂同門生朱紀、范隆曰：“吾每觀書傳，常鄙隨陸無武，[7]絳灌無文。[8]道由人弘，一物之不知者，固君子之所耻也。二生遇高皇而不能建封侯之業，兩公屬太宗而不能開庠序之美，[9]惜哉！”於是遂學武事，妙絶於衆，猿臂善射，膂力過人。姿儀魁偉，身長八尺四寸，鬚長三尺餘，當心有赤毫毛三根，長三尺六寸。有屯留崔懿之、襄陵公師彧等，[10]皆善相人，及見元海，驚而相謂曰："此人形貌非常，吾所未見也。"於是深相崇敬，推分結恩。太原王渾虚襟友之，[11]命子濟拜焉。[12]

[1]龍門：位於今山西省河津市西北、陝西省韓城市東北黄河上。又稱禹門口。

[2]邯鄲：縣名，治所在今河北省邯鄲市西南。

[3]三世必大昌：大，宋本作"元"字。

[4]齠齔英慧：童年時就聰明有智慧。

[5]司空：官名，魏晋南北朝爲名譽宰相，多爲大臣加官。晋八公之一，位在三公之末。晋一品。　王昶：三國時太原晋陽（今山西省太原市西南）人，字文舒。歷任曹魏太子文學、洛陽典農、兗州刺史、揚烈將軍等職。參與平定毌丘儉、諸葛誕反叛有功，官至司空。

[6]吊賻：往喪家吊唁並送以財物。

[7]隨：隨何，秦末漢初人，楚漢戰争時任漢王劉邦謁者，勸説英布叛楚歸漢。滅楚後，劉邦當衆折辱其爲"腐儒"，隨何乃舉前使淮南之功，據理相駁。劉邦遂任之爲護軍中尉。　陸：陸賈，西漢楚人，從劉邦平定天下，以善辯聞名。曾出使南越，説服南越尉趙佗歸附漢朝。受劉邦之命，撰寫《新語》，論述國家存亡徵候。諸吕擅權時，居家養病，後參與陳平等人誅滅諸吕，迎立文帝，因功拜爲太中大夫。

[8]絳：周勃，秦末泗水沛縣豐邑（今江蘇省豐縣）人。隨劉邦起兵，爲劉邦功臣。西漢建立後封絳侯，歷任太尉、相國。　灌：灌嬰，漢初睢陽（今河南省商丘市南）人，早年販繒。隨劉邦起兵，歷任郎中、中謁者、中大夫、御史大夫等職。屢立戰功，封

潁陰侯。劉邦死後事惠帝和吕后。吕后死後，與周勃滅諸吕，立文帝，被拜爲太尉。

［9］庠序：學校。

［10］屯留：縣名，西漢置。治所在今山西省長治市長治市屯留區南。　襄陵：縣名，治所在今山西省臨汾市東南古城莊。

［11］王渾：字玄冲，本書卷四二有傳。

［12］濟：王濟，字武子，本書卷四二有傳。

咸熙中，爲任子在洛陽，[1]文帝深待之。泰始之後，渾又屢言之於武帝。帝召與語，大悦之，謂王濟曰："劉元海容儀機鑒，雖由余、日磾無以加也。"[2]濟對曰："元海儀容機鑒，[3]實如聖旨，然其文武才幹賢於二子遠矣。陛下若任之以東南之事，吴會不足平也。"帝稱善。孔恂、楊珧進曰：[4]"臣觀元海之才，當今懼無其比，陛下若輕其衆，不足以成事；若假之威權，平吴之後，恐其不復北渡也。非我族類，其心必異。任之以本部，臣竊爲陛下寒心。若舉天阻之固以資之，無乃不可乎！"帝默然。

［1］任子：即質子，人質，多爲被質押國的王子或世子。　洛陽：古都名，在今河南省洛陽市東北。

［2］由余：又作繇余，春秋時戎人。其祖先本晋人，因能言晋語，戎王遣其入秦。秦穆公愛其才，乃離間由余與戎王的關係，使人召之入秦，待以客禮。後由余爲秦國謀劃滅戎，開地千里，稱霸西戎。　日磾：金日磾，字翁叔，本匈奴休屠王太子。漢武帝元狩中，昆邪王、休屠王謀降漢，旋休屠王後悔，昆邪王殺之，並將其衆降漢。日磾以父不降見殺，與母閼氏、弟倫俱没入官，輸黄門養

馬。後被武帝信任寵愛。班固評金日磾“以篤敬寤主，忠信自著，勒功上將，傳國後嗣，世名忠孝，七世内侍”。

[3]機鑒：鑒，宋本作“識”。

[4]孔恂：西晋人，字士信，歷任侍中、御史中丞、平東將軍衛尉等職。　楊珧：字文琚，本書卷四〇有傳。

後秦涼覆没，[1]帝疇咨將帥，[2]上黨李憙曰：[3]“陛下誠能發匈奴五部之衆，假元海一將軍之號，鼓行而西，可指期而定。”孔恂曰：“李公之言，未盡殄患之理也。”憙勃然曰：“以匈奴之勁悍，元海之曉兵，奉宣聖威，何不盡之有！”恂曰：“元海若能平涼州，斬樹機能，[4]恐涼州方有難耳。蛟龍得雲雨，非復池中物也。”帝乃止。後王彌從洛陽東歸，[5]元海餞彌於九曲之濱，[6]泣謂彌曰：“王渾、李憙以鄉曲見知，每相稱達，讒間因之而進，深非吾願，適足爲害。吾本無宦情，惟足下明之。恐死洛陽，永與子别。”因慷慨歔欷，縱酒長嘯，聲調亮然，坐者爲之流涕。齊王攸時在九曲，[7]比聞而馳遣視之，見元海在焉，言於帝曰：“陛下不除劉元海，臣恐并州不得久寧。”[8]王渾進曰：“元海長者，渾爲君王保明之。且大晋方表信殊俗，懷遠以德，如之何以無萌之疑殺人侍子，以示晋德不弘。”帝曰：“渾言是也。”

[1]秦：秦州，治所在上邽縣（今甘肅省天水市）。　涼：涼州，治所在姑臧縣（今甘肅省武威市）。

[2]疇咨：咨，宋本作“次”。

[3]李憙：字季和，本書卷四一有傳。

[4]樹機能：河西鮮卑，禿髮壽闐之孫，壯果多謀略。泰始中，

殺秦州刺史胡烈於萬斛堆，敗凉州刺史蘇愉於金山，盡有凉州之地。後爲馬隆所敗，爲部下所殺。

［5］王彌：本書卷一〇〇有傳。

［6］元海餞彌：餞，宋本作“飲”。　九曲：即九曲瀆，位於今河南省鞏義市西。

［7］齊王攸：司馬攸，字大猷，本書卷三八有傳。

［8］并州：治所在晋陽縣（今山西省太原市西南）。

會豹卒，以元海代爲左部帥。太康末，拜北部都尉。明刑法，禁奸邪，輕財好施，推誠接物，五部俊傑無不至者。幽冀名儒，[1]後門秀士，不遠千里，亦皆游焉。楊駿輔政，[2]以元海爲建威將軍、五部大都督，[3]封漢光鄉侯。元康末，坐部人叛出塞免官。成都王穎鎮鄴，[4]表元海行寧朔將軍、監五部軍事。[5]

［1］幽：幽州，治所在薊縣（今北京市西南）。　冀：冀州，三國魏治所在信都縣（今河北省衡水市冀州區），西晋移治房子縣（今河北省高邑縣西南）。

［2］楊駿：字文長，本書卷四〇有傳。

［3］建威將軍：官名，領兵征戰，曹魏、孫吴、西晋皆置。晋四品。　五部大都督：官名，五部匈奴統帥。

［4］成都王穎：司馬穎，字章度，本書卷五九有傳。

［5］行：兼攝官職。　寧朔將軍：官名，西晋時多駐幽州，爲幽州地區軍政長官，兼管烏丸事務。此時駐洛陽。晋四品。　監五部軍事：即監五部諸軍事，五部匈奴的軍事行政長官，位低於五部都督。

惠帝失馭，寇盜蜂起，元海從祖故北部都尉、左賢王劉宣等竊議曰:[1]“昔我先人與漢約爲兄弟,憂泰同之。自漢亡以來,魏晋代興,我單于雖有虚號,無復尺土之業,自諸王侯,降同編户。今司馬氏骨肉相殘,四海鼎沸,興邦復業,此其時矣。左賢王元海姿器絶人,幹宇超世,天若不恢崇單于,終不虚生此人也。”於是密共推元海爲大單于。乃使其黨呼延攸詣鄴,以謀告之。元海請歸會葬,穎弗許。乃令攸先歸,告宣等招集五部,引會宜陽諸胡,聲言應穎,實背之也。

[1]左賢王劉宣等竊議曰:此處劉宣和劉淵均爲左賢王。《十六國春秋》卷一《前趙録·劉淵傳》:“右賢王劉宣等與族人竊議曰。”《資治通鑑》卷八五《晋紀》惠帝永興元年:“淵從祖右賢王宣謂其族人曰”,“初,太弟穎表匈奴左賢王劉淵爲冠軍將軍,監五部軍事,使將兵在鄴”。可知劉宣爲右賢王。(參見李之亮、許華偉《〈晋書〉、〈十六國春秋〉對堪劄記》,《鄭州大學學報》1998年第3期)

穎爲皇太弟,[1]以元海爲太弟屯騎校尉。[2]惠帝伐穎,次于蕩陰,[3]穎假元海輔國將軍、督北城守事。[4]及六軍敗績,穎以元海爲冠軍將軍,[5]封盧奴伯。并州刺史東嬴公騰、安北將軍王浚,[6]起兵伐穎,元海説穎曰:“今二鎮跋扈,衆餘十萬,恐非宿衛及近都士庶所能禦之,請爲殿下還説五部,以赴國難。”穎曰:“五部之衆可保發已不?縱能發之,鮮卑、烏丸勁速如風雲,[7]何易可當邪?吾欲奉乘輿還洛陽,避其鋒鋭,徐傳檄天下,以逆順制之。君意何如?”元海曰:“殿下武皇帝之子，有殊勛於王室，威恩光洽，四海欽風，孰不思爲殿下没命投軀者哉，何難發之有乎！王浚豎子，[8]東嬴疏屬，豈能與殿下争衡邪！殿下一發鄴宫，示弱於人，洛陽可復至乎？縱達洛陽，威權不復在殿下也。紙檄尺書，誰爲人奉之！且東胡之悍不逾五部，願殿下勉撫士衆，靖以鎮之，當爲殿下以二部摧東嬴，三部梟王浚，二豎之首可指日而懸矣。”穎悦，拜元海爲北單于、參丞相軍事。[9]

[1]皇太弟：將要即位的皇帝的世子爲皇太子，皇帝的兄弟稱皇太弟。

[2]屯騎校尉：官名，北軍五校尉之一，隸屬中領軍，掌本營騎士，戍衛京師。晋四品。

[3]蕩陰：縣名，治所在今河南省湯陰縣。

[4]輔國將軍：官名，屬將軍名號，三國兩晋皆置。晋三品。　督北城守事：負責守衛北城的軍事行政長官。

[5]冠軍將軍：官名，曹魏、孫吴、西晋皆置。西晋時領營兵。晋三品。

[6]東嬴公騰：嬴，原本、宋本、殿本作“瀛”，據司馬騰本傳及中華本改。本卷下同。司馬騰，字元邁，本書卷三七有傳。　安北將軍：官名，東漢建安年間置，與安東、安南、安西將軍合稱四安將軍，爲出鎮某一地區的軍事長官，或作爲刺史等兼理軍務的加官，權任頗重。晋三品，加持節都督者二品。　王浚：字彭祖，本書卷三九有傳。

[7]鮮卑：我國古代北方少數民族，有拓拔、宇文、慕容、禿髮、乞伏、段諸部。　烏丸：一作烏桓，古族名，東胡的一支。

[8]豎子：對人的蔑稱。

[9]參丞相軍事：官名，丞相府參軍事。參軍事，亦作參軍，謂參謀軍事。兩晋公府、軍府皆置。宋本無“軍”字。

元海至左國城，劉宣等上大單于之號，二旬之間，衆已五萬，都于離石。

王浚使將軍祁弘率鮮卑攻鄴，[1]穎敗，挾天子南奔洛陽。元海曰：“穎不用吾言，逆自奔潰，真奴才也。然吾與其有言矣，不可不救。”於是命右於陸王劉景、左獨鹿王劉延年等率步騎二萬，[2]將討鮮卑。劉宣等固諫曰：“晋爲無道，奴隸御我，是以右賢王猛不勝其忿。屬晋綱未弛，大事不遂，右賢塗地，單于之耻也。今司馬氏父子兄弟自相魚肉，此天厭晋德，授之於我。單于積德在躬，爲晋人所服，方當興我邦族，復呼韓邪之業，鮮卑、烏丸可以爲援，奈何距之而拯仇敵！今天假手於我，不可違也。違天不祥，逆衆不濟；天與不取，反受其咎。願單于勿疑。”元海曰：“善。當爲崇岡峻阜，何能爲培塿乎！[3]夫帝王豈有常哉，大禹出於西戎，文王生於東夷，顧惟德所授耳。[4]今見衆十餘萬，皆一當晋十，鼓行而摧亂晋，猶拉枯耳。上可成漢高之業，下不失爲魏氏。雖然，晋人未必同我。漢有天下世長，恩德結於人心，是以昭烈崎嶇於一州之地，[5]而能抗衡於天下。吾又漢氏之甥，約爲兄弟，兄亡弟紹，不亦可乎？且可稱漢，追尊後主，[6]以懷人望。”乃遷於左國城，遠人歸附者數萬。

[1]祁弘：先任王浚主簿，後爲司馬越部下。

［2］右於陸王：匈奴官名。本書卷九七《四夷北狄匈奴傳》："其國號有左賢王、右賢王、左奕蠡王、右奕蠡王、左於陸王、右於陸王、左漸尚王、右漸尚王、左朔方王、右朔方王、左獨鹿王、右獨鹿王、左顯禄王、右顯禄王、左安樂王、右安樂王，凡十六等，皆用單于親子弟也。"　左獨鹿王：匈奴官名。

［3］培塿：亦作部塿，小土丘。《左傳・襄公二十四年》："部婁無松柏。"杜預注："部婁，小阜。"

［4］惟德所授耳：授，宋本作"新"。

［5］昭烈：劉備。

［6］後主：劉禪。

永興元年，元海乃爲壇於南郊，僭即漢王位，下令曰："昔我太祖高皇帝以神武應期，廓開大業。太宗孝文皇帝重以明德，升平漢道。世宗孝武皇帝拓土攘夷，地過唐日。[1]中宗孝宣皇帝搜揚俊乂，多士盈朝。是我祖宗道邁三王，功高五帝，故卜年倍於夏商，卜世過於姬氏。而元成多僻，哀平短祚，賊臣王莽，滔天簒逆。我世祖光武皇帝誕資聖武，恢復鴻基，祀漢配天，不失舊物，俾三光晦而復明，神器幽而復顯。顯宗孝明皇帝、肅宗孝章皇帝累葉重暉，炎光再闡。自和安已後，皇綱漸頽，天步艱難，國統頻絶。黄巾海沸於九州，群閹毒流於四海，董卓因之肆其猖勃，曹操父子凶逆相尋。[2]故孝愍委棄萬國，昭烈播越岷蜀，冀否終有泰，旋軫舊京。何圖天未悔禍，後帝窘辱。自社稷淪喪，宗廟之不血食四十年于兹矣。今天誘其衷，悔禍皇漢，使司馬氏父子兄弟迭相殘滅。黎庶塗炭，靡所控告。孤今猥爲群公所推，紹修三祖之業。顧兹尫暗，[3]戰惶靡厝。

但以大耻未雪，社稷無主，銜膽栖冰，勉從群議。”乃赦其境内，年號元熙，追尊劉禪爲孝懷皇帝，立漢高祖以下三祖五宗神主而祭之。立其妻呼延氏爲王后。置百官，以劉宣爲丞相，[4]崔游爲御史大夫，[5]劉宏爲太尉，[6]其餘拜授各有差。

[1]唐日：地名。漢武帝元封五年（前 106）冬，行南巡狩，至於盛唐，望祀虞舜於九嶷。顔師古注引文潁曰：“案《地理志》不得，疑當在廬江左右，縣名也。”韋昭曰：“在南郡。”師古曰：“韋説是也。”

[2]凶逆相尋：凶逆相繼，連接不斷。

[3]尫暗：弱小昏暗。

[4]丞相：官名，原爲最高國務長官，魏晋時省置無常，或分置左、右，或稱大丞相，多用來安置權臣。十六國一些少數民族政權亦置。

[5]御史大夫：官名，協助丞相處理天下政務，以監察執法爲主要職掌。東漢稱司空。建安年間曹操罷三公，復置此官。晋三品。

[6]太尉：官名，曹操爲丞相後，太尉府屬官歸相府，晋時太尉雖爲八公之一、三公之首，實爲名譽宰相，多爲大臣加官。晋一品。

東嬴公騰使將軍聶玄討之，戰于大陵，玄師敗績，騰懼，率并州二萬餘户下山東。元海遂所在爲寇。[1]元海遣其建武將軍劉曜寇太原、泫氏、屯留、長子、中都，[2]皆陷之。二年，騰又遣司馬瑜、周良、石鮮等討之，次于離石汾城。[3]元海遣其武牙將軍劉欽等六軍距瑜等，[4]四戰，瑜皆敗，欽振旅而歸。是歲，離石大饑，遷于黎亭，[5]以就邸閣穀，[6]留其太尉劉宏、護軍馬景守離石，使大司農卜豫運糧以給之。[7]以其前將軍劉景爲使持節、征討大都督、大將軍，[8]要擊并州刺史劉琨于板橋，[9]爲琨所敗，琨遂據晋陽。其侍中劉殷、王育進諫元海曰：[10]"殿下自起兵以來，漸已一周，而顓守偏方，王威未震。誠能命將四出，决機一擲，梟劉琨，定河東，建帝號，鼓行而南，克長安而都之，以關中之衆席卷洛陽，如指掌耳。此高皇帝之所以創啓鴻基，[11]克殄强楚者也。"元海悦曰："此孤心也。"遂進據河東，攻寇蒲坂、平陽，[12]皆陷之。元海遂入都蒲子，河東、平陽屬縣壘壁盡降。時汲桑起兵趙魏，[13]上郡四部鮮卑陸逐延、氐酋大單于徵、東萊王彌及石勒等並相次降之，[14]元海悉署其官爵。

[1]元海遂所在爲寇：原本、宋本、殿本"遂"上無"元海"二字。此言司馬騰因懼怕劉淵，故率并州二萬餘户逃往山東，劉淵乘勝攻略郡縣，所在爲寇。《十六國春秋》卷一《前趙録·劉淵傳》"騰懼，率并州二萬餘户下山東。淵遂所在爲寇，攻擊郡縣"，語意甚明。(參見李之亮、許華偉《〈晋書〉、〈十六國春秋〉對堪劄記》，《鄭州大學學報》1998年第3期) 然加"淵"字又不符唐人避諱之制。又中華本"山東"下用逗號，加上下句無主語，成了司馬騰官軍所在爲寇。此處"山東"下改用句號，並加主語"元海"。

[2]建武將軍：官名，東漢末曹操置，統兵征伐。晋四品。　泫氏：縣名，治所在今山西省高平市。　長子：縣名，治所在今山西省長子縣西南。　中都：縣名，治所在今山西省平遥縣西南。

［3］汾城：位於今山西省新絳縣東北。

［4］武牙將軍：官名，即虎牙將軍，唐人因避諱改。漢朝屬將軍名號，不常置。劉淵自稱繼承漢朝，故置。晋五品。

［5］黎亭：縣名，治所在今山西省黎城縣西北。

［6］邸閣：倉儲治所。

［7］大司農：官名，掌管全國財政和各地的屯田。晋三品。

［8］前將軍：官名，漢代重號將軍之一，與左、右、後將軍並爲上卿。魏晋時常設，權位較兩漢時漸低，僅爲武官名號，略高於一般雜號將軍，不典禁兵，不與朝政。晋三品。　使持節：漢朝官吏奉使外出時，或由皇帝授予節杖，以提高其權力。魏晋以後，凡重要軍事長官出征或出鎮，加使持節，可誅殺二千石以下官員。征討大都督：官名，掌統率外出征伐之軍，名位在征討都督之上。大將軍：官名，高級軍事統帥。曹魏時多以之屯駐長安，對付蜀漢，蜀漢以其爲最高軍事長官，孫吴則别置上大將軍居其上。西晋時爲八公之一，位居上公、大司馬下，三公之上。東晋時常專擅軍政事務。晋一品。

［9］劉琨：字越石，本書卷六二有傳。　板橋：板橋城，在今山西省介休市西北。板，宋本作“版”。

［10］侍中：官名，東漢建安中與給事黄門侍郎出入禁中，省尚書事。曹魏時爲門下之侍中省長官。常侍衛皇帝左右，掌顧問應對、諫諍糾察、平議奏事、駁奏異議等，權力甚重。晋三品。

［11］創啓鴻基：啓，殿本作“暨”。

［12］蒲坂：縣名，治所在今山西省永濟市西南蒲州鎮。坂，宋本作“阪”。　平陽：縣名，治所在今山西省臨汾市西南。

［13］汲桑：西晋魏郡（今河北省臨漳縣西南）人，一説平陽（今山西省臨汾市西南）人。與石勒從成都王司馬穎故將公師藩，後自稱大將軍爲石勒前驅，被乞活田甄攻殺。　趙魏：指戰國時趙國和魏國故地。今山西省及河北省南部。

［14］上郡：治所在膚施縣（今陝西省榆林市東南）。　氐酋大

單于徵：中華本校勘記："《通鑑》八六作'氐酋單徵'，《通鑑考異》云：當時戎狄酋長皆謂之'大'，徵即光文單后之父。'于'衍字也。"

永嘉二年，元海僭即皇帝位，大赦境内，改元永鳳。以其大將軍劉和爲大司馬，[1]封梁王，尚書令劉歡樂爲大司徒，[2]封陳留王，御史大夫呼延翼爲大司空，[3]封雁門郡公，宗室以親疏爲等，悉封郡縣王，異姓以勛謀爲差，皆封郡縣公侯。太史令宣于脩之言於元海曰：[4]"陛下雖龍興鳳翔，奄受大命，然遺晋未殄，皇居仄陋，紫宫之變，[5]猶鍾晋氏，不出三年，必克洛陽。蒲子崎嶇，非可久安。平陽勢有紫氣，兼陶唐舊都，願陛下上迎乾象，下協坤祥。"於是遷都平陽。汾水中得玉璽，文曰"有新保之"，蓋王莽時璽也。得者因增"泉海光"三字，[6]元海以爲己瑞，大赦境内，改年河瑞。封子裕爲齊王，隆爲魯王。

[1]大司馬：官名，八公之一，位在上公之下、大將軍及三公之上，高級將帥，多爲大臣加官。晋一品。

[2]尚書令：官名，秦漢時爲尚書署長官。秩位雖低，權力甚重。魏晋時沿置，爲尚書省長官，綜理全國政務，參議大政，爲高級政務長官。晋三品。　大司徒：即司徒，職同相國，地位却尊。晋一品。

[3]大司空：官名，即司空，魏晋南北朝爲名譽宰相，多爲大臣加官。晋八公之一，位在三公之末。晋一品。

[4]太史令：官名，屬太常。掌天時、星曆、歲終奏新年曆。記録瑞應、灾異等。晋七品。　宣于脩之：中華本校勘記："《通鑑

考異》云：《晋春秋》作‘鮮于脩之’，今從《載記》《十六國春秋》。按：諸氏姓書，有‘鮮于’而無‘宣于’。”

[5]紫宫之變：天象變化。紫宫，星官名，指紫微垣。

[6]得者因增“泉海光”三字：中華本校勘記：“《魏書·劉聰傳》‘泉’作‘淵’，《御覽》六八二引《前趙録》作‘深’。蓋字本作‘淵’，‘泉’‘深’皆避唐諱改。”

於是命其子聰與王彌進寇洛陽，劉曜與趙固等爲之後繼。東海王越遣平北將軍曹武、將軍宋抽、彭默等距之，[1]王師敗績。聰等長驅至宜陽，[2]平昌公模遣將軍淳于定、吕毅等自長安討之，[3]戰于宜陽，定等敗績。聰恃連勝，不設備，弘農太守垣延詐降，[4]夜襲，聰軍大敗而還，元海素服迎師。

[1]東海王越：司馬越，字元超，本書卷五九有傳。　平北將軍：官名，與平東、平西、平南將軍合稱四平將軍。多持節都督或監某一地區的軍事，有時作爲刺史等地方官員監理軍務的加官。晋三品，加持節都督者二品。

[2]宜陽：縣名，治所在今河南省宜陽縣西。

[3]平昌公模：司馬模，字元表，本書卷三七有傳。

[4]弘農：郡名，治所在弘農縣（今河南省靈寶市）。　垣延：垣，宋本作“桓”。

是冬，復大發卒，遣聰、彌與劉曜、劉景等率精騎五萬寇洛陽，使呼延翼率步卒繼之，敗王師于河南。[1]聰進屯于西明門，[2]護軍賈胤夜薄之，[3]戰于大夏門，[4]斬聰將呼延顥，其衆遂潰。聰回軍而南，壁於洛水，尋進屯宣陽門，[5]曜屯上東門，[6]彌屯廣陽門，[7]景攻大夏門，聰親祈嵩岳，令其將劉厲、呼延朗等督留軍。東海王越命參軍孫詢、將軍丘光、樓裒等率帳下勁卒三千，自宣陽門擊朗，斬之。聰聞而馳還。厲懼聰之罪己也，赴水而死。王彌謂聰曰："今既失利，洛陽猶固，殿下不如還師，徐爲後舉。下官當於兖豫之間收兵積穀，伏聽嚴期。"宣于脩之又言於元海曰："歲在辛未，當得洛陽。今晉氣猶盛，大軍不歸，必敗。"元海馳遣黃門郎傅詢召聰等還師。[8]王彌出自轘轅，[9]越遣薄盛等追擊彌，戰于新汲，[10]彌師敗績。於是攝蒲坂之戍，[11]還於平陽。

[1]河南：郡名，治所在洛陽縣（今河南省洛陽市東北）。

[2]西明門：魏晉洛陽城西面正西一門。漢稱雍門，魏晉改爲西明門。

[3]護軍：官名，領兵武職。魏晉時常隨征伐目的，置諸雜號護軍統兵，如征蜀護軍、平虜護軍、揚威護軍等，職如將軍，而地位稍遜同號將軍，資歷稍淺之統帥常授此。晉四品。

[4]大夏門：洛陽城門。《太平寰宇記》卷三《河南府·洛陽縣》載："夏門。北面有二門，其西漢曰夏門，晉改爲大夏門。"

[5]宣陽門：洛陽城門。《水經注·穀水》："穀水又東，逕宣陽門南，故小苑門也。"郭守敬疏："《續漢書·百官志》：雒陽城有小苑門。《洛陽伽藍記》：南面次西曰宣陽門，漢曰津陽門，晉曰宣陽門，高祖因而不改。津陽字誤，當依《續漢志》作小苑。《寰宇記》：漢小苑門在午上，晉改曰宣陽門。"

[6]上東門：洛陽城門。《太平寰宇記》卷三《河南府·洛陽縣》："上東門，洛陽東晝門也。""《晉書》：十二門，東面最北曰

東上門，後又改爲東陽門，即阮籍詩‘步出上東門’也。”

[7]廣陽門：洛陽城門。《太平寰宇記》卷三《河南府·洛陽縣》：“西面有三門，門在申上。《述征記》云：廣陽門西南有劉曜壘、試弩棚，西北有門鷄臺、射雉觀。”

[8]黄門郎：官名，黄門侍郎或給事黄門侍郎的省稱。晋五品。

[9]轘轅：轘轅關，位於今河南省偃師市東南轘轅山上，歷代爲控扼要地。

[10]新汲：縣名，治所在今河南省扶溝縣西南。

[11]蒲坂：坂，原本、宋本、殿本作“阪”，據上文“蒲坂”改。

以劉歡樂爲太傅，[1]劉聰爲大司徒，劉延年爲大司空，劉洋爲大司馬，赦其境内。立其妻單氏爲皇后，子和爲皇太子，封子乂爲北海王。

[1]太傅：官名，晋爲八公之一。位上公，太宰之下、太保之上。晋一品。

元海寢疾，將爲顧託之計，以歡樂爲太宰，[1]洋爲太傅，延年爲太保，[2]聰爲大司馬、大單于，並録尚書事，[3]置單于臺于平陽西，以其子裕爲大司徒。元海疾篤，召歡樂及洋等入禁中受遺詔輔政。以永嘉四年死，在位六年，[4]僞謚光文皇帝，廟號高祖，墓號永光陵。子和立。

[1]太宰：官名，即太師，因避司馬師名諱而改名太宰。八公之一，居上公之首，爲宰相之任。晋一品。

[2]太保：官名，史上屢次廢置，三國魏末年復置。晋爲八公之一，位上公，在太宰、太傅之下。安置元老重臣，無職掌。晋一品。

[3]録尚書事：官名，初爲職銜名，重臣加此名義始得總知國事，綜理政務，成爲真宰相。魏晋多以公卿權重者居之，總領尚書省政務，凡重號將軍、刺史皆得命曹授用，位在三公之上。

[4]在位六年：中華本校勘記："淵於永興元年稱漢王，至永嘉四年計共七年。"

和，字玄泰。身長八尺，雄毅美姿儀，好學夙成，習《毛詩》《左氏春秋》《鄭氏易》。及爲儲貳，内多猜忌，馭下無恩。

元海死，和嗣僞位。其衛尉西昌王劉鋭、宗正呼延攸恨不參顧命也，[1]説和曰："先帝不惟輕重之計，而使三王總强兵於内，大司馬握十萬勁卒居于近郊，陛下今便爲寄坐耳。此之禍難，未可測也，願陛下早爲之所。"和即攸之甥也，深然之，召其領軍劉盛及劉欽、馬景等告之。[2]盛曰："先帝尚在殯宫，四王未有逆節，今忽一旦自相魚肉，臣恐人不食陛下之餘。四海未定，大業甫爾，[3]願陛下以上成先帝鴻基爲志，且塞耳勿聽此狂簡之言也。[4]《詩》云：'豈無他人，不如我同父。'[5]惟陛下既不信諸弟，復誰可信哉！"鋭、攸怒曰："今日之議，理無有二。"於是命左右刃之。景懼曰：[6]"陛下詔，臣等以死奉之，蔑不濟矣。"乃相與盟于東堂，[7]使鋭、景攻聰，[8]攸率劉安國攻裕，使侍中劉乘、武衛劉欽攻魯王隆，尚書田密、武衛劉璿攻北海王乂。

[1]衛尉：官名，掌宫廷禁衛，兼管武庫、冶鑄，領江北冶令三十九員、南北東西諸督冶掾。晋三品。　宗正：官名，又稱宗正卿、大宗正。掌皇族事務。曹魏時多以皇族擔任，兩晋有時兼以外姓。晋三品。　顧命：皇帝臨終遺命。

[2]劉盛及劉欽：宋本無“劉盛及”三字。

[3]大業甫爾：大業剛剛開始。

[4]且塞耳勿聽：宋本作“塞耳且勿聽”。

[5]“不如我同父”句：語見《詩·唐風·杕杜》。

[6]景懼曰：《十六國春秋》卷一《前趙録·劉淵傳》：“盛既被殺，欽懼曰。”又《資治通鑑》卷八七《晋紀》懷帝永嘉四年：“盛既死，欽懼曰：‘惟陛下命。’”李之亮據此認爲當事者非馬景而是劉欽，“馬景懼”恐誤。（參見李之亮、許華偉《〈晋書〉、〈十六國春秋〉對堪劄記》，《鄭州大學學報》1998 年第 3 期）然馬景確實在場，不能排除馬景，故未改。

[7]東堂：太極殿的東堂。

[8]使鋭、景攻聰：宋本“鋭”上有“劉”字。

密、璿等使人斬關奔于聰，聰命貫甲以待之。鋭知聰之有備也，馳還，與攸、乘等會攻隆、裕。攸、乘懼安國、欽之有異志也，斬之。是日，斬裕及隆。聰攻西明門，克之。鋭等奔入南宫，前鋒隨之，斬和于光極西室。鋭、攸梟首通衢。

劉宣，字士則。朴鈍少言，好學修絜。師事樂安孫炎，[1]沉精積思，不舍晝夜，好《毛詩》《左氏傳》。炎每嘆之曰：“宣若遇漢武，當逾於金日磾也。”學成而返，不出門閭蓋數年。每讀《漢書》，至蕭何、鄧禹

《傳》，未曾不反覆咏之，曰："大丈夫若遭二祖，終不令兩公獨擅美於前矣。"

［1］樂安：郡名，治所在高苑縣（今山東省鄒平市長山鎮）。

并州刺史王廣言之於武帝，帝召見，嘉其占對，因曰："吾未見宣，謂廣言虛耳。今見其進止風儀，真所謂如珪如璋，觀其性質，足能撫集本部。"乃以宣爲右部都尉，特給赤幢曲蓋。[1]莅官清恪，所部懷之。元海即王位，宣之謀也，故特荷尊重，勛戚莫二，軍國内外靡不專之。

［1］赤幢：車輿上紅色的帷幔。　曲蓋：曲柄傘蓋。

晋書　卷一〇二

載記第二

劉聰 子粲 陳元達

劉聰

劉聰，字玄明，一名載，元海第四子也。母曰張夫人。初，聰之在孕也，張氏夢日入懷，寤而以告，元海曰：“此吉徵也，慎勿言。”十五月而生聰焉，夜有白光之異。[1]形體非常，左耳有一白毫，長二尺餘，甚光澤。幼而聰悟好學，博士朱紀大奇之。[2]年十四，究通經史，兼綜百家之言、《孫吳兵法》，靡不誦之。[3]工草隸，善屬文，著述懷詩百餘篇、賦頌五十餘篇。十五習擊刺，猿臂善射，彎弓三百斤，膂力驍捷，冠絶一時。太原王渾見而悦之，[4]謂元海曰：“此兒吾所不能測也。”

[1]夜有白光：白，宋本作“日”。

[2]博士：學官，國子博士、太學博士或太常博士泛稱，教授儒學。晋六品。

［3］“兼綜百家”至“靡不誦之”：中華本斷句爲“兼綜百家之言，《孫吴兵法》靡不誦之”。似應點作“兼綜百家之言、《孫吴兵法》，靡不誦之”。“靡不誦之”應當包括《孫吴兵法》、百家之言。靡不誦之主語此處省略。

［4］太原：郡名，治所在晋陽縣（今山西省太原市西南）。王渾：字玄冲，本書卷四二有傳。

弱冠游于京師，[1]名士莫不交結，樂廣、張華尤異之也。[2]新興太守郭頤辟爲主簿，[3]舉良將，入爲驍騎别部司馬，[4]累遷右部都尉，[5]善於撫接，五部豪右無不歸之。[6]河間王顒表爲赤沙中郎將。[7]聰以元海在鄴，[8]懼爲成都王穎所害，[9]乃亡奔成都王，拜右積弩將軍，[10]參前鋒戰事。

［1］弱冠：指男子二十歲時。《禮記·曲禮上》：“二十曰弱，冠。”年少爲弱，待至二十，即爲成年，舉行冠禮。　京師：國都。《春秋公羊傳·桓公九年》：“京師者何？天子之居也。”

［2］樂廣：字彦輔，本書卷四三有傳。　張華：字茂先，本書卷三六有傳。

［3］新興：郡名，治所在九原縣（今山西省忻州市）。　郭頤：原本、殿本作“郭熙”，宋本作“郭頤”，據宋本、中華本校勘記改。　主簿：官名，此爲郡府屬官。典領文書籍簿，省録衆事，職權甚重。

［4］驍騎别部司馬：官名，驍騎大將軍府别部司馬，統兵將領。大將軍五部營之外有别部營，其别營領屬爲别部司馬，其兵多少各隨時宜。晋九品。

［5］右部都尉：統率匈奴右部的長官。

［6］五部：五部匈奴。東漢末曹操把入居中原的匈奴分爲左、

右、南、北、中五部，左部居太原兹氏縣，右部居祁縣，南部居蒲子縣，北部居新興縣，中部居大陵縣。

[7]河間王顒：司馬顒，字文載，本書卷五九有傳。　赤沙中郎將：官名，非常設官職。

[8]元海：劉淵，字元海，本書卷一〇一有載記。　鄴：縣名，曹魏五都之一。治所在今河北省臨漳縣西南。

[9]成都王穎：司馬穎，字章度，本書卷五九有傳。

[10]右積弩將軍：官名，魏晋時置。領禁衛營兵，隸中領軍。晋四品。

元海爲北單于，立爲右賢王，[1]隨還右部。[2]及即大單于位，更拜鹿蠡王。[3]既殺其兄和，群臣勸即尊位。聰初讓其弟北海王乂，乂與公卿泣涕固請，聰久而許之，曰："乂及群公正以四海未定，禍難尚殷，貪孤年長故耳。此國家之事，孤敢不祗從。今便欲遠遵魯隱，[4]待乂年長，復子明辟。"[5]於是以永嘉四年僭即皇帝位，大赦境内，改元光興。[6]尊元海妻單氏曰皇太后，其母張氏爲帝太后，乂爲皇太弟，領大單于、大司徒，[7]立其妻呼延氏爲皇后，封其子粲爲河内王，署使侍節、撫軍大將軍、都督中外諸軍事，[8]易河間王，翼彭城王，悝高平王。遣粲及其征東王彌、龍驤劉曜等率衆四萬，[9]長驅入洛川，[10]遂出轘轅，[11]周旋梁、陳、汝、潁之間，[12]陷壘壁百餘。以其司空劉景爲大司馬，[13]左光禄劉殷爲大司徒，[14]右光禄王育爲大司空。[15]

[1]右賢王：匈奴官名，地位僅次於左賢王。

[2]右部：匈奴五部之一。

[3]鹿蠡王：匈奴官名，又作谷蠡王。

[4]魯隱：即魯隱公，春秋時魯國國君。名息姑，一作息。魯惠公之子，母爲惠公繼室。後惠公以仲子爲夫人，生太子軌。惠公死後，太子年幼，隱公攝政。

[5]復子明辟：讓位。《尚書·洛誥》："周公拜手稽首曰：'朕復子明辟。'"孔安國傳："言我復還明君之政於子，子成王，年二十成人，故必歸政而退老。"

[6]改元光興：原本、宋本、殿本"元"下衍"年"字，據中華本校勘記改。

[7]大單于：匈奴最高首領。　大司徒：即司徒，職同相國，地位却尊。晋一品。

[8]使持節：漢朝官吏奉使外出時，或由皇帝授予節杖，以提高其權力。魏晋以後，凡重要軍事長官出征或出鎮，加使持節，可誅殺二千石以下官員。　撫軍大將軍：官名，三國魏文帝始置，皇帝出征，總管留守事。晋二品，開府位從公者一品。　都督中外諸軍事：官名，亦稱都督中外諸軍。全國最高軍事統帥，總統中央地方的内外諸軍，權力極大。

[9]征東：官名，即征東將軍。東漢末置，與征西、征南、征北將軍合稱四征將軍。魏晋時多爲持節都督，出鎮方面。晋三品，加持節都督者二品。　王彌：本書卷一〇〇有傳。　龍驤：官名，即龍驤將軍。高級軍事將領。晋三品。　劉曜：字永明，本書卷一〇三有載記。

[10]洛川：縣名，治所在今陝西省洛川縣東北舊縣北。

[11]轘轅：轘轅關，位於今河南省偃師市東南轘轅山上，歷代爲控扼要地。

[12]梁：封國名，治所在睢陽縣（今河南省商丘市南）。　陳：郡國名，治所在陳縣（今河南省周口市淮陽區）。　汝：汝南郡，西晋治所在新息縣（今河南省息縣西南），東晋移治懸瓠城

(今河南省汝南縣)。　穎：穎川郡，治所在許昌縣（今河南省許昌市東)。穎，原本、宋本作“潁”，殿本作“穎”，據殿本改。

[13]司空：官名，魏晋南北朝爲名譽宰相，多爲大臣加官。晋八公之一，位在三公之末。晋一品。　大司馬：官名，八公之一，位在上公之下、大將軍及三公之上，高級將帥，多爲大臣加官。晋一品。

[14]左光禄：官名，即左光禄大夫，齊王曹芳正始元年(240) 在光禄大夫上增置左、右，位在光禄大夫上。在朝顯職的加官，或授予年老有病致仕者，或授予死者。西晋時禄賜與特進同。晋二品，開府位從公者一品。

[15]右光禄：官名，即右光禄大夫，授予對象與品秩等與左光禄大夫同。

僞太后單氏姿色絶麗，聰烝焉。單即乂之母也，乂屢以爲言，單氏慚恚而死，聰悲悼無已。後知其故，乂之寵因此漸衰，然猶追念單氏，未便黜廢。又尊母爲皇太后。

署其衛尉呼延晏爲使持節、前鋒大都督、前軍大將軍，[1]配禁兵二萬七千，自宜陽入洛川，[2]命王彌、劉曜及鎮軍石勒進師會之。[3]晏比及河南，[4]王師前後十二敗，死者三萬餘人。彌等未至，晏留輜重于張方故壘，[5]遂寇洛陽，攻陷平昌門，[6]焚東陽、宣陽諸門及諸府寺。[7]懷帝遣河南尹劉默距之，[8]王師敗于社門。[9]晏以外繼不至，出自東陽門，掠王公已下子女二百餘人而去。時帝將濟河東遁，具船于洛水，晏盡焚之，還于張方故壘。王彌、劉曜至，復與晏會圍洛陽。時城内饑甚，人皆相食，百官分散，莫有固志。宣陽門陷，彌、晏入于南宫，升太極前殿，縱兵大掠，悉收宫人、珍寶。曜於是害諸王公及百官已下三萬餘人，於洛水北築爲京觀。遷帝及惠帝羊后、傳國六璽于平陽。[10]聰大赦，改年嘉平，以帝爲特進、左光禄大夫、平阿公。[11]

[1]衛尉：官名，掌宫廷禁衛，兼管武庫、冶鑄，領江北冶令三十九員、南北東西諸督冶掾。晋三品。　前鋒大都督：官名，前鋒部隊的統帥。　前軍大將軍：官名，統兵，位高於前軍將軍。十六國漢置。

[2]宜陽：縣名，治所在今河南省宜陽縣西。

[3]鎮軍：官名，即鎮軍將軍。三國時始置，西晋罷又復置。位在鎮軍大將軍下，與中軍將軍、撫軍將軍並爲三名號將軍，位比四鎮將軍。晋三品。　石勒：字世龍，本書卷一〇四有載記。

[4]比及河南：等到了河南。

[5]張方：西晋河間（今河北省獻縣東南）人，本書卷六〇有傳。

[6]平昌門：洛陽城門。《洛陽伽藍記·自序》："南面有三門：東頭第一門，曰開陽門。次西曰平昌門。"

[7]東陽：東陽門，洛陽東門。本書卷一四《地理志上》：洛陽"東有建春、東陽、清明三門"。　宣陽：宣陽門。《水經注·穀水》："穀水又東，逕宣陽門南，故小苑門也。"郭守敬疏："《續漢書·百官志》：雒陽城有小苑門。《洛陽伽藍記》：南面次西曰宣陽門，漢曰津陽門，晋曰宣陽門，高祖因而不改。津陽字誤，當依《續漢志》作小苑。《寰宇記》：漢小苑門在午上，晋改曰宣陽門。"

[8]河南尹：官名，京都洛陽所在河南郡長官，主管京都事務。晋三品。

[9]王師敗于社門：社，宋本作"杜"。中華本校勘記："'社'下局本注'元作"杜"'。《舉正》：洛陽有税門，即清明門，無

社、杜二門，‘社’‘杜’蓋‘税’之訛。”

[10]還帝及惠帝羊后、傳國六璽于平陽：惠帝羊皇后後爲劉曜皇后，此事文獻記載甚明。《十六國春秋》卷二《前趙録·劉曜傳》：“曜納惠帝羊皇后，遣懷帝及侍中庾珉等并傳國璽於平陽。”《資治通鑑》卷八七《晋紀》懷帝永嘉五年：“曜納惠帝羊皇后，遷帝及六璽於平陽。”所述語意甚明。

[11]特進：官名，三國兩晋時表示有特殊地位，或用作安置閑退大臣。晋二品。

遣其平西趙染、安西劉雅率騎二萬攻南陽王模于長安，[1]粲、曜率大衆繼之。染敗王師于潼關，[2]將軍吕毅死之。軍至于下邽，[3]模乃降染。染送模於粲，粲害模及其子范陽王黎，送衛將軍梁芬、模長史魯繇、兼散騎常侍杜鷔、辛謐及北宫純等于平陽。[4]聰以粲之害模也，大怒。粲曰：“臣殺模本不以其晚識天命之故，但以其晋氏肺腑，[5]洛陽之難不能死節，天下之惡一也，故誅之。”聰曰：“雖然，吾恐汝不免誅降之殃也。夫天道至神，理無不報。”

[1]平西：官名，即平西將軍。與平北、平南、平東將軍合稱四平將軍，權任很重，多持節都督或監某一地區的軍事，有時亦作爲刺史等地方官員兼理軍務的加官。晋三品，加持節都督者二品。安西：官名，即安西將軍。東漢建安年間置，與安東、安南、安北將軍合稱四安將軍，爲出鎮某一地區的軍事長官，或作爲刺史等兼理軍務的加官，權任頗重。晋三品，加持節都督者二品。安西，殿本作“安平”。　南陽王模：司馬模，字元表，本書卷三七有傳。長安：縣名，治所在今陝西省西安市西北。

［2］潼關：位於今陝西省潼關縣東北黄河南岸潼關。

［3］下邽：縣名，治所在今陝西省渭南市北下邽鎮東南渭河北岸。

［4］衛將軍：官名，魏晋時位在名號將軍之上，多爲軍府名號，加給大臣、重要州郡長官。晋二品，開府位從公者一品。　長史：官名，掌顧問參謀，爲所在官署掾屬之長。魏晋南北朝時王府、公府、軍府、邊郡均置。晋八至六品。　散騎常侍：官名，三國魏文帝黄初年間置，侍從皇帝左右，諫諍得失，顧問應對，與侍中等共平尚書奏事。也用作宰相、諸公等加官，入宫議政。晋三品。　辛謐：字叔重，本書卷九四有傳。　平陽：縣名，治所在今山西省臨汾市西南。

［5］但以其晋氏肺腑：但，宋本作“伹”。本卷下文多處宋本“但”作“伹”者，不再出注。

署劉曜爲車騎大將軍、開府儀同三司、雍州牧，[1]改封中山王，鎮長安，王彌爲大將軍，封齊公。尋而石勒等殺彌於己吾而并其衆，[2]表彌叛狀。聰大怒，遣使讓勒專害公輔，有無上之心，又恐勒之有二志也，以彌部衆配之。劉曜既據長安，安定太守賈疋及諸氐羌皆送質任，[3]唯雍州刺史麴特、新平太守竺恢固守不降。[4]護軍麴允、頻陽令梁肅自京兆南山將奔安定，[5]遇疋任子於陰密，[6]擁還臨涇，[7]推疋爲平南將軍，[8]率衆五萬，攻曜於長安，扶風太守梁綜及麴特、竺恢等亦率衆十萬會之。[9]曜遣劉雅、趙染來距，敗績而還。曜又盡長安鋭卒與諸軍戰于黄丘，[10]曜衆大敗，中流矢，退保甘渠。[11]杜人王秃、紀特等攻劉粲于新豐，[12]粲還平陽。曜攻陷池陽，[13]掠萬餘人歸于長安。時閻鼎等奉秦王爲皇太子,[14]入于雍城，關中戎晋莫不響應。

[1]車騎大將軍：官名，西晋置，位在車騎將軍之上，多授予元老重臣，以示尊崇。開府置僚屬，一般不領兵。晋二品，開府位從公者一品。 開府儀同三司：官名，三國魏始置。爲大臣加號，意謂與太尉、司徒、司空三司待遇相同，許開設府署，任命僚屬。 雍州：治所在長安縣（今陝西省西安市西北）。

[2]己吾：吾，殿本作“үү”。

[3]安定：郡名，西漢置，治所在高平縣（今寧夏回族自治區固原市），東漢治所在臨涇縣（今甘肅省鎮原縣東南），東晋治所在安定縣（今甘肅省涇川縣北）。 賈疋：字彦度，本書卷六〇有傳。 質任：人質。

[4]新平：郡名，治所在漆縣（今陝西省彬州市）。

[5]護軍：官名，領兵武職。魏晋時常隨征伐目的，置諸雜號護軍統兵，如征蜀護軍、平虜護軍、揚威護軍等，職如將軍，而地位稍遜同號將軍，資歷稍淺之統帥常授此。晋四品。 麴允：本書卷八九有傳。 頻陽：縣名，治所在今陝西省富平縣東北美原鎮西南。頻，宋本作“頖”。 京兆：郡名，治所在長安縣（今陝西省西安市西北）。

[6]陰密：縣名，治所在今甘肅省靈臺縣西南。

[7]臨涇：縣名，治所在今甘肅省鎮原縣東南。

[8]推疋爲平南將軍：中華本校勘記：“《通鑑》八七、《册府》二三四‘平南’皆作‘平西’。疋本安定太守，軍號當帶‘西’字，疑‘南’字訛。”

[9]扶風：封國名，治所在郿縣（今陝西省眉縣東渭河北岸）。 梁綜：西晋人，任京兆太守，輔國將軍，西晋末與閻鼎奉秦王司馬鄴爲皇太子於長安，後因與閻鼎争權，被閻鼎所殺。

[10]鋭卒：卒，宋本作“率”。 黄丘：地名，在今陝西省銅

川市耀州區西北。

［11］退保甘渠：中華本校勘記："《賈疋傳》'渠'作'泉'。當時晉軍由臨涇東下攻長安，甘泉在長安北，地位相當，或當時甘泉亦名甘渠。"

［12］杜：縣名，治所在今陝西省西安市臨潼區東北。　新豐：縣名，治所在今陝西省西安市臨潼區東北。

［13］池陽：縣名，治所在今陝西省涇陽縣西北。

［14］閻鼎：字臺臣，本書卷六〇有傳。　秦王：即愍帝司馬鄴，本書卷五有紀。

聰后呼延氏死，將納其太保劉殷女，[1]其弟乂固諫。聰更訪之於太宰劉延年、太傅劉景，[2]景等皆曰："臣常聞太保自云周劉康公之後，與聖氏本源既殊，納之爲允。"聰大悦，使其兼大鴻臚李弘拜殷二女爲左右貴嬪，[3]位在昭儀上。[4]又納殷女孫四人爲貴人，[5]位次貴嬪。謂弘曰："此女輩皆姿色超世，女德冠時，且太保於朕實自不同，卿意安乎？"弘曰："太保胤自有周，與聖源實别，陛下正以姓同爲恨耳。且魏司空東萊王基當世大儒，豈不達禮乎！爲子納司空太原王沉女，[6]以其姓同而源異故也。"聰大悦，賜弘黄金六十斤，曰："卿當以此意諭吾子弟輩。"於是六劉之寵傾於後宫，聰稀復出外，事皆中黄門納奏，[7]左貴嬪決之。

［1］太保：官名，史上屢次廢置，三國魏末年復置。晉爲八公之一，位上公，在太宰、太傅之下。安置元老重臣，無職掌。晉一品。

［2］太傅：官名，晉爲八公之一。位上公，太宰之下、太保之

上。晋一品。

[3]大鴻臚：官名，九卿之一，掌賓客迎送接待，贊襄引導朝會百官等。晋三品。　左右貴嬪：漢魏之制，貴嬪爲皇帝三夫人之一。劉聰納劉殷二女，分爲左右。

[4]昭儀：曹魏繼承漢後宫内官制，分爲十二等：貴嬪、夫人、淑妃、淑媛、昭儀、昭華、修容、修儀、倢伃、容華、美人、良人。

[5]貴人：十六國漢劉聰所置，位次於貴嬪。

[6]王沉：西晋晋陽（今山西省太原市西南）人，字處道，本書卷三九有傳。

[7]中黄門：官名，宦官中地位較低者。晋七品。

聰假懷帝儀同三司，封會稽郡公，庾珉等以次加秩。[1]聰引帝入讌，謂帝曰："卿爲豫章王時，朕嘗與王武子相造，[2]武子示朕於卿，卿言聞其名久矣。以卿所製樂府歌示朕，謂朕曰：'聞君善爲辭賦，試爲看之。'朕時與武子俱爲《盛德頌》，卿稱善者久之。又引朕射于皇堂，朕得十二籌，卿與武子俱得九籌，卿贈朕柘弓、銀研，[3]卿頗憶否？"帝曰："臣安敢忘之，但恨爾日不早識龍顔。"聰曰："卿家骨肉相殘，何其甚也？"帝曰："此殆非人意，[4]皇天之意也。大漢將應乾受曆，故爲陛下自相驅除。且臣家若能奉武皇之業，九族敦睦，陛下何由得之！"至日夕乃出，以小劉貴人賜帝，謂帝曰："此名公之孫，今特以相妻，卿宜善遇之。"拜劉爲會稽國夫人。

[1]庾珉：字子琚，本書卷五〇有傳。

［2］王武子：王濟，字武子，本書卷四二有傳。

［3］柘弓：柘木做的弓。《太平御覽》卷九五八引漢應劭《風俗通》："柘材爲弓，彈而放快。"　銀研：即銀硯。

［4］殆非人意：意，宋本作"事"。

遣其鎮北靳冲寇太原，[1]平北卜珝率衆繼之。[2]冲攻太原不克，而歸罪於珝，輒斬之。聰聞之，大怒曰："此人朕所不得加刑，冲何人哉！"遣其御史中丞[3]浩衍持節斬冲。

［1］鎮北：官名，即鎮北將軍。東漢建安年間置，與鎮西、鎮南、鎮東將軍合稱四鎮將軍，多爲持節都督，出鎮方面。曹魏二品。晋三品，加持節都督者二品。

［2］平北：官名，即平北將軍。與平東、平西、平南將軍合稱四平將軍。多持節都督或監某一地區的軍事，有時作爲刺史等地方官員監理軍務的加官。晋三品，加持節都督者二品。

［3］御史中丞：官名，御史大夫副手，掌監察、執法，爲京師顯官，職權甚重。晋四品。

左都水使者襄陵王攄坐魚蟹不供，[1]將作大匠望都公靳陵坐温明、徽光二殿不成，[2]皆斬于東市。聰游獵無度，常晨出晚歸，[3]觀魚於汾水，以燭繼晝。中軍王彰諫曰：[4]"今大難未夷，餘晋假息，陛下不懼白龍魚服之禍，[5]而昏夜忘歸。陛下當思先帝創業之艱難，嗣承之不易，鴻業已爾，[6]四海屬情，何可墜之於垂成，隳之於將就！比竊觀陛下所爲，[7]臣實痛心疾首有日矣。且愚人係漢之心未專，而思晋之懷猶盛，劉琨去此咫尺之間，[8]狂猾刺客息頃而至。帝王輕出，一夫敵耳。願陛下改往修來，則億兆幸甚。”聰大怒，命斬之。上夫人王氏叩頭乞哀，乃囚之詔獄。聰母以聰刑怒過差，三日不食，弟乂、子粲並輿櫬切諫。聰怒曰：“吾豈桀、紂、幽、厲乎，[9]而汝等生來哭人！”其太宰劉延年及諸公卿列侯百有餘人，皆免冠涕泣固諫曰：“光文皇帝以聖武膺期，創建鴻祚，而六合未一，夙世升遐。陛下睿德自天，龍飛紹統，東平洛邑，南定長安，真可謂功高周成，[10]德超夏啓。[11]往也唐虞，今則陛下，歷觀書記，未有此比。而頃頻以小務不供而斬王公，直言忤旨，便囚大將，游獵無度，機管不修，臣等竊所未解，臣等所以破肝糜胃忘寢與食者也。”聰乃赦彰。

[1]左都水使者：官名，都水臺長官，掌管水利工程及設施。晋四品。　襄陵：縣名，治所在今山西省臨汾市東南古城莊。

[2]將作大匠：官名，掌領徒隸修建宫室、宗廟、陵墓及其他土木工程。

[3]晨出晚歸：晚，宋本作“暮”。

[4]中軍：官名，即中軍將軍。西晋時統左右衛、前後左右驍騎等宿衛七營禁軍，主管京師及朝廷警衛。泰始四年（268）罷，置北軍中候代其職。後爲將軍名號，與鎮軍將軍、撫軍將軍並爲三名號將軍，不統禁兵。晋三品。

[5]白龍魚服之禍：《説苑·正諫》：吴王欲從民飲酒，伍子胥諫曰：“不可。昔白龍下清冷之淵，化爲魚，漁者豫且射中其目。白龍上訴天帝，天帝曰：‘當是之時，若安置而形？’白龍對曰：‘我下清冷之淵，化爲魚。’天帝曰：‘魚固人之所射也，若是豫且何罪？’夫白龍，天帝貴畜也，豫且，宋國賤臣也，白龍不化，豫

且不射。今君棄萬乘之位，而從布衣之士飲酒，臣恐其有豫且之患矣。”

［6］鴻業已爾：爾，殿本作“蕒”。

［7］比：近來。

［8］劉琨：字越石，本書卷六二有傳。

［9］幽：周幽王，名宫涅。西周最後一個國王，周宣王之子。寵愛褒姒，廢太子申侯，立褒姒子伯服爲太子。申侯聯合犬戎將其推翻。　厲：周厲王，名胡。周夷王之子。在位監視國人言行，國人不敢講話，道路以目。後被國人驅逐，死於彘（今山西省霍州市東北）。

［10］周成：周成王，姬姓，名誦。周武王之子，繼位時年幼，由周公旦輔政。親政後勵精圖治，社會安定，刑措不用，號稱治世。

［11］夏啓：夏王，禹之子，與益爭王。即位後有扈氏不服，啓征服之。是改變禪讓制開啓家天下的第一人。

麴特等圍長安，劉曜連戰敗績，乃驅掠士女八萬餘口退還平陽，因攻司徒傅祗于三渚，[1]使其右將軍劉參攻郭默于懷城。[2]祗病卒，城陷，遷祗孫純、粹并其二萬餘户于平陽縣。聰贈祗太保，純、粹皆給事中，謂祗子暢曰："尊公雖不達天命，然各忠其主，吾亦有以亮之。但晉主已降，天命非人所支，而虔劉南鄙，[3]沮亂邊萌，此其罪也。以元惡之種而贈同勛舊，逆臣之孫荷榮禁闥，卿知皇漢之德弘曠以不?"暢曰："陛下每嘉先臣，不以小臣之故而虧其忠節，及是恩也，自是明主伐國吊人之義，臣輒同萬物，未敢謝生於自然。"

[1]司徒：官名，西漢哀帝元壽二年（前1）改丞相爲大司徒，東漢光武帝時改名爲司徒，東漢末又改爲丞相。三國魏恢復三公制，改丞相爲司徒，管理民政。兩晋沿制，爲八公之一，在太尉之下、司空之上。與丞相通職，一般不並置，爲名譽宰相。晋一品。 傅祗：字子莊，本書卷四七有傳。 三渚：《資治通鑑》卷八八《晋紀》懷帝永嘉六年："聰使河内王粲攻傅祗於三渚。"胡三省注："據祗傳，祗屯盟津小城。盟津河平侯祠有二渚，又有洵渚，故亦曰三渚。"

[2]右將軍：官名，漢代重號將軍之一，與前、左、後將軍並爲上卿。魏晋時常設，權位漸低，僅爲武官名號，略高於一般雜號將軍。晋三品。 郭默：本書卷六三有傳。 懷城：地名，即懷邑，在今河南省武陟縣西南。

[3]虔劉南鄙：踐踏南部邊境。

聰遣劉粲、劉曜等攻劉琨於晋陽，[1]琨使張喬距之，戰于武灌，[2]喬敗績，死之，晋陽危懼。太原太守高喬、琨别駕郝聿以晋陽降粲。琨與左右數十騎，携其妻子奔于趙郡之亭頭，[3]遂如常山。[4]粲、曜入于晋陽。先是，琨與代王猗盧結爲兄弟，[5]乃告敗於猗盧，且乞師。猗盧遣子日利孫、賓六須及將軍衛雄、姬澹等率衆數萬攻晋陽，[6]琨收散卒千餘爲之鄉導，猗盧率衆六萬至于狼猛。[7]曜及賓六須戰于汾東，曜墜馬，中流矢，身被七創。討虜傅武以馬授曜，[8]曜曰："當今危亡之極，人各思免。吾創已重，自分死此矣。"武泣曰："武小人，蒙大王識拔，以至於是，常思效命，今其時矣。且皇室始基，大難未弭，天下何可一日無大王也。"於是扶曜乘馬，驅令渡汾，回而戰死。曜入晋陽，夜與劉粲等掠百姓，逾蒙山遁歸。猗盧率騎追之，戰于藍谷，[9]粲敗績，斬其征虜邢延，[10]獲其鎮北劉豐。琨收合離散，保于陽曲，[11]猗盧戍之而還。

[1]晋陽：縣名，治所在今山西省太原市西南。

[2]武灌：武灌城，位於今山西省榆次市西南。

[3]趙郡：治所在房子縣（今河北省高邑縣西南）。

[4]常山：郡名，治所在真定縣（今河北省石家莊市）。

[5]猗盧：拓跋猗盧，十六國時代國創建者。曾出兵助西晋并州刺史劉琨抗擊劉淵、石勒，被封爲代公，後進封代王。北魏建立後追謚爲穆帝。

[6]猗盧遣子日利孫、賓六須及將軍衛雄、姬澹：中華本校勘記："《魏書·序紀》作'遣子六脩、桓帝子普根'。《通鑑》八八從《魏書》，《通鑑考異》云：《十六國春秋》云：'遣其子利孫、宥六須'，《載記》云'賓六須'，《劉琨集》云'左、右賢王'，又云'右賢王撲速根'。按：《王浚傳》見猗盧子右賢王日律孫，似即'撲速根'，亦即'普根'，然音不合。《懷紀》但舉猗盧子利孫一人。疑利孫或日利孫、日律孫並即六脩之異譯，誤歧爲二人，又誤以當普根。又'姬澹'，《劉琨傳》、《通鑑》八八並作'箕澹'，而《石勒載記》上、《魏書·衛操傳》復作'姬澹'。"《魏書》卷二三《衛操傳》記載衛雄、姬澹事跡：衛雄字世遠，姬澹字世雅，並勇健多計畫，西晋時任州從事。後與衛操俱入代國爲將，常隨征伐，大著威名。衛雄歷任左將軍、雲中侯。姬澹歷任信義將軍、樓煩侯。

[7]狼猛：縣名，治所在今山西省陽曲縣。

[8]討虜：官名，即討虜將軍。東漢建安五年（200），曹操表孫權任之。蜀漢、西晋、十六國前涼均曾設置。　傅武：中華本校勘記："'武'本作'虎'，唐修《晋書》避諱改，《通鑑》八八作

‘虎’。”

[9]藍谷：地名，在今山西太原市西南。

[10]征虜：即征虜將軍，既是武官名，也作爲高級文職官員的加官。晋三品。

[11]陽曲：縣名，治所在今山西省陽曲縣東北。

正旦，聰讌于光極前殿，逼帝行酒，光禄大夫庾珉、王儁等起而大哭，聰惡之。會有告珉等謀以平陽應劉琨者，聰遂鴆帝而誅珉、儁，復以賜帝劉夫人爲貴人，大赦境内殊死已下。

立左貴嬪劉氏爲皇后。聰將爲劉氏起䳨儀殿於後庭，[1]廷尉陳元達諫曰：[2]“臣聞古之聖王愛國如家，故皇天亦祐之如子。夫天生蒸民而樹之君者，使爲之父母以刑賞之，不欲使殿屎黎元而蕩逸一人。[3]晋氏暗虐，視百姓如草芥，[4]故上天剿絶其祚。乃眷皇漢，蒼生引領息肩，懷更蘇之望有日矣。[5]我高祖光文皇帝靖言惟兹，痛心疾首，故身衣大布，居不重茵；先皇后嬪服無綺彩。[6]重逆群臣之請，故建南北宫焉。今光極之前足以朝群后饗萬國矣，昭德、温明已後足可以容六宫，[7]列十二等矣。陛下龍興已來，外殄二京不世之寇，内興殿觀四十餘所，重之以饑饉疾疫，死亡相屬，兵疲於外，人怨於内，爲之父母固若是乎！伏聞詔旨，將營䳨儀，中宫新立，誠臣等樂爲子來者也。竊以大難未夷，宫宇粗給，今之新營，尤實非宜。臣聞太宗承高祖之業，惠吕息役之後，以四海之富，天下之殷，尚以百金之費而輟露臺，[8]歷代垂美，爲不朽之迹。故能斷獄四百，擬於成康。[9]陛下之所有，不過太宗二郡地耳，戰守之備者，豈僅匈奴、南越而已哉！孝文之廣，思費如彼；陛下之狹，欲損如此。愚臣所以敢昧死犯顔色，冒不測之禍者也。”聰大怒曰：“吾爲萬機主，[10]將營一殿，豈問汝鼠子乎！不殺此奴，沮亂朕心，朕殿何當得成邪！將出斬之，并其妻子同梟東市，使群鼠共穴。”時在逍遥園李中堂，元達抱堂下樹叫曰：“臣所言者，社稷之計也，而陛下殺臣。若死者有知，臣要當上訴陛下於天，下訴陛下於先帝。朱雲有云：‘臣得與龍逢、比干游於地下足矣。’[11]未審陛下何如主耳！”元達先鎖腰而入，及至，即以鎖繞樹，左右曳之不能動。聰怒甚。劉氏時在後堂，聞之，密遣中常侍私敕左右停刑，[12]於是手疏切諫，聰乃解，引元達而謝之，易逍遥園爲納賢園，李中堂爲愧賢堂。

[1]鷃儀殿：原本、殿本作“鷃儀樓”，宋本作“鷃儀殿”，據宋本、中華本校勘記改。

[2]廷尉：官名，中央最高司法審判機構長官。負責會審朝中有罪文武大臣，覆核審决郡國疑獄等。晋三品。

[3]殿屎黎元而藹逸一人：使百姓痛苦讓一個人游樂安逸。殿屎，愁苦呻吟。《詩·大雅·板》：“民之方殿屎，則莫我敢葵。”毛亨傳：“殿屎，呻吟也。”

[4]草芥：原本、宋本作“草莽”，殿本作“草芥”，據殿本、中華本校勘記改。

[5]更蘇之望：復蘇的希望。

[6]皇后：宋本作“后妃”。

[7]六宫：《禮記·昏義》：“古者天子后立六宫。”孔穎達疏：

“按《宫人》云：‘掌王之六寢之修。’注：路寢一，小寢五。是天子六寢也。”因用以稱后妃或其所居之地。

［8］以百金之費而輟露臺：《史記》卷一〇《孝文本紀》：“孝文帝從代來，即位二十三年，宫室苑囿狗馬服御無所增益，有不便，輒弛以利民。嘗欲作露臺，召匠計之，直百金。上曰：‘百金中民十家之產，吾奉先帝宫室，常恐羞之，何以臺爲！’”

［9］成康：周成王和周康王。二人統治時期，社會安定，刑措不用，史稱“成康之治”。

［10］萬機：機，殿本作“幾”。本卷下文“萬機”同。

［11］龍逢：即關龍逢，又作關龍逄，關逄。相傳爲董父之後裔，夏桀之臣，因勸諫夏桀而被殺。　比干：商紂之諸父，又稱王子比干、干叔。因直言勸諫商紂被殺，並被剖心。

［12］中常侍：官名，秦漢時爲加官，始稱常侍，元帝後稱中常侍。東漢改爲正式官員，侍從皇帝左右，出入宫禁顧問應對。和帝以後權任日重，有“在日月之側，聲勢震天下”之稱。曹魏時與散騎合併，稱散騎常侍。孫吴稱“散騎中常侍”，簡稱中常侍。十六國漢、成漢置爲高級宦官，地位與諸少卿相等，侍從帝后左右，傳達詔命，受理尚書門下奏事，職權甚重。晋三品。

時愍帝即位于長安，聰遣劉曜及司隸喬智明、武牙李景年等寇長安，[1]命趙染率衆赴之。時大都督麴允據黄白城，[2]累爲曜、染所敗。染謂曜曰：“麴允率大衆在外，長安可襲而取之。得長安，黄白城自服。願大王以重衆守此，染請輕騎襲之。”曜乃承制加染前鋒大都督、安南大將軍，[3]以精騎五千配之而進。王師敗於渭陽，將軍王廣死之。染夜入長安外城，帝奔射雁樓，染焚燒龍尾及諸軍營，[4]殺掠千餘人，旦退屯逍遥園。麴允率衆襲曜，連戰敗之。曜入粟邑，遂歸平陽。

［1］司隸：官名，即司隸校尉，三國魏時先治弘農，後治河南，轄司州所屬河南、河東、河内、弘農、平陽五郡。掌監察京師、糾察京都百官。西晋沿置。晋三品。　武牙：官名，即虎牙將軍，唐人因避諱改。漢朝屬將軍名號，不常置。劉淵自稱繼承漢朝，故置。晋五品。

［2］大都督：官名，高級軍事長官。三國初作爲加官於戰時臨時設置，後逐漸成爲常設加官官職，地位極高。　黄白城：本秦曲梁宫，位於今陝西省三原縣東北。

［3］承制：秉承皇帝旨意便宜行事。　安南大將軍：官名，西晋置，安南將軍資深者得爲之，職掌同安南將軍。晋二品，禄賜與特進同。開府位從公者一品。

［4］焚燒：焚，宋本作“災”。

時流星起於牽牛，[1]入紫微，[2]龍形委蛇，其光照地，落于平陽北十里。視之，則有肉長三十步，廣二十七步，臭聞于平陽，肉旁常有哭聲，晝夜不止。聰甚惡之，延公卿已下問曰：“朕之不德，致有斯異，其各極言，勿有所諱。”陳元達及博士張師等進對曰：“星變之異，其禍行及，臣恐後庭有三后之事，[3]亡國喪家，靡不由此，願陛下慎之。”聰曰：“此陰陽之理，何關人事！”既而劉氏産一蛇一猛獸，各害人而走，尋之不得，頃之，見在隕肉之旁。俄而劉氏死，乃失此肉，哭聲亦止。自是後宫亂寵，進御無序矣。

［1］牽牛：星宿名。二十八宿之一，玄武七宿的第二宿。有星

六顆。

[2]紫微：星宫名，三垣之一。有星十五顆，分兩列，以北極爲中樞，成屏藩狀。

[3]三后：《後漢書》卷二八下《馮衍傳》下："昔三后之純粹兮，每季世而窮禍。"李賢注："三后，夏、殷、周也。惜其不能始終純茂，每至末代，必窮其灾禍。湯放桀於南巢，武王滅紂於牧野，周之季葉，幽王爲西戎所殺也。《離騷》曰：'昔三后之純粹，何桀紂之昌披！'南巢，地名，廬州巢縣也。孔安國曰'牧野，紂近郊三十里地名'也，在今衛州也。"

聰以劉易爲太尉。[1]初置相國，官上公，有殊勛德者死乃贈之。於是大定百官，置太師、丞相，[2]自大司馬以上七公，位皆上公，緑綟綬，[3]遠游冠。[4]置輔漢、都護、中軍、上軍、輔軍，[5]鎮、衛京，[6]前、後、左、右、上、下軍，輔國、冠軍、龍驤，[7]武牙大將軍，[8]營各配兵二千，皆以諸子爲之。置左右司隸，各領户二十餘萬，萬户置一内史，凡内史四十三。單于左右輔，各主六夷十萬落，萬落置一都尉。省吏部，置左右選曹尚書。[9]自司隸以下六官，皆位次僕射。[10]置御史大夫及州牧，[11]位皆亞公。以其子粲爲丞相、領大將軍、録尚書事，[12]進封晋王，食五都。[13]劉延年録尚書六條事，[14]劉景爲太師，王育爲太傅，任顗爲太保，馬景爲大司徒，朱紀爲大司空，劉曜爲大司馬。

[1]太尉：太，殿本作"大"。

[2]太師：官名，八公之一、上公之首，位在太傅、太保之上，居百官之首，名位極尊。晋一品。　丞相：官名，原爲最高國務長

官，魏晋時省置無常，或分置左、右，或稱大丞相，多用來安置權臣。

[3]綠綟綬：一种黑黄而近綠色的絲帶。古代丞相以上官吏用作印綬。《東觀漢記·百官表》："印綬：漢制，公侯紫綬，九卿青綬。建武元年，復設諸侯王金璽綟綬。"

[4]遠游冠：古代帽子。《後漢書》卷三十《輿服志下》："遠游冠，制如通天，有展筒横之於前，無山述，諸王所服也。"

[5]輔漢：輔漢將軍，新莽末更始帝所置，後省，三國蜀漢復置，權任很重。十六國漢亦置。　都護：官名，即都護將軍。三國魏及西晋初爲禁衛軍長官，統原屬光禄勛的虎賁中郎將等五署，掌宫廷宿衛。　上軍：官名，即上軍將軍。西晋王國置。大國置上中下三軍共五千人，由上中下三將軍統領；中國置上下二軍共三千人，由上下將軍統領。劉聰置此職由諸子擔任，故稱。　輔軍：輔，宋本作"撫"。中華本校勘記："册府二二九、《通志》一八六皆作'撫軍'，撫軍是魏晋舊名，疑作'撫軍'爲是。"

[6]鎮：鎮京將軍，十六國一些少數民族政權置。　衛京：衛京將軍，十六國漢獨置。

[7]輔國：官名，即輔國將軍，屬將軍名號，三國兩晋皆置。晋三品。　冠軍：官名，即冠軍將軍，曹魏、孫吴、西晋皆置。西晋時領營兵。晋三品。

[8]武牙大將軍：即虎牙大將軍，唐人因避諱改。漢朝將軍名號，不常置。劉淵自稱繼承漢朝，故置。職掌同虎牙將軍，加大字表示權重。

[9]左右選曹尚書：官名，主管銓選官吏，職掌與吏部尚書類似。劉聰省吏部，以左右選曹尚書負責。

[10]僕射：官名，秦漢爲尚書令副貳，東漢建安四年（199）分置左、右，爲尚書省次官。晋三品。

[11]御史大夫：官名，協助丞相處理天下政務，以監察執法爲主要職掌。東漢稱司空。建安年間曹操罷三公，復置此官。晋

三品。

[12]領：以地位較高的官員兼理較低的職務。　大將軍：官名，高級軍事統帥。曹魏時多以之屯駐長安，對付蜀漢，蜀漢以其爲最高軍事長官，孫吴則别置上大將軍居其上。西晋時爲八公之一，位居上公、大司馬下，三公之上。東晋時常專擅軍政事務。晋一品。　録尚書事：官名，初爲職銜名，重臣加此名義始得總知國事，綜理政務，成爲真宰相。魏晋多以公卿權重者居之，總領尚書省政務，凡重號將軍、刺史皆得命曹授用，位在三公之上。

[13]食五都：中華本校勘記："《通志》一八六'都'作'郡'，疑是。"

[14]録尚書六條事：參録、分録尚書事。《宋書》卷三九《百官志上》："晋康帝世，何充讓録表曰：'咸康中，分置三録，王導録其一，荀崧、陸曄各録六條事。'然則似有二十四條，若止有十二條，則荀、陸各録六條，導又何所司乎？若導總録，荀、陸分掌，則不得復云導録其一也。其後每置二録，輒云各掌六條事，又是止有十二條也。十二條者，不知悉何條。晋江右有四録，則四人參録也。"

曜復次渭汭，[1]趙染次新豐。索綝自長安東討染，[2]染狃于累捷，[3]有輕綝之色。長史魯徽曰："今司馬鄴君臣自以逼僭王畿，雄劣不同，必致死距我，將軍宜整陣案兵以擊之，弗可輕也。困獸猶鬥，况於國乎！"染曰："以司馬模之强，吾取之如拉朽。索綝小豎，豈能污吾馬蹄刀刃邪！要擒之而後食。"晨率精騎數百，馳出逆之，戰于城西，敗績而歸，悔曰："吾不用魯徽之言，以至於此，何面見之！"於是斬徽。徽臨刑謂染曰："將軍愎諫違謀，戇而取敗，而復忌前害勝，誅戮忠良，以逞愚忿，亦何顏面瞬息世間哉！袁紹爲之於前，[4]將軍踵之於後，覆亡敗喪，亦當相尋，所恨不得一見大司馬而死。死者無知則已；若其有知，下見田豐爲徒，[5]要當訴將軍於黄泉，使將軍不得服床枕而死。"叱刑者曰："令吾面東向。"大司馬曜聞之曰："蹄涔不容尺鯉，染之謂也。"

[1]渭汭：位於今陝西省華陰市東北，即渭河入黄河處。

[2]索綝：字巨秀，本書卷六〇有傳。

[3]狃于累捷：因多次勝利而驕傲。狃，驕傲。

[4]袁紹：東漢汝南汝陽（今河南省商水縣西北）人，字本初。出身世家大族，靈帝時歷任侍御史、虎賁中郎將等職。董卓進京，廢少帝立獻帝，袁紹不滿董卓專横，起兵討伐，並任討董聯盟盟主。後據有青、冀、幽、并四州。與曹操决戰於官渡，兵敗，病死。

[5]田豐：東漢末袁紹謀士。袁紹決意南下與曹操戰，田豐勸阻，袁紹不聽。田豐一再勸阻，袁紹怒，認爲田豐沮衆，將其關押。袁紹官渡戰敗，有人對豐曰："君必見重。"豐曰："若軍有利，吾必全，今軍敗，吾其死矣。"果然，袁紹回來後對左右説："吾不用田豐言，果爲所笑。"遂殺之。

曜還師攻郭默于懷城，收其米粟八十萬斛，列三屯以守之。聰遣使謂曜曰："今長安假息，劉琨游魂，此國家所尤宜先除也。郭默小醜，何足以勞公神略，可留征虜將軍貝丘王翼光守之，[1]公其還也。"於是曜歸蒲坂。[2]俄而徵曜輔政。

[1]貝丘：縣名，治所在今山東省臨清市南。

[2]蒲坂：縣名，治所在今山西省永濟市西南蒲州鎮。坂，宋本作“阪”。

趙染寇北地，[1]夢魯徽大怒，引弓射之，染驚悸而寤。旦將攻城，中弩而死。

[1]北地：郡名，三國魏治所在祋祤城（今陝西省銅川市耀州區城東），西晉治所在泥陽縣（今甘肅省寧縣東南）。

聰以粲爲相國，總百揆，[1]省丞相以并相國。平陽地震，烈風拔樹發屋。光義人羊充妻産子二頭，[2]其兄竊而食之，三日而死。聰以其太廟新成，大赦境内，改年建元。雨血於其東宫延明殿，徹瓦在地者深五寸。劉乂惡之，以訪其太師盧志、太傅崔瑋、太保許遐。[3]志等曰：“主上往以殿下爲太弟者，蓋以安衆望也，志在晋王久矣，王公已下莫不希旨歸之。相國之位，自魏武已來，非復人臣之官，主上本發明詔，置之爲贈官，今忽以晋王居之，羽儀威尊逾於東宫，萬機之事無不由之，置太宰、大將軍及諸王之營以爲羽翼，此事勢去矣，殿下不得立明也。然非止不得立而已，[4]不測之危厄在於旦夕，宜早爲之所。四衛精兵不減五千，餘營諸王皆年齒尚幼，可奪而取之。相國輕佻，正可煩一刺客耳。大將軍無日不出，其營可襲而得也。殿下但當有意，二萬精兵立便可得，鼓行向雲龍門，宿衛之士孰不倒戈奉迎，大司馬不慮爲異也。”乂弗從，乃止。

[1]百揆：百官。
[2]光義：縣名，治所在今陝西省漢中市。
[3]盧志：字子道，本書卷四四有傳。
[4]而已：已，宋本作“以”。

聰如中護軍靳準第，[1]納其二女爲左右貴嬪，大曰月光，小曰月華，皆國色也。數月，立月光爲皇后。

[1]中護軍：官名，掌武官選舉，與中領軍同掌禁軍。曹魏四品，晋三品。

東宫舍人荀裕告盧志等勸乂謀反，[1]乂不從之狀。聰於是收志、琸、遐於詔獄，假以他事殺之。使冠威卜抽監守東宫，禁乂朝賀。乂憂懼不知所爲，乃上表自陳，乞爲黔首，[2]并免諸子之封，褒美晋王粲宜登儲副，抽又抑而弗通。

[1]東宫舍人：官名，即太子舍人。掌行書令、表啓等。初隸太子太傅、太子少傅，後隸太子詹事。晋七品。
[2]黔首：平民，百姓。

其青州刺史曹嶷攻汶陽關、公丘，[1]陷之，害齊郡太守徐浮，[2]執建威劉宣，[3]齊魯之間郡縣壘壁降者四十餘所。嶷遂略地，西下祝阿、平陰，[4]衆十餘萬，臨河置戍，而歸于臨淄。[5]嶷於是遂有雄據全齊之志。石勒以嶷之懷二也，請討之。聰又憚勒之并齊，乃寢而弗許。

［1］青州：治所在臨淄縣（今山東省淄博市東北）。　曹嶷：西晋人，王彌左長史、鎮東將軍，領青州刺史，與石勒通和，被授以東州大將軍、青州牧，封琅邪公，後爲石勒所殺。　汶陽關：位於今山東省寧陽縣境内。　公丘：縣名，治所在今山東省滕州市西南故滕城。

［2］齊郡：治所在今山東省淄博市東北臨淄區北。

［3］建威：官名，即建威將軍。新莽時設，領兵。晋四品。

［4］祝阿：縣名，治所在今山東省濟南市歷城區西南。　平陰：縣名，治所在今山東省平陰縣東北。

［5］臨淄：縣名，治所在今山東省淄博市東北。

劉曜濟自盟津，[1]將攻河南，將軍魏該奔于一泉塢。[2]曜進攻李矩于滎陽，[3]矩遣將軍李平師於成皋，[4]曜覆而滅之。矩恐，送質請降。

［1］盟津：孟津，又名富平津。位於今河南省孟州市西南黄河上。

［2］一泉塢：中華本校勘記："'一泉塢'當從《水經·洛水》注作'一合塢'。"一合塢，位於今河南省洛寧縣東北洛河北岸。

［3］李矩：字世迴，本書卷六三有傳。　滎陽：郡名，治所在滎陽縣（今河南省滎陽市東北）。

［4］成皋：縣名，治所在今河南省滎陽市汜水鎮。

時聰以其皇后靳氏爲上皇后，立貴妃劉氏爲左皇后，右貴嬪靳氏爲右皇后。[1]左司隸陳元達以三后之立也，極諫，聰不納，乃以元達爲右光禄大夫，[2]外示優賢，内實奪其權也。於是太尉范隆、大司馬劉丹、大司空呼延晏、尚書令王鑒等皆抗表遜位，以讓元達。聰乃以元達爲御史大夫、儀同三司。

［1］右貴嬪靳氏爲右皇后：靳，原本、殿本作“劉”，宋本作“靳”，據宋本、中華本校勘記改。

［2］右光禄大夫：宋本無“右”字，作一字空白。

劉曜寇長安，頻爲王師所敗。曜曰：“彼猶强盛，弗可圖矣。”引師而歸。

聰宫中鬼夜哭，三日而聲向右司隸寺，[1]乃止。其上皇后靳氏有淫穢之行，陳元達奏之。聰廢靳，靳慚恚自殺。靳有殊寵，聰迫於元達之勢，故廢之。既而追念其姿色，深仇元達。

［1］右司隸寺：右司隸校尉的辦公衙署。

劉曜進師上黨，[1]將攻陽曲，聰遣使謂曜曰：“長安擅命，國家之深耻也。公宜以長安爲先，陽曲一委驃騎。[2]天時人事，其應至矣，公其亟還。”曜回滅郭邁，朝于聰，遂如蒲坂。[3]

［1］上黨：郡名，治所在潞縣（今山西省黎城縣南）。

［2］驃騎：官名，即驃騎將軍。西漢時爲重號將軍，東漢以後，居諸名號將軍之首，僅作爲軍府名號加授大臣或重要州郡長官。晋二品，開府位從公者一品。

［3］蒲坂：坂，原本、宋本、殿本作“阪”，據上文“蒲坂”改。

平陽地震，雨血于東宫，廣袤頃餘。

劉曜又進軍，屯于粟邑。[1]麴允饑甚，去黄白而軍于靈武。[2]曜進攻上郡，[3]太守張禹與馮翊太守梁肅奔于允吾。[4]於是關右翕然，[5]所在應曜。曜進據黄阜。[6]

[1]粟邑：縣名，治所在今陝西省白水縣西北。

[2]靈武：縣名，治所在今寧夏回族自治區銀川市北。

[3]上郡：治所在膚施縣（今陝西省榆林市東南）。

[4]馮翊：郡名，三國魏以左馮翊改置，治所在臨晋縣（今陝西省大荔縣）。　允吾：縣名，治所在今甘肅省永靖縣西北湟水南岸。

[5]關右：地區名，即關西，泛指故函谷關或今潼關以西地區。翕然：一致擁護。

[6]黄阜：地名，在今山西省潞城市西北。

聰武庫陷入地一丈五尺。時聰中常侍王沉、宣懷、俞容，中宫僕射郭猗，[1]中黄門陵脩等皆寵幸用事。聰游宴後宫，或百日不出，群臣皆因沉等，言事多不呈聰，率以其意愛憎而決之，故或有勛舊功臣而弗見叙録，奸佞小人數日而便至二千石者。軍旅無歲不興，而將士無錢帛之賞，後宫之家賜賚及於僮僕，動至數千萬。沉等車服宅宇皆逾于諸王，子弟、中表布衣爲内史令長者三十餘人，皆奢僭貪殘，賊害良善。靳準合宗内外諂以事之。

[1]中宫僕射：十六國漢置，皇帝近侍。

郭猗有憾於劉乂，謂劉粲曰："太弟於主上之世猶懷不逞之志，此則殿下父子之深仇，四海蒼生之重怨也。而主上過垂寬仁，猶不替二尊之位，一旦有風塵之變，臣竊爲殿下寒心。且殿下高祖之世孫，主上之嫡統，凡在含齒，[1]孰不係仰。萬機事大，何可與人！臣昨聞太弟與大將軍相見，[2]極有言矣，若事成，許以主上爲太上皇，大將軍爲皇太子。[3]乂又許衛軍爲大單于，二王已許之矣。二王居不疑之地，並握重兵，以此舉事，事何不成！臣謂二王兹舉，禽獸之不若也。背父親人，人豈親之！今乂苟貪其一切之力耳，事成之後，主上豈有全理！殿下兄弟故在忘言，[4]東宮、相國、單于在武陵兄弟，何肯與人！許以三月上巳因讌作難，[6]事淹變生，宜早爲之所。《春秋傳》曰：'蔓草猶不可除，況君之寵弟乎！'[6]臣屢啓主上，主上性敦友于，[7]謂臣言不實。刑臣刀鋸之餘，而蒙主上、殿下成造之恩，故不慮逆鱗之誅，[8]每所聞必言，冀垂采納。臣當入言之，願殿下不泄，密表其狀也。若不信臣言，可呼大將軍從事中郎王皮、衛軍司馬劉惇，[9]假之恩顧，通其歸善之路以問之，必可知也。"粲深然之。猗密謂皮、惇曰："二王逆狀，主、相已具知之矣，卿同之乎？"二人驚曰："無之。"猗曰："此事必無疑，吾憐卿親舊并見族耳。"於是歔欷流涕。皮、惇大懼，叩頭求哀。猗曰："吾爲卿作計，卿能用不？"二人皆曰："謹奉大人之教。"猗曰："相國必問卿，卿但云有之。若責卿何不先啓，卿即答云：'臣誠負死罪，然仰惟主上聖性寬慈，殿下篤於骨肉，恐言成詿僞故也。’”[10]皮、惇許諾。粲俄而召問二人，至不同時，而辭若畫一，粲以爲信然。

[1]凡在含齒：含，宋本作“合”。

[2]太弟：太，宋本作“大”。

[3]大將軍：大，宋本作“太”。

[4]殿下兄弟故在忘言：因爲是您的兄弟所以不用語言説就能够明白。

[5]三月上巳：農曆三月的第一個巳日。

[6]“蔓草猶不可除”句：春秋時鄭莊公的弟弟共叔段秘密發展自己的實力，準備取代鄭莊公。祭仲勸莊公説：“不如早爲之所，無使滋蔓！蔓，難圖也。蔓草猶不可除，况君之寵弟乎？”

[7]友于：借指兄弟。

[8]逆鱗：冒犯君主使之震怒。《韩非子·説難》：“夫龍之爲蟲也，柔可狎而騎也，然其喉下有逆鱗徑尺，若人有嬰之者則必殺人。人主亦有逆鱗，説者能無嬰人主之逆鱗則幾矣。”

[9]從事中郎：官名，東漢時爲大將軍屬官，地位較高。魏晋時爲將軍府或公府屬官。晋六品。　衛軍司馬：官名，衛軍將軍府高級幕僚。掌参讚軍務、管理府内武職，位僅次於長史。晋六品。

[10]詿僞：謬誤不實。

初，靳準從妹爲乂孺子，[1]淫于侍人，乂怒殺之，而屢以嘲準。準深慚恚，説粲曰：“東宫萬機之副，殿下宜自居之，以領相國，使天下知早有所繫望也。”至是，準又説粲曰：“昔孝成距子政之言，[2]使王氏卒成篡逆，可乎？”粲曰：“何可之有！”準曰：“然，誠如聖旨。下官亟欲有所言矣，[3]但以德非更生，親非皇宗，恐忠言暫出，霜威已及，故不敢耳。”粲曰：“君但言之。”準曰：“聞風塵之言，謂大將軍、衛將軍及左右輔皆謀奉太弟，克季春構變，殿下宜爲之備。不然，恐有商臣之禍。”[4]粲曰：“爲之奈何？”準曰：“主上愛信於太弟，恐卒聞未必信也。如下官愚意，宜緩東宫之禁固，勿絶太弟賓客，使輕薄之徒得與交游。太弟既素好待士，[5]必不思防此嫌，輕薄小人不能無逆意以勸太弟之心。小人有始無終，不能如貫高之流也。[6]然後下官爲殿下露表其罪，殿下與太宰拘太弟所與交通者考問之，窮其事原，主上必以無將之罪罪之。[7]不然，今朝望多歸太弟，主上一旦晏駕，[8]恐殿下不得立矣。”於是粲命卜抽引兵去東宫。

[1]孺子：貴妾。

[2]孝成距子政之言：漢成帝不納劉向之言。《漢書》卷三六《楚元王傳》載，劉向在漢成帝時任中郎、光禄大夫。“是時帝元舅陽平侯王鳳爲大將軍秉政，倚太后，專國權，兄弟七人皆封爲列侯。時數有大異，劉向以爲外戚貴盛，王鳳兄弟用事之咎。”乃集合上古以來歷春秋六國至秦漢符瑞灾異之記，號曰《洪範五行傳論》，奏之。漢成帝心知劉向忠精，意在王鳳兄弟，然終不能奪王氏權。

[3]亟欲有所言：亟，原本、殿本作“急”，宋本作“亟”，據宋本改。

[4]商臣之禍：商臣，春秋時楚國人，楚成王太子。當初楚成王想立商臣爲太子，令尹子上説：“您現在年紀還不大，而且又有很多内寵，如果立了商臣以後又改變主意而加以廢除，那就是禍

亂。况且商臣是一個殘忍的人，不能立爲太子。”楚王没有聽從。果然立了商臣後不久，楚成王又想立王子職而廢除太子商臣。商臣聽到這個消息，便率領宫中的警衛軍包圍成王。成王請求吃了熊掌以後去死，商臣不答應，楚成王便上吊自盡。

[5]太弟既素好待士：太，宋本作“大”，下文“太弟之心”同。

[6]貫高：西漢初人，先爲趙王張耳客，後任趙相。因劉邦過趙辱駡趙王張敖，乃圖謀行刺。後圖謀事發，被捕入獄。獄中受盡酷刑，但始終自己擔當，極力爲趙王開脱。劉邦感其至忠至誠，乃赦趙王，並欲授貫高以官。貫高以己實有謀弑之罪，拒授自殺。

[7]無將之罪：即“君親無將，將而誅之”。語出《春秋公羊傳·莊公三十二年》：莊公有疾，其弟弟叔牙欲立其同母兄慶父，叔牙的弟弟鴆殺了叔牙。公羊壽評論説：“君親無將，將而誅之。”意思是説，弑殺君父無所謂即將，有這個打算就應該誅殺之。

[8]晏駕：指皇帝死亡。

聰自去冬至是，遂不復受朝賀，軍國之事一决於粲，唯發中旨殺生除授，王沉、郭猗等意所欲皆從之。又立市於後庭，與宫人讌戲，或三日不醒。聰臨上秋閣，誅其特進綦毋達，太中大夫公師彧，[1]尚書王琰、田歆，[2]少府陳休，[3]左衛卜崇，[4]大司農朱誕等，[5]皆群閹所忌也。侍中卜幹泣諫聰曰：[6]“陛下方隆武宣之化，欲使幽谷無考槃，[7]奈何一旦先誅忠良，[8]將何以垂之於後！[9]昔秦愛三良而殺之，[10]君子知其不霸。以晋厲之無道，[11]尸三卿之後，[12]猶有不忍之心，陛下如何忽信左右愛憎之言，欲一日尸七卿！詔尚在臣聞，猶未宣露，乞垂昊天之澤，回雷霆之威。且陛下直欲誅之耳，不露其罪名，何以示四海！此豈是帝王三訊之法邪！”[13]因叩頭流血。王沉叱幹曰：“卜侍中欲距詔乎？”聰拂衣而入，免幹爲庶人。

[1]太中大夫：官名，侍從皇帝左右，掌顧問應對、參謀議政、奉詔出使。多由寵臣貴戚出任。晋七品。

[2]尚書：官名，東漢尚書臺六曹各置尚書，秩六百石。魏晋出爲朝官，分掌尚書省諸曹，品秩提高。晋三品。

[3]少府：官名，掌管宫廷手工業。晋三品。

[4]左衛：官名，即左衛將軍。三國魏咸熙二年（265），司馬炎即晋王位，分中衛將軍爲左、右衛將軍。掌佽飛虎賁及前驅、由基、强弩三部司馬，屬下還有虎賁、羽林、上騎、異力、命中共五部督，負責宫禁侍衛。西晋屬中軍將軍，後屬領軍將軍。爲禁衛軍主要統帥之一，權任很重。晋四品。

[5]大司農：官名，掌管全國財政和各地的屯田。晋三品。

[6]侍中：官名，東漢建安中與給事黄門侍郎出入禁中，省尚書事。曹魏時爲門下之侍中省長官。常侍衛皇帝左右，掌顧問應對、諫諍糾察、平議奏事、駁奏異議等，權力甚重。晋三品。

[7]幽谷無考槃：幽谷没有隱居之人。考槃，隱居。《詩·衛風·考槃序》：“考槃，刺莊公也。不能繼先公之業，使賢者退而窮處。”

[8]一旦：旦，宋本作“且”。

[9]何以：宋本無“何”字。

[10]秦愛三良而殺之：秦穆公死以奄息、仲行、鍼虎三良人从葬。《詩·秦風·黄鳥序》：“黄鳥，哀三良也。國人刺穆公以人從死，而作是詩也。”鄭玄箋：“三良，三善臣也。謂奄息、仲行、鍼虎也。”

[11]晋厲之無道：春秋時晋國國君，名壽曼，晋景公之子，繼

景公即位。在位時取得鄢陵之戰對楚軍的勝利。晚期驕奢淫逸，多嬖姬，疏遠群大夫，以寵姬兄弟參政，終被欒書、荀偃囚殺。

［12］尸三卿之後：三卿，春秋晋大夫郤錡、郤犨、郤至的合稱。三人都被晋厲公殺死，並在朝廷上陳屍示衆。事見《左傳·成公十七年》。

［13］三訊之法：多方查詢。形容决獄之慎重。《孔子家語·刑政》："大司寇正刑明辟以察獄，獄必三訊焉。"王肅注："一曰訊群臣，二曰訊群吏，三曰訊萬民也。"

太宰劉易及大將軍劉敷、御史大夫陳元達、金紫光禄大夫王延等詣闕諫曰：[1]"臣聞善人者，乾坤之紀，政教之本也。邪佞者，宇宙之螟螣，[2]王化之蟊賊也。[3]故文王以多士基周，桓靈以群閹亡漢，[4]國之興亡，未有不由此也。自古明王之世，未嘗有宦者與政，武、元、安、順豈足爲故事乎！[5]今王沉等乃處常伯之位，[6]握生死與奪於中，勢傾海内，愛憎任之，矯弄詔旨，欺誣日月，内諂陛下，外佞相國，威權之重，侔於人主矣，王公見之駭目，卿宰望塵下車，銓衡迫之，[7]選舉不復以實，士以屬舉，政以賄成，多樹奸徒，殘毒忠善。知王琰等忠臣，必盡節於陛下，懼其奸萌發露，陷之極刑。陛下不垂三察，猥加誅戮，怨感穹蒼，痛入九泉，四海悲惋，賢愚傷懼。沉等皆刀鋸之餘，背恩忘義之類，豈能如士人君子感恩展效，以答乾澤也。陛下何故親近之？何故貴任之？昔齊桓公任易牙而亂，[8]孝懷委黄皓而滅，[9]此皆覆車於前，殷鑒不遠。比年地震日蝕，雨血火灾，皆沉等之由。願陛下割翦凶醜與政之流，引尚書、御史朝省萬機，相國與公卿五日一入，會議政事，使大臣得極其言，忠臣得逞其意，則衆灾自弭，和氣呈祥。今遺晋未殄，巴蜀未賓，石勒潛有跨趙魏之志，[10]曹嶷密有王全齊之心，[11]而復以沉等助亂大政，陛下心腹四支何處無患！復誅巫咸，[12]戮扁鵲，[13]臣恐遂成桓侯膏肓之疾，[14]後雖欲療之，其如病何！請免沉等官，付有司定罪。”聰以表示沉等，笑曰：“是兒等爲元達所引，遂成癡也。”寢之。沉等頓首泣曰：“臣等小人，過蒙陛下識拔，幸得備洒掃宫閣，而王公朝士疾臣等如仇讎，又深恨陛下。願收大造之恩，以臣等膏之鼎鑊，[15]皇朝上下自然雍穆矣。”聰曰：“此等狂言恒然，卿復何足恨乎！”更以訪粲，粲盛稱沉等忠清，乃心王室。聰大悦，封沉等爲列侯。太宰劉易詣闕，又上疏固諫。聰大怒，手壞其表，易遂忿恚而死。元達哭之悲慟，曰：“‘人之云亡，邦國殄悴。’[16]吾既不復能言，安用此默默生乎！”歸而自殺。

[1]金紫光禄大夫：官名，對光禄大夫加金章紫綬。禄賜、班位、車服、佩玉等皆與特進同。晋二品。

[2]螟螣：兩种食苗的害虫。比喻害人者。

[3]蟊賊：吃禾苗的兩種害蟲。《詩・小雅・大田》：“去其螟螣，及其蟊賊。”毛亨傳：“食根曰蟊，食節曰賊。”比喻危害國家的人。

[4]桓：東漢桓帝劉志，公元146至168年在位。在位期間先是外戚專政，然後宦官專權，黨錮之禍發生，政治日益黑暗。靈：東漢靈帝劉宏，公元168至189年在位。在位時宦官專政，黨

禁再起，賣官鬻爵，民不聊生。

［5］武：漢武帝劉徹，公元前 141 至前 87 年在位。在位期間，爲抑制丞相職權，依靠親信和近臣參與決策。　元：漢元帝劉奭，公元前 49 至前 33 年在位。在位期間委政宦官，重用外戚，致使宦官專權，外戚驕縱，政治腐敗。　安：東漢安帝劉祜，公元 106 至 125 年在位，在位期間先由外戚專政，後依靠宦官誅滅外戚，自此寵信宦官。　順：東漢順帝劉保，公元 115 至 144 年在位。在位期間朝政操於宦官外戚之手。

［6］常伯：皇帝近臣泛稱。《尚書・主政》："王左右常伯、常任。"孔穎達疏："王之親近左右，常所長事，謂三公也。"

［7］銓衡：職掌選拔官吏的職位。

［8］齊桓公任易牙而亂：易牙，春秋時齊國人，名巫，齊桓公寵幸的近臣，相傳曾殺掉自己的兒子，烹其肉爲羹獻給齊桓公。管仲臨終前囑咐齊桓公疏遠易牙，桓公不納。管仲死後，易牙果然與豎刁等人發動内亂，囚禁並餓死了齊桓公。

［9］孝懷委黄皓而滅：黄皓，三國時人，蜀漢宦官。善奉迎弄權，得後主劉禪寵愛。尚書令董允死後，陳祇爲侍中，與黄皓内外勾結，專擅朝政。

［10］趙魏：指戰國時趙國和魏國故地。今山西省及河北省南部。

［11］曹嶷密有王全齊之心：曹嶷暗有割據齊地稱王之心。

［12］巫咸：商臣，或説是神農、黄帝時人，占筮的創始者。

［13］扁鵲：戰國初渤海鄚（今河北省任丘市北）人。姓秦，名越人。初從長桑君學醫，後遍游列國行醫，醫術高明。

［14］桓侯膏肓之疾：《史記》卷一〇五《扁鵲倉公列傳》："扁鵲過齊，齊桓侯客之。入朝見，曰：'君有疾在腠理，不治將深。'桓侯曰：'寡人無疾。'扁鵲出，桓侯謂左右曰：'醫之好利也，欲以不疾者爲功。'後五日，扁鵲復見，曰：'君有疾在血脉，不治恐深。'桓侯曰：'寡人無疾。'扁鵲出，桓侯不悦。後五日，扁鵲復

見，曰：‘君有疾在腸胃間，不治將深。’桓侯不應。扁鵲出，桓侯不悦。後五日，扁鵲復見，望見桓侯而退走。桓侯使人問其故。扁鵲曰：‘疾之居腠理也，湯熨之所及也；在血脉，鍼石之所及也；其在腸胃，酒醪之所及也；其在骨髓，雖司命無奈之何。今在骨髓，臣是以無請也。’後五日，桓侯體病，使人召扁鵲，扁鵲已逃去。桓侯遂死。”

[15]膏之鼎鑊：放在大鍋里煮。意爲處死。膏，肥肉。

[16]“人之云亡”句：語出《詩·大雅·瞻卬》。

北地飢甚，人相食啖，羌酋大軍須運糧以給麴昌，劉雅擊敗之。麴允與劉曜戰于磻石谷，[1]王師敗績，允奔靈武。平陽大飢，流叛死亡十有五六。石勒遣石越率騎二萬，屯于并州，[2]以懷撫叛者。聰使黄門侍郎喬詩讓勒，[3]勒不奉命，潛結曹嶷，規爲鼎峙之勢。

[1]磻石谷：《資治通鑑》卷八九《晋紀》愍帝建興四年：“曜追敗允於磻石谷。”胡三省注：“魏收《地形志》，北地郡銅官縣有石槃山。”

[2]并州：治所在晋陽縣（今山西省太原市西南）。

[3]黄門侍郎：官名，魏晋時爲侍中省或門下省次官。侍從皇帝，顧問應對，多以重臣或外戚子弟擔任，位頗重要。晋五品。讓：責備。

聰立上皇后樊氏，即張氏之侍婢也。時四后之外，[1]佩皇后璽綬者七人，朝廷内外無復綱紀，阿諛日進，貨賄公行，軍旅在外，飢疫相仍，後宫賞賜動至千萬。劉敷屢泣言之，聰不納，怒曰：“爾欲得使汝公死乎？朝朝夕夕生來哭人？”敷憂忿發病而死。

[1]時四后之外：中華本校勘記：“《通鑑》八九‘四后’作‘三后’，《通鑑考異》云：時靳上皇后已死，唯三后耳，云‘四’誤也。”

河東大蝗，唯不食黍豆。靳準率部人收而埋之，哭聲聞於十餘里，後乃鑽土飛出，復食黍豆。平陽飢甚，司隸部人奔于冀州二十萬户，[1]石越招之故也。犬與豕交于相國府門，又交于宫門，又交司隸、御史門。[2]有豕著進賢冠，升聰坐。犬冠武冠，帶綬，與豕並升。俄而鬭死殿上。宿衛莫有見其入者。而聰昏虐愈甚，無誡懼之心。讌群臣于光極前殿，引見其太弟乂，容貌毁悴，[3]鬢髮蒼然，涕泣陳謝。聰亦對之悲慟，縱酒極歡，待之如初。

[1]冀州：治所在信都縣（今河北省衡水市冀州區）。

[2]御史：官名，魏晋時爲侍御史、治書侍御史、督軍糧侍御史、殿中侍御史、監國侍御史等官的簡稱。

[3]毁悴：悴，宋本作“倅”。

劉曜陷長安外城，愍帝使侍中宋敞送箋于曜，帝肉袒牽羊，輿櫬銜璧出降。及至平陽，聰以帝爲光禄大夫、懷安侯，使粲告于太廟，大赦境内，改年麟嘉。麴允自殺。

聰東宫四門無故自壞，後内史女人化爲丈夫。時聰子約死，一指猶暖，遂不殯殮。及蘇，言見元海於不周山，[1]經五日，遂復從至崑崙山，[2]三日而復返於不周，見諸王公卿將相死者悉在，宮室甚壯麗，號曰蒙珠離國。元海謂約曰："東北有遮須夷國，無主久，待汝父爲之。汝父後三年當來，來後國中大亂相殺害，居家死亡略盡，但可永明輩十數人在耳。汝且還，後年當來，見汝不久。"約拜辭而歸，道遇一國曰猗尼渠餘國，引約入宮，與約皮囊一枚，曰："爲吾遺漢皇帝。"約辭而歸，謂約曰："劉郎後年來必見過，當以小女相妻。"約歸，置皮囊於機上。俄而蘇，使左右機上取皮囊開之，有一方白玉，題文曰："猗尼渠餘國天王敬信遮須夷國天王，歲在攝提，[3]當相見也。"馳使呈聰，聰曰："若審如此，[4]吾不懼死也。"及聰死，與此玉并葬焉。

[1]不周山：古代傳説中的山名，據説在昆侖山西北。《楚辭·離騷》："路不周以左轉兮，指西海以爲期。"王逸注："不周，山名，在崑崙西北。"

[2]崑崙山：在新疆維吾爾自治區與西藏自治區之间，西接帕米爾高原，東延入青海省境内。

[3]歲在攝提：歲星進入攝提附近。攝提，星名，属亢宿，共六星。位於大角星兩側，左三星曰左攝提，右三星曰右攝提。

[4]若審如此：若果真如此。審，果真。

時東宮鬼哭；赤虹經天，南有一岐；[1]三日並照，各有兩珥，[2]五色甚鮮；客星歷紫宮入於天獄而滅。[3]太史令康相言於聰曰："蛇虹見彌天，一岐南徹；三日並照；客星入紫宫。此皆大異，其徵不遠也。今虹達東西者，許洛以南不可圖也。[4]一岐南徹者，李氏當仍跨巴蜀，司馬叡終據全吴之象，天下其三分乎！月爲胡王，皇漢雖苞括二京，龍騰九五，[5]然世雄燕代，肇基北朔，太陰之變其在漢域乎！漢既據中原，曆命所屬，紫宫之異，亦不在他，此之深重，胡可盡言。石勒鴟視趙魏，[6]曹嶷狼顧東齊，鮮卑之衆星布燕代，齊、代、燕、趙皆有將大之氣。願陛下以東夏爲慮，勿顧西南。吴蜀之不能北侵，猶大漢之不能南向也。今京師寡弱，勒衆精盛，若盡趙魏之鋭，[7]燕之突騎自上黨而來，曹嶷率三齊之衆以繼之，陛下將何以抗之？紫宫之變何必不在此乎！願陛下早爲之所，無使兆人生心。[8]陛下誠能發詔，外以遠追秦皇、漢武循海之事，内爲高帝圖楚之計，[9]無不克矣。"聰覽之不悦。

[1]岐：通"歧"，分叉。

[2]珥：日、月兩旁的光暈。

[3]紫宫：古人所劃天空星區。《魏書》卷九一《術藝·張淵傳》："覩紫宫之環周，嘉帝坐之獨標。"注曰："紫宫垣十五星在北斗北，天皇大帝一星在紫宫中，天帝位尊，故言獨標也。" 天獄：天上的監獄。本書卷一一《天文志上》："參十星，一曰參伐，一曰大辰，一曰天市，一曰鈇鉞，主斬刈。又爲天獄，主殺伐。"

[4]許洛以南：以，宋本作"已"。

[5]龍騰九五：《易·乾·爻辭》："九五，飛龍在天，利見大人。"

[6]鴟視：如鴟鳥昂首舉視。形容凶狠貪戾的眼光。

[7]盡趙魏之鋭：盡，宋本作"遇"。

[8]兆人生心：兆，宋本作“先”。

[9]高帝圖楚之計：劉邦假借游覽雲夢澤擒拿韓信之事。《史記》卷八《高祖本紀》：“十二月，人有上變事告楚王信謀反，上問左右，左右争欲擊之。用陳平計，乃僞游雲夢，會諸侯於陳，楚王信迎，即因執之。”

劉粲使王平謂劉乂曰：“適奉中詔，云京師將有變，敕裹甲以備之。”乂以爲信然，令命宫臣裹甲以居。粲馳遣告靳準、王沉等曰：“向也王平告云東宫陰備非常，將若之何？”準白之，聰大驚曰：“豈有此乎！”王沉等同聲曰：“臣等久聞，但恐言之陛下弗信。”於是使粲圍東宫。粲遣沉、準收氐羌酋長十餘人，窮問之，皆懸首高格，燒鐵灼目，乃自誣與乂同造逆謀。聰謂沉等言曰：“而今而後，吾知卿等忠於朕也。當念爲知無不言，勿恨往日言不用也。”於是誅乂素所親厚大臣及東宫官屬數十人，皆靳準及閹豎所怨也。廢乂爲北部王，[1]粲使準賊殺之。坑士衆萬五千餘人，平陽街巷爲之空。氐羌叛者十餘萬落，以靳準行車騎大將軍以討之。[2]時聰境内大蝗，平陽、冀、雍尤甚。靳準討之，震其二子而死。河汾大溢，漂没千餘家。東宫灾異，[3]門閤宫殿蕩然。立粲爲皇太子，[4]大赦殊死已下。以粲領相國、大單于，總攝朝政如前。

[1]北部王：王，殿本作“主”。

[2]行：暫時兼任。

[3]東宫灾異：中華本校勘記：“李校：‘異’字衍。”

[4]皇太子：太，宋本作“大”。

聰校獵上林，以帝行車騎將軍，[1]戎服執戟前導，行三驅之禮。[2]粲言於聰曰：“今司馬氏跨據江東，[3]趙固、李矩同逆相濟，興兵聚衆者皆以子鄴爲名，[4]不如除之，以絶其望。”聰然之。

[1]車騎將軍：官名，魏晋南北朝時位次於驃騎將軍，在諸名號將軍之上，多作爲軍府名號，以加授大臣及重要州郡長官。晋二品，開府位從公者一品。

[2]三驅：古王者田獵時須讓開一面，三面驅趕，以示好生之德。《易·比》：“九五，顯比，王用三驅，失前禽，邑人不誡，吉。”孔颖达疏：“褚氏諸儒皆以爲三面著人驅禽。必知三面者，禽唯有背己、向己、趣己，故左右及於後，皆有驅之。”

[3]江東：亦稱江左，因自北方視之，江東在左，江西在右，故稱。

[4]以子鄴爲名：以晋愍帝司馬鄴的子民的名義。

趙固、郭默攻其河東，[1]至於絳邑，[2]右司隸部人盜牧馬負妻子奔之者三萬餘騎。騎兵將軍劉勛追討之，殺萬餘人，固、默引歸。劉頡遮邀擊之，爲固所敗。使粲及劉雅等伐趙固，次于小平津，[3]固揚言曰：“要當生縛劉粲以贖天子。”聰聞而惡之。

[1]河東：郡名，治所在安邑縣（今山西省夏縣西北禹王城）。

[2]絳邑：縣名，治所在今山西省翼城縣東南。

[3]小平津：位於今河南省孟津縣東北黄河上。

李矩使郭默、郭誦救趙固，屯于洛汭，遣耿稚、張皮潛濟，襲粲。貝丘王翼光自厘城覘之，以告粲。粲曰："征北南渡，[1]趙固望聲逃竄，彼方憂自固，何暇來邪！且聞上身在此，自當不敢北視，况敢濟乎！不須驚動將士也。"是夜，稚等襲敗粲軍，粲奔據陽鄉，[2]稚館穀粲壘。[3]雅聞而馳還，栅于壘外，與稚相持。聰聞粲敗，使太尉范隆率騎赴之，稚等懼，率衆五千，突圍趨北山而南。劉勛追之，戰于河陽，稚師大敗，死者三千五百人，投河死者千餘人。

[1]征北：北，宋本作"東"。

[2]陽鄉：在今河南省濟源市西南。

[3]館穀：居其館食其穀。

聰所居螽斯則百堂灾，[1]焚其子會稽王衷已下二十有一人。[2]聰聞之，自投於床，哀塞氣絶，良久乃蘇。平陽西明門牡自亡，[3]霍山崩。[4]署其驃騎大將軍、濟南王劉驥爲大將軍、都督中外諸軍事、録尚書，[5]衛大將軍、齊王劉勱爲大司徒。[6]

[1]螽斯則百：喻子孫衆多。螽斯，《詩·周南·螽斯序》："螽斯，后妃子孫衆多也，言若螽斯不妒忌，則子孫衆多也。"則百，《詩·大雅·思齊》："大姒嗣徽音，則百斯男。"毛亨傳："大姒十子，衆妾則宜百子也。"

[2]焚其子會稽王衷已下二十有一人：中華本校勘記："《斠注》：《御覽》一一九引《十六國春秋·前趙録》'衷'作'康'。按：《通鑑》九〇亦作'康'。"

[3]平陽西明門牡自亡：牡，原本、宋本、殿本作“社”，據中華本校勘記改。

[4]霍山：即今安徽省霍山縣南天柱山。

[5]驃騎大將軍：官名，魏晋制度，驃騎將軍爲重號將軍，僅次於大將軍，高於諸名號將軍，此加“大”字以示位尊權重。晋二品，開府位從公者一品。

[6]衛大將軍：官名，高級武職，地位在衛將軍上。十六國北朝一些政權均置。

中常侍王沉養女年十四，有妙色，聰立爲左皇后。尚書令王鑒、中書監崔懿之、中書令曹恂等諫曰：[1]“臣聞王者之立后也，將以上配乾坤之性，象二儀敷育之義，生承宗廟，母臨天下，亡配后土，執饋皇姑，[2]必擇世德名宗，幽閑淑令，副四海之望，稱神祇之心。是故周文造舟，姒氏以興，[3]《關雎》之化饗，則百世之祚永。孝成任心縱欲，[4]以婢爲后，使皇統亡絶，社稷淪傾。有周之隆既如彼矣，大漢之禍又如此矣。從麟嘉以來，亂淫於色，[5]縱沉之弟女，刑餘小醜猶不可塵瓊寢，污清廟，况其家婢邪！六宫妃嬪皆公子公孫，奈何一旦以婢主之，何異象榱玉簀而對腐木朽楹哉！[6]臣恐無福於國家也。”聰覽之大怒，使宣懷謂粲曰：“鑒等小子，慢侮國家，狂言自口，無復君臣上下之禮，其速考竟。”[7]於是收鑒等送市。金紫光禄大夫王延馳將入諫，門者弗通。鑒等臨刑，王沉以杖叩之曰：[8]“庸奴，復能爲惡乎？乃公何與汝事！”鑒瞋目叱之曰：“豎子！使皇漢滅者，坐汝鼠輩與靳準耳，要當訴汝於先帝，取汝等於地下。”懿之曰：“靳準梟聲獍形，[9]必爲國患。汝既食人，人亦當食汝。”皆斬之。聰又立其中常侍宣懷養女爲中皇后。

[1]尚書令：官名，秦漢時爲尚書署長官。秩位雖低，權力甚重。魏晋時沿置，爲尚書省長官，綜理全國政務，參議大政，爲高級政務長官。晋三品。　中書監：官名，中書省長官之一。三國魏文帝初年分秘書置中書省，長官爲中書監、中書令。掌收納奏章、草擬詔令。平常不分高下，入朝時監略高於令。晋三品。　中書令：官名，掌收納尚書奏事、傳達皇帝詔旨。三國魏文帝初年分秘書置中書省，設中書監和中書令。職權甚重。晋三品。

[2]皇姑：姑，宋本作“后”。

[3]“周文造舟”句：《列女傳》：“太姒者，武王之母，禹后有莘姒氏之女，仁而明道。文王嘉之，親迎於渭，造舟爲梁。及入，太姒思媚太姜、太任，旦夕勤勞，以進婦道。太姒號曰文母。”此後文王治外，文母治内。

[4]孝成：西漢成帝，名驁，字太孫，元帝子。公元前33至前7年在位。在位期間耽於酒色，寵趙飛燕、趙合德姊妹，大興土木營建昌陵，致使社會動蕩，民不聊生。

[5]亂淫於色：淫於，宋本乙作“於淫”。

[6]象榱玉簀而對腐木朽楹：比喻不般配。象榱，象牙屋椽。玉簀，鑲玉的墊子。

[7]其速考竟：竟，宋本作“竞”。

[8]以杖叩之：杖，宋本作“枚”。

[9]梟聲獍（jìng）形：獍，一種出生後吃生它母獸的獸，像虎豹。原本、宋本作“鏡”，殿本作“獍”，據殿本改。中華本亦作“鏡”。

鬼哭於光極殿，又哭於建始殿。雨血平陽，廣袤十里。時聰子約已死，至是晝見。聰甚惡之，謂粲曰："吾寢疾惙頓，怪異特甚。往以約之言爲妖，比累日見之，此兒必來迎吾也。何圖人死定有神靈，如是，吾不悲死也。今世難未夷，非諒闇之日，[1]朝終夕殮，旬日而葬。"[2]徵劉曜爲丞相、録尚書，輔政，固辭乃止。仍以劉景爲太宰，劉驥爲大司馬，劉顗爲太師，朱紀爲太傅，呼延晏爲太保，並録尚書事；范隆守尚書令、儀同三司，靳準爲大司空、領司隸校尉，皆迭決尚書奏事。

[1]諒闇：皇帝居喪。

[2]旬日而葬：日，宋本作"内"。

太興元年，聰死，在位九年，僞謚曰昭武皇帝，廟號烈宗。

粲，字士光。少而俊傑，才兼文武。自爲宰相，威福任情，疏遠忠賢，昵近奸佞，任性嚴刻無恩惠，距諫飾非。好興造宫室，相國之府仿像紫宫，在位無幾，作兼晝夜，飢困窮叛，死亡相繼，粲弗之恤也。

既嗣僞位，尊聰后靳氏爲皇太后，樊氏號弘道皇后，宣氏號弘德皇后，王氏號弘孝皇后。靳等年皆未滿二十，並國色也，粲晨夜烝淫於内，[1]志不在哀。立其妻靳氏爲皇后，子元公爲太子，大赦境内，改元漢昌。雨血于平陽。

[1]烝淫：和母輩通奸。

靳準將有異謀，私於粲曰："如聞諸公將欲行伊尹、霍光之事，[1]謀先誅太保及臣，以大司馬統萬機。陛下若不先之，臣恐禍之來也不晨則夕。"粲弗納。準懼其言之不從，謂聰二靳氏曰：[2]"今諸公侯欲廢帝，立濟南王，恐吾家無復種矣。盍言之於帝。"二靳承間言之。粲誅其太宰、上洛王劉景，[3]太師、昌國公劉顗，大司馬、濟南王劉驥，[4]大司徒、齊王劉勱等。太傅朱紀、太尉范隆出奔長安。又誅其車騎大將軍、吴王劉逞，驥母弟也。粲大閲上林，謀討石勒。以靳準爲大將軍、録尚書事。粲荒耽酒色，游讌後庭，軍國之事一决於準。準矯粲命，以從弟明爲車騎將軍，康爲衛將軍。

[1]伊尹：輔佐商湯及其後代外丙、仲壬、太甲的賢臣。　霍光：西漢河東平陽（今山西省臨汾市西南）人，字子孟，霍去病異母弟。爲武帝所親信，武帝臨終，任其爲大司馬大將軍，封博陸侯，與金日磾等人輔佐少主。昭帝繼位後，誅除上官桀，先立後廢昌邑王劉賀，專擅朝政前後長達二十年。期間輕徭薄賦，與民休息，社會較安定。

[2]謂聰二靳氏曰：中華本校勘記："《通鑑》九〇作'復使二靳氏言之'，胡注：'二靳氏，聰后與粲后。'按：此處當衍'聰'字。"

[3]太宰：太，宋本作"大"。

[4]濟南王劉驥：原本、宋本、殿本無"劉"字，據中華本校勘記補。

準將作亂，以金紫光禄大夫王延耆德時望，[1]謀之于延。延弗從，馳將告之，遇靳康，劫延以歸。準勒兵入宫，升其光極前殿，下使甲士執粲，數而殺之。劉氏男女無少長皆斬于東市。發掘元海、聰墓，焚燒其宗廟。鬼大哭，聲聞百里。

[1]耆德時望：在當時年高德劭、素孚众望的人。

準自號大將軍、漢大王，[1]置百官，遣使稱藩于晋。左光禄劉雅出奔西平。[2]尚書北宫純、胡崧等招集晋人，堡於東宫，靳康攻滅之。準將以王延爲左光禄，延罵曰："屠各逆奴，[3]何不速殺我，以吾左目置西陽門，觀相國之入也，右目置建春門，觀大將軍之入也。"準殺之。[4]

[1]漢大王：大，殿本作"天"。中華本校勘記："《通鑑》九〇'大'作'天'，疑'大'字訛。"

[2]西平：郡名，治所在西都縣（今青海省西寧市）。

[3]屠各：又稱休屠各、休著屠各等。匈奴部落名。後漢至西晋雜居西北沿邊諸郡。《後漢書》卷七三《公孫瓚傳》："續爲屠各所殺。"李賢注："屠各，胡號。"唐長孺先生對此有考論。（参見唐長孺《魏晋南北朝史論叢·魏晋雜胡考》，河北教育出版社 2000 年版）

[4]準殺之：宋本、殿本"準"下有"怒"字。

陳元達，字長宏，後部人也。本姓高，以生月妨父，故改云陳。少而孤貧，常躬耕兼誦書，樂道行咏，忻忻如也。[1]至年四十，不與人交通。

[1]忻忻：欣喜高興的樣子。

元海之爲左賢王，聞而招之，元達不答。及元海僭號，人謂元達曰："往劉公相屈，君蔑而不顧，今稱號龍飛，君其懼乎？"元達笑曰："是何言邪？彼人姿度卓犖，[1]有籠羅宇宙之志，吾固知之久矣。然往日所以不往者，以期運未至，不能無事喧喧，彼自有以亮吾矣。[2]卿但識之，吾恐不過二三日，驛書必至。"其暮，元海果徵元達爲黄門郎。人曰："君殆聖乎！"既至，引見，元海曰："卿若早來，豈爲郎官而已。"元達曰："臣惟性之有分，盈分者顛。[3]臣若早叩天門者，恐大王賜處於九卿、納言之間，[4]此則非臣之分，臣將何以堪之！是以抑情盤桓，[5]待分而至，大王無過授之謗，小臣免招寇之禍，不亦可乎！"元海大悦。在位忠謇，屢進讜言，[6]退而削草，雖子弟莫得而知也。聰每謂元達曰："卿當畏朕，反使朕畏卿乎？"元達叩頭謝曰："臣聞師臣者王，友臣者霸。臣誠愚暗無可采也，幸邀陛下垂齊桓納九九之義，[7]故使微臣得盡愚忠。昔世宗遥可汲黯之奏，[8]故能恢隆漢道；桀紂誅諫，幽厲弭謗，是以三代之亡也忽焉。陛下以大聖應期，挺不世之量，能遠捐商周覆國之弊，近模孝武光漢之美，則天下幸甚，群臣知免。"及其死也，人盡冤之。

[1]姿度卓犖：風姿氣度超絶出衆。

［2］彼自有以亮吾：他自有發現任用我的時候。以，任用。

［3］盈分者顛：顛，原本、宋本作“巔”，殿本作“顛”，據殿本改。

［4］納言：侍中的别稱。職掌傳宣上命、受納奏言。

［5］盤桓：徘徊不進。

［6］讜言：耿直之言。

［7］齊桓納九九：事見《説苑·尊賢》：“齊桓公設庭燎，爲士之欲造見者，期年而士不至。於是東野鄙人有以九九之術見者，桓公曰：‘九九何足以見乎？’鄙人對曰：‘臣非以九九爲足以見也，臣聞主君設庭燎以待士，期年而士不至。夫士之所以不至者，君、天下賢君也；四方之士，皆自以論而不及君，故不至也。夫九九薄能耳，而君猶禮之，況賢於九九乎？夫太山不辭壤石，江海不逆小流，所以成大也。《詩》云：“先民有言，詢於芻蕘。”言博謀也。’桓公曰善，乃因禮之。期月四方之士，相携而並至，《詩》曰：‘自堂徂基，自羊徂牛。’言以内及外，以小及大也。”

［8］汲黯：西漢濮陽（今河南省濮陽市西南）人，字長孺。景帝時任太子洗馬，武帝時爲謁者、東海太守。在郡有治績。後召爲主爵都尉。爲人耿直，敢直言相諫，號“汲直”。卒於淮陽太守任上。

晋書　卷一〇三

載記第三

劉曜

劉曜

劉曜，字永明，元海之族子也。[1]少孤，見養於元海。幼而聰慧，有奇度。年八歲，從元海獵于西山，遇雨，止樹下，迅雷震樹，旁人莫不顛仆，曜神色自若。元海異之曰："此吾家千里駒也，從兄爲不亡矣！"身長九尺三寸，垂手過膝，生而眉白，目有赤光，鬚髯不過百餘根，而皆長五尺。性拓落高亮，與衆不群。讀書志於廣覽，不精思章句，善屬文，工草隸。雄武過人，鐵厚一寸，射而洞之，于時號爲神射。尤好兵書，略皆暗誦。常輕侮吴、鄧，[2]而自比樂毅、蕭、曹，[3]時人莫之許也，惟聰每曰："永明，世祖、魏武之流，何數公足道哉！"

[1]元海：劉淵，字元海，本書卷一〇一有載記。

[2]吴：吴漢，東漢初南陽宛（今河南省南陽市）人，字子顔。新莽末亡命漁陽，以販馬爲業。後爲劉秀偏將軍，遷大將軍。東漢建立後任大司馬。屢建戰功，雲臺二十八將之一。　鄧：鄧禹，東漢南陽新野（今河南省新野縣）人，字仲華。新莽末年隨劉秀起兵，任前將軍。劉秀稱帝後，拜之爲大司徒。由於兵敗長安，免大司徒。後被拜右將軍，因功以特進奉朝請，復行司徒事。明帝即位後爲太傅，卒於官。

[3]樂毅：戰國時靈壽（今河北省靈壽縣西北）人，魏將樂羊後代，燕昭王時入燕，帥聯軍大敗齊國，攻下齊國城邑七十多座。後因燕惠王中反間計，樂毅遂離開燕國入趙國。　蕭：蕭何，秦末泗水沛縣豐邑（今江蘇省豐縣）人。隨劉邦起兵反秦。楚漢戰争中，留守關中，爲前綫籌集糧草。劉邦稱帝後，因功高封酇侯。助吕后誅除韓信，封相國。劉邦死後復事惠帝，死前推薦曹參繼任。　曹：曹參，秦末泗水沛（今江蘇省沛縣）人，早年爲獄掾。秦末隨劉邦起兵，屢建戰功。先後任假左丞相、左丞相。西漢建立後任齊相國。蕭何死後繼之爲漢相。

弱冠游于洛陽，[1]坐事當誅，亡匿朝鮮，[2]遇赦而歸。自以形質異衆，恐不容于世，隱迹管涔山，[3]以琴書爲事。嘗夜閑居，有二童子入跪曰："管涔王使小臣奉謁趙皇帝，獻劍一口。"置前再拜而去。以燭視之，劍長二尺，光澤非常，赤玉爲室，背上有銘曰：[4]"神劍御，除衆毒。"曜遂服之。劍隨四時而變爲五色。

[1]弱冠：指男子二十歲時。《禮記·曲禮上》："二十曰弱，冠。"年少爲弱，待至二十，即爲成年，舉行冠禮。　洛陽：古都名，在今河南省洛陽市東北。

[2]朝鮮：縣名，治所在棘城（今遼寧省義縣北）。

[3]隱迹管涔山：管，原本、宋本、殿本作“菅”，據中華本校勘記改。本卷下文此地名同。

[4]背上有銘曰：曰，宋本作“云”。

元海世頻歷顯職，後拜相國、都督中外諸軍事，[1]鎮長安。[2]靳準之難，自長安赴之。至于赤壁，[3]太保呼延晏等自平陽奔之，[4]與太傅朱紀、太尉范隆等上尊號。[5]曜以太興元年僭即皇帝位，[6]大赦境内，惟準一門不在赦例，改元光初。以朱紀領司徒，[7]呼延晏領司空，[8]范隆以下悉復本位。使征北劉雅、鎮北劉策次于汾陰，[9]與石勒爲掎角之勢。[10]

[1]相國：官名，春秋戰國時稱宰輔大臣爲相國，秦漢時稱爲丞相。魏晋南北朝時不常置，職權品秩略同於丞相，但位又比丞相尊貴，非尋常人臣之職。　都督中外諸軍事：官名，亦稱都督中外諸軍。全國最高軍事統帥，總統中央地方的内外諸軍，權力極大。

[2]長安：縣名，治所在今陝西省西安市西北。

[3]赤壁：地名，在今山西省河津市西北。

[4]平陽：郡名，三國魏置，治所在平陽縣（今山西省臨汾市西南）。

[5]太傅：官名，晋爲八公之一。位上公，太宰之下、太保之上。晋一品。　太尉：官名，曹操爲丞相後，太尉府屬官歸相府，晋時太尉雖爲八公之一、三公之首，實爲名譽宰相，多爲大臣加官。晋一品。

[6]太興元年：太，原本、宋本作“大”，殿本作“太”，據殿本改。

[7]領：以地位較高的官員兼理較低的職務。　司徒：官名，西漢哀帝元壽二年（前1）改丞相爲大司徒，東漢光武帝時改名爲

司徒，東漢末又改爲丞相。三國魏恢復三公制，改丞相爲司徒，管理民政。兩晉沿制，爲八公之一，在太尉之下、司空之上。與丞相通職，一般不並置，爲名譽宰相。晉一品。

［8］司空：官名，魏晉南北朝爲名譽宰相，多爲大臣加官。晉八公之一，位在三公之末。晉一品。

［9］征北：官名，即征北將軍。與征東、征西、征南將軍合稱四征將軍。三國魏蜀吴、兩晉皆置，出鎮方面，地位顯要。晉三品，加持節都督者二品。　鎮北：官名，即鎮北將軍。東漢建安年間置，與鎮西、鎮南、鎮東將軍合稱四鎮將軍，多爲持節都督，出鎮方面。曹魏二品。晉三品，加持節都督者二品。　汾陰：縣名，治所在今山西省萬榮縣西南廟前村北。

［10］石勒：字世龍，本書卷一〇四有載記。

靳準遣侍中卜泰降于勒，[1]勒囚泰，送之曜。謂泰曰："先帝末年，實亂大倫，群閹撓政，誅滅忠良，誠是義士匡討之秋。司空執心忠烈，行伊霍之權，[2]拯濟塗炭，使朕及此，勛高古人，德格天地。朕方寧濟大艱，終不以非命及君子賢人。司空若執忠誠，早迎大駕者，政由靳氏，祭則寡人，以朕此意布之司空，宣之朝士。"泰還平陽，具宣曜旨。準自以殺曜母兄，沉吟未從。尋而喬泰、王騰、靳康、馬忠等殺準，推尚書令靳明爲盟主，[3]遣卜泰奉傳國六璽降于曜。曜大悦，謂泰曰："使朕獲此神璽而成帝王者，子也。"石勒聞之，怒甚，增兵攻之。明戰累敗，遣使求救於曜，曜使劉雅、劉策等迎之。明率平陽士女萬五千歸于曜，曜命誅明，靳氏男女無少長皆殺之。使劉雅迎母胡氏喪于平陽，還葬粟邑，[4]墓號陽陵，僞謚宣明皇太后。僭尊高祖父亮爲景皇帝，曾祖父廣爲獻皇帝，祖防懿皇帝，考曰宣成皇帝。徙都長安，起光世殿於前，紫光殿於後。立其妻羊氏爲皇后，子熙爲皇太子，封子襲爲長樂王，闡太原王，冲淮南王，敞齊王，高魯王，徽楚王，徵諸宗室皆進封郡王。繕宗廟、社稷、南北郊。[5]以水承晋金行，國號曰趙。牲牡尚黑，[6]旗幟尚玄，冒頓配天，元海配上帝，大赦境内殊死已下。

[1]侍中：官名，東漢建安中與給事黄門侍郎出入禁中，省尚書事。曹魏時爲門下之侍中省長官。常侍衛皇帝左右，掌顧問應對、諫諍糾察、平議奏事、駁奏異議等，權力甚重。晋三品。

[2]伊：伊尹，輔佐商湯及其後代外丙、仲壬、太甲的賢臣。霍：霍光，西漢人，字子孟，爲武帝所親信。武帝死後輔佐少主昭帝。期間輕徭薄賦，與民休息，社會較安定。

[3]尚書令：官名，秦漢時爲尚書署長官。秩位雖低，權力甚重。魏晋時沿置，爲尚書省長官，綜理全國政務，參議大政，爲高級政務長官。晋三品。

[4]粟邑：縣名，治所在今陝西省白水縣西北。

[5]宗廟：爲當時國都的標誌。《三國志》卷二五《魏書·高堂隆傳》載高堂隆説："凡帝王徙都立邑，皆先定天地社稷之位，敬恭以奉之。將營宫室，則宗廟爲先，廐庫爲次，居室爲後。"《魏書》卷六〇《韓麒麟附韓顯宗傳》載韓顯宗説："《春秋》之義，有宗廟曰都。"　社稷：祭祀土神和穀神的場所。　南北郊：祭祀天地的場所。南郊祭天，北郊祭地。

[6]牲牡：牡，宋本作"牝"。

黄石屠各路松多起兵於新平、扶風，[1]聚衆數千，附于南陽王保。[2]保以其將楊曼爲雍州刺史，[3]王連爲扶風太守，據陳倉；[4]張顗爲新平太守，周庸爲安定太守，[5]據陰密。[6]松多下草壁，秦隴氐羌多歸之。[7]曜遣其車騎劉雅、平西劉厚攻楊曼于陳倉，二旬不克。曜率中外精鋭以赴之，行次雍城，[8]太史令弁廣明言於曜曰：[9]"昨夜妖星犯月，師不宜行。"乃止。敕劉雅等攝圍固壘，[10]以待大軍。

[1]黄石：縣名，治所在今寧夏回族自治區固原市東南。　屠各：又稱休屠各、休著屠各等。匈奴部落名。後漢至西晋雜居西北沿邊諸郡。《後漢書》卷七三《公孫瓚傳》："續爲屠各所殺。"李賢注："屠各，胡號。"唐長孺先生對此有考論。（參見唐長孺《魏晋南北朝史論叢·魏晋雜胡考》，河北教育出版社 2000 年版）　新平：郡名，治所在漆縣（今陝西省彬州市）。　扶風：封國名，治所在郿縣（今陝西省眉縣東渭河北岸）。

[2]南陽王保：司馬保，字景度，本書卷三七有傳。

[3]雍州：治所在長安縣（今陝西省西安市西北）。

[4]陳倉：縣名，治所在今陝西省寶鷄市東渭水北岸。

[5]安定：郡名，西漢置，治所在高平縣（今寧夏回族自治區固原市），東漢治所在臨涇縣（今甘肅省鎮原縣東南），東晋治所在安定縣（今甘肅省涇川縣北）。

[6]陰密：縣名，治所在今甘肅省靈臺縣西南。

[7]秦隴：地區名，指今陝西、甘肅兩省地區。　氐羌：氐族和羌族，古代生活在西北地區的少數民族。

[8]雍城：雍縣城，位於今陝西省鳳翔縣西南。

[9]太史令：官名，屬太常。掌天時、星曆、歲終奏新年曆。記録瑞應、灾異等。晋七品。

[10]攝：鞏固，加固。

地震，長安尤甚。時曜妻羊氏有殊寵，頗與政事，陰有餘之徵也。

三年，曜發雍，攻陳倉，曼、連謀曰："諜者適還，[1]云其五牛旗建，多言胡主自來，其鋒恐不可當也。吾糧廪既少，無以支久，若頓軍城下，圍人百日，不待兵刃而吾自滅，不如率見衆以一戰。如其勝也，關中不待檄而至；[2]如其敗也，一等死，早晚無在。"遂盡衆背城而陣，爲曜所敗，王連死之，楊曼奔于南氐。曜進攻草壁，又陷之，松多奔隴城，[3]進陷安定。保懼，遷于桑城，[4]氐羌悉從之。曜振旅歸于長安，署劉雅爲大司徒。[5]

[1]諜者：偵查軍情之人。

[2]關中：地區名，函谷關以西秦國故地，包括今河南省靈寶市以西及陝西省、甘肅省東部和四川省部分地區。

[3]隴城：縣名，治所在今甘肅省張家川回族自治縣内。

[4]桑城：在今甘肅省臨洮縣西南洮河西岸。

[5]大司徒：即司徒，職同相國地位却尊。晋一品。

晋將李矩襲金墉，[1]克之。曜左中郎將宋始、振威宋恕降于石勒。[2]署其大將軍、廣平王岳爲征東大將軍，[3]鎮洛陽。會三軍疫甚，岳遂屯澠池。[4]石勒遣石生馳應宋始等，[5]軍勢甚盛。曜將尹安、趙慎等以洛陽降生，岳乃班師，鎮于陝城。[6]

[1]李矩：字世迴，本書卷六三有傳。　金墉：金墉城，三國

魏明帝時築。在今河南省洛陽市東北漢魏洛陽故址西北角。三面開門，南曰乾光門，東曰含春門，北曰暹門。城内又置西宫，西晋改爲永昌宫。魏晋時被廢的皇帝及后妃都安置於此。城小而固，爲攻占戍守要地。

[2]左中郎將：官名，光禄勛屬官。西漢時與五官、右中郎將分領中郎，更值宿衛，協助光禄勛考核管理郎官、謁者、從官。魏晋初不設五官、左、右三郎署，其官仍置，但職位漸輕。晋四品。　振威：官名，即振威將軍，雜號將軍，統兵出征。晋四品。

[3]大將軍：官名，高級軍事統帥。曹魏時多以之屯駐長安，對付蜀漢，蜀漢以其爲最高軍事長官，孫吴則别置上大將軍居其上。西晋時爲八公之一，位居上公、大司馬下，三公之上。東晋時常專擅軍政事務。晋一品。　征東大將軍：官名，三國魏文帝黄初三年（222）置，職掌與征東將軍同，但位在其上，多統兵出鎮方面，都督數州軍事。不常置。晋二品，開府位從公者一品。

[4]澠池：縣名，治所在今河南省澠池縣西。

[5]石生：石勒司州刺史，封河東王。鎮守關中。後被石虎攻打，逃亡鷄頭山，被部下殺死。

[6]陝城：陝縣城，位於今河南省三門峽市陝州區。

西明門内大樹風吹折，[1]經一宿，樹撥變爲人形，[2]髮長一尺，鬚眉長三寸，皆黄白色，有斂手之狀，亦有兩脚著裙之形，惟無目鼻，每夜有聲，十日而生柯條，遂成大樹，枝葉甚茂。

[1]西明門：長安城門。《太平寰宇記》卷三《河南道·西京》："漢曰雍門，在西上，晋改曰西明門。"

[2]樹撥：斷樹幹。

長水校尉尹車謀反，[1]潛結巴酋徐庫彭，[2]曜乃誅車，囚庫彭等五十餘人于阿房，[3]將殺之。光禄大夫游子遠固諫，[4]曜不從。子遠叩頭流血，曜大怒，幽子遠而盡殺庫彭等，尸諸街巷之中十日，乃投之於水。於是巴氐盡叛，推巴歸善王句渠知爲主，四山羌、氐、巴、羯應之者三十餘萬，[5]關中大亂，城門晝閉。子遠又從獄表諫，曜怒甚，毁其表曰："大荔奴不憂命在須臾，[6]猶敢如此，嫌死晚邪？"叱左右速殺之。劉雅、朱紀、呼延晏等諫曰："子遠幽而尚諫者，所謂忠於社稷，不知死之將至。陛下縱弗能用，奈何殺之！若子遠朝誅，臣等亦暮死，以彰陛下過差之咎。天下之人皆當去陛下蹈西海而死耳，[7]陛下復與誰居乎！"曜意解，乃赦之。於是敕内外戒嚴，將親討渠知。子遠進曰："陛下誠能納愚臣之計者，不勞大駕親動，一月之中可使清定。"曜曰："卿試言之。"子遠曰："彼匪有大志，希竊非望也，但逼於陛下峻網耳。今死者不可追，莫若赦諸逆人之家老弱没奚官者，[8]使迭相撫育，聽其復業，大赦與之更始。彼生路既開，不降何待！若渠知自以罪重不即下者，願假臣弱兵五千，以爲陛下梟之，不敢勞陛下之將帥也。不爾者，今賊黨既衆，彌川被谷，雖以天威臨之，恐非年歲可除。"曜大悦，以子遠爲車騎大將軍、開府儀同三司、都督雍秦征討諸軍事。[9]大赦境内。子遠次于雍城，降者十餘萬。進軍安定，氐羌悉下，惟句氐宗黨五千餘家保于陰密，進攻平之，遂振旅循隴右，[10]陳安郊迎。[11]

[1]長水校尉：官名，五校尉之一，統宿衛兵，魏晋時隸屬中領軍。晋四品。

[2]潛結巴酋徐庫彭：中華本校勘記：“《通鑑》九一‘徐’上有‘句’字，胡注：‘句、庫皆姓也。’《通鑑》以句徐、庫彭爲二人。下文‘囚庫彭’，‘盡殺庫彭等’，《通鑑》亦並作‘徐、彭’。疑《載記》脱‘句’字，誤以爲一人。”

[3]阿房：阿房宫。位於今陝西省西安市西南阿房村、古城村與朐家莊一帶。

[4]光禄大夫：官名，三公等大臣告老回家即拜此職，或作爲在朝顯職的加官。晋三品，開府位從公者一品。

[5]巴：古族名；國名。其族主要分布在今川東、鄂西一帶。傳説周以前居今甘肅南部，後遷武落鍾離山（今湖北省長陽土家族自治縣西北），以廩君爲首領，稱廩君蠻；因以白虎爲圖騰，又稱白虎夷或虎蠻。周初封爲子國，稱巴子國。　羯：魏晋時少數民族，活動於今山西、河北二省間的内遷胡人，與西域胡人關係密切，爲舊屬匈奴的雜胡。唐長孺先生對此有考證。（參見唐長孺《魏晋南北朝史論叢》，河北教育出版社 2000 年版，第 398 頁）

[6]大荔：西戎之一。分布於岐梁山涇漆之北，今陝西省大荔縣。

[7]蹈西海而死：表示不願做臣民。典出《史記》卷八三《魯仲連鄒陽列傳》。魯仲連，戰國時齊人，稷下學士。好謀劃，善辭令，不肯仕宦。周赧王五十六年（前 259），秦軍圍攻趙國首都邯鄲。魏使辛垣衍力促趙尊秦昭王爲帝，以换取秦退兵。魯仲連力駁辛垣衍之論，表示如果做秦國臣民，寧願赴東海而死。

[8]奚官：奚官局，官署名。隸少府。《資治通鑑》卷七九《晋紀》武帝泰始五年胡三省注：“少府有奚官令，凡男女没入者屬焉。魏以來鄴都又有奚官督。”

[9]車騎大將軍：官名，西晋置，位在車騎將軍之上，多授予元老重臣，以示尊崇。開府置僚屬，一般不領兵。晋二品，開府位

從公者一品。 開府儀同三司：官名，三國魏始置。爲大臣加號，意謂與太尉、司徒、司空三司待遇相同，許開設府署，任命僚屬。 都督雍秦征討諸軍事：上述二州征討事務最高軍事行政長官。

[10]隴右：地區名，指今甘肅省隴山以西地區。

[11]陳安：十六國時劉曜部下，後叛劉曜，襲汧城，士馬雄盛，衆十餘萬，自稱使持節、大都督、假黄鉞、大將軍、雍凉秦梁四州牧、凉王。後爲劉曜征討，被殺於隴城。安善於撫接，吉凶夷險與衆同之，及其死，隴上歌之曰："隴上壯士有陳安，軀幹雖小腹中寬，愛養將士同心肝。騙驄父馬鐵瑕鞍，七尺大刀奮如湍，丈八蛇矛左右盤，十盪十决無當前。戰始三交失蛇矛，棄我騙驄竄巖幽，爲我外援而懸頭。西流之水東流河，一去不還奈子何！"

先是，上郡氐羌十餘萬落保嶮不降，[1]酋大虚除權渠自號秦王。子遠進師至其壁下，權渠率衆來距，五戰敗之。權渠恐，將降，其子伊餘大言於衆曰："往劉曜自來，猶無若我何，况此偏師而欲降之！"率勁卒五萬，晨壓壘門。[2]左右勸戰，子遠曰："吾聞伊餘之勇，當今無敵，士馬之强，復非其匹；又其父新敗，怒氣甚盛；且西戎剽勁，鋒鋭不可擬也。不如緩之，使氣竭而擊之。"乃堅壁不戰。伊餘有驕色。子遠候其無備，夜，誓衆蓐食，晨，大風霧，子遠曰："天贊我也！"躬先士卒，掃壁而出，[3]遲明覆之，生擒伊餘，悉俘其衆，權渠大懼，被髪割面而降。子遠啓曜以權渠爲征西將軍、西戎公，[4]分徙伊餘兄弟及其部落二十餘萬口于長安。西戎之中，權渠部最强，皆稟其命而爲寇暴，權渠既降，莫不歸附。

[1]上郡：治所在膚施縣（今陝西省榆林市東南）。

[2]晨壓壘門：清晨逼近軍壘門。宋本無“壘”字。

[3]掃壁而出：掃，宋本作“埽”。

[4]征西將軍：官名，東漢永元年間置，地位與雜號將軍、偏將軍、裨將軍等同。建安年間與征東、征南、征北將軍合稱四征將軍，地位提高。晋三品，加持節都督者二品。

曜大悦，讌群臣于東堂，[1]語及平生，泫然流涕，遂下書曰：“蓋褒德惟舊，聖后之所先；念惠録孤，明王之恒典。是以世祖草創河北，而致封於嚴尤之孫；[2]魏武勒兵梁宋，[3]追慟於橋公之墓。[4]前新贈大司徒、烈愍公崔岳，中書令曹恂，[5]晋陽太守王忠，[6]太子洗馬劉綏等，[7]或識朕於童齔之中，[8]或濟朕於艱窘之極，言念君子，實傷我心。《詩》不云乎：‘中心藏之，何日忘之！’[9]岳，漢昌之初雖有褒贈，屬否運之際，禮章莫備，今可贈岳使持節、侍中、大司徒、遼東公，[10]恂大司空、南郡公，[11]綏左光禄大夫、平昌公，[12]忠鎮軍將軍、安平侯，[13]並加散騎常侍。[14]但皆丘墓夷滅，申哀莫由，有司其速班訪岳等子孫，授以茅土，稱朕意焉。”初，曜之亡，與曹恂奔於劉綏，綏匿之於書匱，載送於忠，忠送之朝鮮。歲餘，飢窘，變姓名，客爲縣卒。岳爲朝鮮令，見而異之，推問所由。曜叩頭自首，流涕求哀。岳曰：“卿謂崔元嵩不如孫賓碩乎，[15]何懼之甚也！今詔捕卿甚峻，百姓間不可保也。[16]此縣幽僻，勢能相濟，縱有大急，不過解印綬與卿俱去耳。吾既門衰，無兄弟之累，身又薄祐，[17]未有兒子，卿猶吾子弟也，勿爲過憂。大丈夫處身立世，鳥獸投人，要欲濟之，而況君子乎！”給以衣服，[18]資供書傳。曜遂從岳，質通疑滯，恩顧甚厚。岳從容謂曜曰：“劉生姿宇神調，[19]命世之才也！四海脱有微風摇之者，[20]英雄之魁，卿其人矣。”曹恂雖於屯厄之中，事曜有君臣之禮，故皆德之。

[1]東堂：太極殿東堂。

[2]嚴尤：西漢末人，名莊尤，《後漢書》避莊帝諱作嚴尤。任王莽納言將軍，被更始政權大將軍劉信所殺。

[3]梁宋：東漢末梁國治所在睢陽縣（今河南省商丘市），爲春秋宋國故地，故稱。

[4]追慟於橋公之墓：曹操年少時任俠放蕩，不治行業，故世人未之奇也。惟梁國人橋玄認爲他非凡，對曹操説：“天下將亂，非命世之才不能濟也，能安之者，其在君乎！”後來曹操起兵，路過橋玄墓，親自寫文祭奠他。祭文説：“故太尉橋公，誕敷明德，泛愛博容。國念明訓，士思令謨。靈幽體翳，邈哉晞矣！吾以幼年，逮升堂室，特以頑鄙之姿，爲大君子所納。增榮益觀，皆由獎助，猶仲尼稱不如顏淵，李生之厚嘆賈復。士死知己，懷此無忘。又承從容約誓之言：‘殂逝之後，路有經由，不以斗酒隻鷄過相沃酹，車過三步，腹痛勿怪！’雖臨時戲笑之言，非至親之篤好，胡肯爲此辭乎？匪謂靈忿，能詒己疾，懷舊惟顧，念之悽愴。奉命東征，屯次鄉里，北望貴土，乃心陵墓。裁致薄奠，公其尚饗！”

[5]中書令：官名，掌收納尚書奏事、傳達皇帝詔旨。三國魏文帝初年分秘書置中書省，設中書監和中書令，職權甚重。晋三品。

[6]晋陽：縣名，治所在今山西省太原市西南。

[7]太子洗馬：官名，東宫屬官。掌太子圖籍、經書，太子出行則前導威儀。晋七品。

［8］童齔：童年。

［9］“中心藏之”句：語出《詩·小雅·隰桑》。

［10］使持節：漢朝官吏奉使外出時，或由皇帝授予節杖，以提高其權力。魏晋以後，凡重要軍事長官出征或出鎮，加使持節，可誅殺二千石以下官員。

［11］大司空：官名，即司空。魏晋南北朝爲名譽宰相，多爲大臣加官。晋八公之一，位在三公之末。晋一品。

［12］左光禄大夫：官名，齊王曹芳正始元年（240）在光禄大夫上增置左、右，位在光禄大夫上。在朝顯職的加官，或授予年老有病致仕者，或授予死者。西晋時禄賜與特進同。晋二品，開府位從公者一品。

［13］鎮軍將軍：官名，三國時始置，西晋罷又復置。位在鎮軍大將軍下，與中軍將軍、撫軍將軍並爲三名號將軍，位比四鎮將軍。晋三品。

［14］散騎常侍：官名，三國魏文帝黄初年間置，侍從皇帝左右，諫諍得失，顧問應對，與侍中等共平尚書奏事。也用作宰相、諸公等加官，入宫議政。晋三品。

［15］孫賓碩：東漢北海（今山東省昌樂縣西）人，家素貧。漢桓帝時，京兆郡功曹趙息得罪常侍唐衡，乃逃走。時趙息從父趙岐爲皮氏縣長，聞有家禍，亦去官逃到河間，改變姓名，又轉詣北海，著絮巾布葱，常於市中販胡餅。孫賓碩時年二十餘，乘犢車，將騎入市。發覺趙岐非常人也，便讓隨從帶他上車。趙岐以爲他是唐衡的耳目，甚怖，面失色。孫賓碩説：“視處士狀貌，既非販餅者，加今面色變動，即不有重怨，則當亡命。我北海孫賓碩也，闔門百口，又有百歲老母在堂，勢能相度者也，終不相負，必語我以實。”趙岐乃具告之。孫賓碩便將趙岐藏在自己家中，直到唐衡及其弟皆死。

［16］百姓間不可保：間，原本作“問”，宋本作“聞”，殿本作“間”，據殿本改。

[17]薄祐：中華本爲“薄祜”，難解。“薄祐”，意爲“不幸”。

[18]給以衣服：服，殿本作“食”。

[19]姿宇神調：器宇神異。

[20]脱：如果，一旦。

曜立太學於長樂宫東，[1]小學於未央宫西，[2]簡百姓年二十五已下十三已上，神志可教者千五百人，選朝賢宿儒明經篤學以教之。以中書監劉均領國子祭酒。[3]置崇文祭酒，[4]秩次國子。散騎侍郎董景道以明經擢爲崇文祭酒。以游子遠爲大司徒。

[1]太學：古代設於京城的最高學府，主要從事儒學教育。太，殿本作“大”。　長樂宫：西漢規模最大的宫殿建築群，漢高帝五年（前202）在秦興樂宫基礎上改擴建。初爲漢高祖聽朝之地，自惠帝至平帝聽政地移至未央宫，長樂宫便爲太后居處。遺址在今陝西省西安市西北郊漢長安故城東南隅。

[2]小學：《大戴禮記·保傅》：“古者年八歲而出就外舍，學小藝焉，履小節焉。”盧辯注：“《白虎通》曰：‘八歲入小學，十五入大學是也。’此太子之禮。《尚書大傳》曰：‘公卿之太子，大夫元士嫡子，年十三始入小學，見小節而履小義；二十而入大學，見大節而踐大義。’此世子入學之期也。又曰：‘十五年入小學，十八入大學者，謂諸子性晚成者，至十五入小學，其早成者，十八入大學。’《内則》曰：‘十年出就外傅，居宿於外，學書計者，謂公卿以下教子於家也。’”　未央宫：西漢主要宫殿建築群，高帝七年（前200）丞相蕭何主持修建，武帝時擴建。遺址在今陝西省西安市西北郊漢長安故城内西南隅。

[3]中書監：官名，中書省長官之一。三國魏文帝初年分秘書置中書省，長官爲中書監、中書令。掌收納奏章、草擬詔令。平常

不分高下，入朝時監略高於令。晋三品。　國子祭酒：官名，國子學的長官，主管國子學，掌教授儒學，參議禮制。晋五品。

[4]崇文祭酒：官名，十六國前凉、前趙均置，掌教授儒學。晋五品。

曜命起酆明觀，立西宫，建陵霄臺於滈池，又將於霸陵西南營壽陵。[1]侍中喬豫、和苞上疏諫曰："臣聞人主之興作也，必仰凖乾象，俯順人時，是以衛文承亂亡之後，[2]宗廟社稷流漂無所，而猶上候營室以構楚宫。[3]彼其急也猶尚若兹，故能興康叔、武公之迹，[4]以延九百之慶也。[5]奉詔書將營酆明觀，市道芻蕘咸以非之，曰一觀之功可以平凉州矣。[6]又奉敕旨復欲擬阿房而建西宫，[7]模瓊臺而起陵霄，[8]此則費萬酆明，功億前役也。以此功費，亦可以呑吴蜀，翦齊魏矣。陛下何爲於中興之日而踪亡國之事！自古聖王，人誰無過！陛下此役，實爲過舉，過貴在能改。終之實難。又伏聞敕旨將營建壽陵，周回四里，下深二十五丈，以銅爲棺槨，黄金飾之，恐此功費非國内所能辦也。且臣聞堯葬穀林，[9]市不改肆；顓頊葬廣陽，[10]下不及泉。聖王之所終也如是。[11]秦皇下錮三泉，[12]周輪七里，身亡之後，毁不旋踵，暗主之所終也如此。向魋石椁，孔子以爲不如速朽；[13]王孫裸葬，[14]識者嘉其矯世。自古無有不亡之國，不掘之墓，故聖王知厚葬之招害也，故不爲之。臣子之於君父，陵墓豈不欲高廣如山岳哉！但以保全始終，安固萬世爲優耳。興亡奢儉，冏然於前，惟陛下覽之。"曜大悦，下書曰："二侍中懇懇有古人之風烈矣，可謂社稷之臣也。非二君，朕安聞此言乎！以孝明於承平之世，四海無虞之日，尚納鍾離一言而罷北宮之役，[15]况朕之暗眇，當今極弊，而可不敬從明誨乎！今敕悉停壽陵制度，一遵霸陵之法。《詩》不云乎：‘無言不酬，無德不報。’[16]其封豫安昌子，苞平輿子，並領諫議大夫。[17]可敷告天下，使知區區之朝思聞過也。自今政法有不便於時，不利社稷者，其詣闕極言，勿有所諱。”省鄴水囿以與貧户。

［1］霸陵：西漢文帝陵墓，位於今陝西省西安市東北。

［2］衛文：衛文公，春秋時衛國國君，昭伯頑之子，戴公申之弟。名辟疆，後改名毁。公元前659至前635年在位。在位期間能輕賦平罪，與百姓同苦，深得百姓之心。

［3］上候營室以構楚宫：根據天上營室星象而建造楚宫。營室，星名。即室宿，二十八宿之一。《周禮·考工記·輈人》：“龜蛇四斿，以象營室也。”鄭玄注：“營室，玄武宿，與東璧連體而四星。”

［4］康叔：又稱衛叔、衛侯。周文王之子，武王之弟，被封於舊殷王畿之地，建立衛國。　武公：衛武公，西周末東周初衛國國君，名和，衛釐侯之子。因率兵平定犬戎輔佐周平王有功，被封爲公。

［5］九百之慶：九百，亦作九伯，《左傳·僖公四年》：“五侯九伯，汝實征之。”衛武公被封爲公，稱爲方伯之一，九百之慶即指此。

［6］凉州：治所在姑臧縣（今甘肅省武威市）。

［7］建西宫：宋本無“宫”字。

［8］模瓊臺：臺，宋本作“南”。

［9］堯葬穀林：《史記》卷一《五帝本紀》：“堯辟位凡二十八

年而崩。”裴駰集解：“《吕氏春秋》曰‘堯葬穀林’。皇甫謐曰：‘穀林即城陽。堯都平陽，於《詩》爲唐國。’”

[10]顓頊葬廣陽：《史記》卷一《五帝本紀》裴駰集解引《皇覽》曰：“顓頊冢在東郡濮陽頓丘城門外廣陽里中。頓丘者城門，名頓丘道。”

[11]聖王之所終也如是：所，宋本作“於”。下文“暗王之所終也如此”同。

[12]下錮三泉：填塞三重泉。指地下深處。

[13]向魋石椁，孔子以爲不如速朽：向魋即桓魋，春秋時宋國司馬。《禮記·檀弓上》：“有子問於曾子曰：‘問喪於夫子乎？’曰：‘聞之矣：喪欲速貧，死欲速朽。’有子曰：‘是非君子之言也。’曾子曰：‘參也聞諸夫子也。’有子又曰：‘是非君子之言也。’曾子曰：‘參也與子游聞之。’有子曰：‘然。然則夫子有爲言之也？’曾子以斯言告於子游。子游曰：‘甚哉！有子之言似夫子也。昔者夫子居於宋，見桓司馬自爲石椁，三年而不成。夫子曰：“若是其靡也！死不如速朽之愈也。”死之欲速朽，爲桓司馬言之也。’”

[14]王孫裸葬：王孫即楊王孫。《漢書》卷六七《楊王孫傳》：“楊王孫者，孝武時人也。學黄老之術，家業千金，厚自奉養生，亡所不致。及病且終，先令其子，曰：‘吾欲贏葬，以反吾真，必亡易吾意。死則爲布囊盛尸，入地七尺，既下，從足引脱其囊，以身親土。’”

[15]納鍾離一言而罷北宫之役：《後漢書》卷四一《鍾離意傳》：永平三年（60）夏旱，而大起北宫，鍾離意詣闕免冠上疏曰：“竊見北宫大作，人失農時，此所謂宫室榮也。自古非苦宫室小狹，但患人不安寧。宜且罷止，以應天心。臣意以匹夫之才，無有行能，久食重禄，擢備近臣，比受厚賜，喜懼相并，不勝愚戇征營，罪當萬死。”明帝便停止了北宫的建設。

[16]“無言不酬”句：語出《詩·大雅·抑》。

[17]諫議大夫：官名，掌議論顧問、參謀應對。晋七品。

終南山崩，[1]長安人劉終於崩所得白玉方一尺，有文字曰："皇亡，皇亡，敗趙昌。井水竭，構五梁，咢酉小衰困囂喪。嗚呼！嗚呼！赤牛奮靷其盡乎！"時群臣咸賀，以爲勒滅之徵。曜大悦，齋七日而後受之於太廟，大赦境内，以終爲奉瑞大夫。中書監劉均進曰："臣聞國主山川，故山崩川竭，君爲之不舉。終南，京師之鎮，國之所瞻，無故而崩，其凶焉可極言！昔三代之季，其灾也如是。今朝臣皆言祥瑞，臣獨言非，誠上忤聖旨，下違衆議，然臣不達大理，竊所未同。何則？玉之於山石也，猶君之於臣下。山崩石壞，象國傾人亂。'皇亡，皇亡，敗趙昌'者，此言皇室將爲趙所敗，趙因之而昌。今大趙都於秦雍，[2]而勒跨全趙之地，趙昌之應，[3]當在石勒，不在我也。'井水竭，構五梁'者，井謂東井，[4]秦之分也，五謂五車，[5]梁謂大梁，[6]五車、大梁，趙之分也，此言秦將竭滅，以構成趙也。咢者，歲之次名作咢也，言歲馭作咢酉之年，當有敗軍殺將之事。困謂困敦，歲在子之年名，玄囂亦在子之次，[7]言歲馭於子，國當喪亡。赤牛奮靷謂赤奮若，在丑之歲名也。牛謂牽牛，[8]東北維之宿，丑之分也，言歲在丑當滅亡，[9]盡無復遺也。此其誡悟蒸蒸，欲陛下勤修德化以禳之。縱爲嘉祥，尚願陛下夕惕以答之。《書》曰：'雖休勿休。'[10]願陛下追踪周旦盟津之美，[11]捐鄗虢公夢廟之凶，[12]謹歸沐浴以待妖言之誅。"曜憮然改容。御史劾均狂言瞽説，[13]誣罔祥瑞，請依大不敬論。曜曰："此之灾瑞，誠不可知，深戒朕之不德，朕收其忠惠多矣，何罪之有乎！”

［1］終南山：一名中南山、南山、秦山、周南山。秦嶺主峰。

［2］秦雍：秦州與雍州。秦州，治所在上邽縣（今甘肅省天水市）。

［3］“敗趙昌者”至“趙昌之應”：宋本無“者”至“趙昌”共三十一字。

［4］東井：星宿名。即井宿，二十八宿之一。因在玉井之東，故稱。

［5］五車：星名。亦稱五潢，屬畢宿，共有五星。《史記》卷二七《天官書》：“軫南衆星曰天庫樓；庫有五車。”張守節正義：“天庫一星，主太白，秦也，在五車中。”

［6］大梁：星次名。在十二支中爲酉，在二十八宿爲胃、昴、畢三星。《國語·晋語四》：“歲在大梁，將集天行。”韋昭注：“自胃七度至畢十一度爲大梁。”

［7］玄囂：亦作玄枵，十二星次之一。與二十八宿相配爲女、虛、危三宿，與十二辰相配爲子，與占星術的分野相配爲齊。《史記》卷二七《天官書》“北宫玄武虚危”。張守節正義：“虚二星，危三星，爲玄枵，於辰在子，齊之分野。”

［8］牽牛：星宿名。二十八宿之一，玄武七宿的第二宿。有星六顆。

［9］言歲在丑：宋本“在”下有“於”字。

［10］雖休勿休：語出《尚書·吕刑》：“雖畏勿畏，雖休勿休。”意爲雖然被人敬畏，不要自以爲可敬可畏；雖然被人讚美，不要自以爲行善德美。

［11］周旦盟津：《史記》卷三三《魯周公世家》載：“武王九年，東伐至盟津，周公輔行。”

［12］虢公夢廟之凶：《漢書》卷二七《五行志中》：昔虢公爲

無道，有神降曰“賜爾土田”，言將以庶人受土田也。諸侯夢得土田，爲失國祥，而况王者畜私田財物，爲庶人之事乎！

［13］御史：官名，魏晋時爲侍御史、治書侍御史、督軍糧侍御史、殿中侍御史、監國侍御史等官的簡稱。

曜親征氐羌，仇池楊難敵率衆來距，[1]前鋒擊敗之，難敵退保仇池，仇池諸氐羌多降於曜。曜後復西討楊韜于南安，[2]韜懼，與隴西太守梁勛等降于曜，[3]皆封列侯。使侍中喬豫率甲士五千，[4]遷韜等及隴右萬餘户于長安。曜又進攻仇池。時曜寢疾，兼癘疫甚，議欲班師，恐難敵躡其後，乃以其尚書郎王獷爲光國中郎將，[5]使于仇池，以説難敵，難敵於是遣使稱藩。曜大悦，署難敵爲使持節、侍中，假黄鉞，[6]都督益寧南秦涼梁巴六州隴上西域諸軍事、上大將軍，益寧南秦三州牧，[7]領護南氐校尉、寧羌中郎將、武都王，[8]子弟爲公侯列將二千石者十五人。

［1］仇池：位於今甘肅省西和縣西仇池山上，又名百頃池。楊難敵：十六國時略陽清水（今甘肅省清水縣西北）人。左賢王楊茂搜之子。繼楊茂搜之後任左賢王，受前趙劉曜封爲武都王。後降於成漢。

［2］南安：郡名，治所在獂道縣（今甘肅省隴西縣東南）。

［3］隴西：郡名，治所原在狄道縣（今甘肅省臨洮縣），曹魏時徙治襄武縣（今甘肅省隴西縣東南）。

［4］喬豫：豫，宋本作“務”。

［5］尚書郎：官名。東漢之制，取孝廉中之有才能者入尚書臺，在皇帝左右處理政務，初入臺稱守尚書郎中，滿一年稱尚書郎，滿

三年稱侍郎。魏晋以後尚書各曹有侍郎、郎中等官，綜理職務，通稱爲尚書郎。晋六品。　光國中郎將：官名，十六國前趙爲出使仇池置。他處不見。

[6]假黄鉞：假以黄鉞。黄鉞即飾以黄金的斧鉞，爲皇帝儀仗。賜予出征重臣，以示威重，令其專主征伐。

[7]都督益寧南秦凉梁巴六州隴上西域諸軍事：益、寧、南秦、凉、梁、巴六州以及隴上、西域最高軍事行政長官。　上大將軍：官名，位在大將軍之上。　益：州名，治所在成都縣（今四川省成都市）。　寧：寧州，治所在滇池縣（今雲南省昆明市晋寧區晋城鎮）。　南秦：州名，治所在仇池（今甘肅省成縣西南）。

[8]護南氐校尉：十六國前趙特爲氐王楊難敵置。　寧羌中郎將：官名，十六國前趙特爲氐王楊難敵置。

陳安請朝，曜以疾篤不許。安怒，且以曜爲死也，遂大掠而歸。曜疾甚篤，馬輿而還，使其將呼延寔監輜重於後。陳安率精騎要之于道，寔奔戰無路，與長史魯憑俱没于安。[1]安囚寔而謂之曰：“劉曜已死，子誰輔哉？孤當與足下終定大業。”寔叱安曰：“狗輩！汝荷人榮寵，處不疑之地，前背司馬保，今復如此。汝自視何如主上？憂汝不久梟首上邽通衢，[2]何謂大業！可速殺我，懸我首於上邽東門，觀大軍之入城也。”安怒，遂殺之。以魯憑爲參軍，[3]又遣其弟集及將軍張明等率騎二萬追曜，曜衛軍呼延瑜逆戰，擊斬之，悉俘其衆。安懼，馳還上邽。曜至自南安。陳安使其將劉烈、趙罕襲汧城，[4]拔之，西州氐羌悉從安。安士馬雄盛，衆十餘萬，自稱使持節、大都督、假黄鉞、大將軍、雍凉秦梁四州牧、凉王，以趙募爲相國，領左長史。魯憑對安大哭曰：“吾不忍見陳安之死也。”安怒，命斬之。憑曰：“死自吾分，懸吾頭於秦州通衢，觀趙之斬陳安也。”遂殺之。曜聞憑死，悲慟曰：“賢人者，天下之望也。害賢人，是塞天下之情。夫承平之君猶不敢乖臣妾之心，况於四海乎！陳安今於招賢采哲之秋，而害君子，絶當時之望，吾知其無能爲也。”

[1]長史：官名，掌顧問參謀，爲所在官署掾屬之長。魏晋南北朝時王府、公府、軍府、邊郡均置。晋八至六品。

[2]上邽：縣名，治所在今甘肅省天水市。

[3]參軍：官名，亦作參軍事，謂參謀軍事。兩晋公府、軍府皆置。參軍，宋本作“將軍”。

[4]汧城：原本、宋本、殿本作“陑城”，據中華本校勘記改。

休屠王石武以桑城降，[1]曜大悦，署武爲使持節、都督秦州隴上雜夷諸軍事、平西大將軍、秦州刺史，[2]封酒泉王。

[1]休屠王石武：中華本校勘記：“《御覽》二九九引《三十國春秋》作‘石虎’，與石季龍同名，唐人避諱改石武。”

[2]都督秦州隴上雜夷諸軍事：秦州隴上雜夷最高軍事行政長官。　平西大將軍：官名，晋朝置，職掌同平西將軍，唯資深者得任之。晋二品，開府位從公者一品。

曜后羊氏死，僞謚獻文皇后。羊氏内有特寵，外參朝政，生曜三子熙、襲、闡。

曜始禁無官者不聽乘馬，禄八百石已上婦女乃得衣錦綉，自季秋農功畢，乃聽飲酒，非宗廟社稷之祭不得殺牛，[1]犯者皆死。曜臨太學，引試學生之上第者拜郎中。[2]

[1]非宗廟社稷之祭不得殺牛：原本、宋本、殿本無“非”字，據中華本校勘記補。

[2]郎中：官名，尚書省郎曹長官。位次尚書、左右丞，分曹執行政務。與“尚書郎”互稱。晋六品。

武功男子蘇撫、陝男子伍長平並化爲女子。[1]石言於陝，若言勿東者。曜將葬其父及妻，親如粟邑以規度之。負土爲墳，其下周回二里，作者繼以脂燭，怨呼之聲盈于道路。游子遠諫曰：“臣聞聖主明王、忠臣孝子之於終葬也，棺足周身，椁足周棺，藏足周椁而已，不封不樹，爲無窮之計。伏惟陛下聖慈幽被，神鑒洞遠，每以清儉恤下爲先，社稷資儲爲本。今二陵之費至以億計，計六萬夫百日作，所用六百萬功。二陵皆下錮三泉，上崇百尺，積石爲山，增土爲阜，發掘古冢以千百數，役夫呼嗟，氣塞天地，暴骸原野，哭聲盈衢，臣竊謂無益於先皇先后，而徒喪國之儲力。陛下脱仰尋堯舜之軌者，則功不盈百萬，費亦不過千計，下無怨骨，上無怨人，先帝先后有太山之安，[2]陛下饗舜、禹、周公之美，惟陛下察焉。”曜不納，乃使其將劉岳等帥騎一萬，迎父及弟暉喪於太原。[3]疫氣大行，死者十三四。上洛男子張盧死二十七日，[4]有盜發其冢者，盧得蘇。曜葬其父，墓號永垣陵，葬妻羊氏，墓號顯平陵。大赦境内殊死已下，賜人爵二級，孤老貧病不能自存者帛各有差。

[1]武功：縣名，戰國秦孝公置，治所在今陝西省眉縣東。

[2]太山：即泰山，位於今山東省泰安市境内。

[3]太原：郡名，治所在晋陽縣（今山西省太原市西南）。

[4]上洛：縣名，治所在今陝西省商洛市商州區。

太寧元年，陳安攻曜征西劉貢于南安，休屠王石武自桑城將攻上邽，以解南安之圍。安聞之懼，馳歸上邽，遇於瓜田。武以衆寡不敵，奔保張春故壘。安引軍追武曰："叛逆胡奴！要當生縛此奴，然後斬劉貢。"武閉壘距之。貢敗安後軍，俘斬萬餘。安馳還赴救，貢逆擊敗之。俄而武騎大至，安衆大潰，收騎八千，奔于隴城。貢乃留武督後衆，躬先士卒，戰輒敗之，遂圍安于隴城。

大雨霖，震曜父墓門屋，大風飄發其父寢堂于垣外五十餘步。曜避正殿，素服哭于東堂五日，使其鎮軍劉襲、太常梁胥等繕復之。松柏衆木殖已成林，至是悉枯。署其大司馬劉雅爲太宰，[1]加劍履上殿，入朝不趨，讚拜不名，給千兵百騎，甲仗百人入殿，增班劍六十人，[2]前後鼓吹各二部。[3]

[1]署：殿本作"置"。　太宰：官名，即太師，因避司馬師名諱而改名太宰。八公之一，居上公之首，爲宰相之任。晋一品。

[2]班劍：用虎皮裝飾的劍。漢制，朝服帶劍。晋易以木，謂

之班劍，取裝飾燦爛之義。後用作儀仗，由武士佩持，天子以賜功臣。

［3］鼓吹：帝王及高級官員儀仗中的樂隊，由管樂和打擊樂器組成，常用來賜予有軍功的高級武官。

曜親征陳安，圍安于隴城。安頻出挑戰，累擊敗之，斬獲八千餘級。右軍劉幹攻平襄，[1]克之，隴上諸縣悉降。曲赦隴右殊死已下，惟陳安、趙募不在其例。安留楊伯支、姜冲兒等守隴城，帥騎數百突圍而出，欲引上邽、平襄之衆還解隴城之圍。安既出，知上邽被圍，平襄已敗，乃南走陝中。[2]曜使其將軍平先、丘中伯率勁騎追安，頻戰敗之，俘斬四百餘級。安與壯士十餘騎於陝中格戰，安左手奮七尺大刀，右手執丈八蛇矛，近交則刀矛俱發，輒害五六；[3]遠則雙帶鞬服，[4]左右馳射而走。平先亦壯健絶人，勇捷如飛，與安搏戰，三交，奪其蛇矛而退。會日暮，雨甚，安棄馬，與左右五六人步逾山嶺，匿于溪澗。翌日尋之，遂不知所在。會連雨始霽，輔威呼延清尋其徑迹，[5]斬安于澗曲。曜大悦。

［1］右軍：官名，即右軍將軍。與前軍、後軍、左軍將軍合稱四軍將軍，領營兵千人，掌宿衛。初屬中軍將軍，後屬領軍將軍。晋四品。　平襄：縣名，治所在今甘肅省通渭縣西。

［2］陝中：地名，在今甘肅省秦安縣東北隴城鎮南。

［3］輒害五六：中華本校勘記："《御覽》三一二引《晋書》'五六'下有'人'字。此字不宜省，疑是脱文。"

［4］雙帶鞬服：一對盛弓箭的器具。

［5］輔威：官名，即輔威將軍，屬將軍名號。　呼延清：中華本校勘記：“《通鑑》九二‘清’作‘青人’，叙事較詳，當本《前趙録》。《御覽》三一二引《晋書》作‘青’。其人當名‘青人’，單稱作‘青’。”

安善於撫接，吉凶夷險與衆同之，及其死，隴上歌之曰：“隴上壯士有陳安，軀幹雖小腹中寬，愛養將士同心肝。驌驄父馬鐵瑕鞍，[1]七尺大刀奮如湍，丈八蛇矛左右盤，十盪十决無當前。戰始三交失蛇矛，棄我驌驄竄巖幽，爲我外援而懸頭。西流之水東流河，一去不還奈子何！”曜聞而嘉傷，命樂府歌之。

［1］驌驄父馬：飛奔的青白色相雜的雄馬。

楊伯支斬姜冲兒，以隴城降。宋亭斬趙募，以上邽降。徙秦州大姓楊、姜諸族二千餘户于長安。氐羌悉下，並送質任。[1]

［1］質任：人質。

時劉岳與凉州刺史張茂相持于河上，[1]曜自隴長驅至西河，[2]戎卒二十八萬五千，臨河列營，百餘里中，鐘鼓之聲沸河動地，自古軍旅之盛未有斯比。茂臨河諸戍皆望風奔退。揚聲欲百道俱渡，直至姑臧，[3]凉州大怖，人無固志。諸將咸欲速濟，曜曰：“吾軍旅雖盛，不逾魏武之東也。畏威而來者，三有二焉。中軍宿衛已皆疲老，不可用也。張氏以吾新平陳安，師徒殷盛，以形聲言之，非彼五郡之衆所能抗也，必怖而歸命，受制稱藩，吾復何求！卿等試之，不出中旬，張茂之表不至者，吾爲負卿矣。”茂懼，果遣使稱藩，獻馬一千五百匹、牛三千頭、羊十萬口、黄金三百八十斤、銀七百斤、女妓二十人，及諸珍寶珠玉、方域美貨不可勝紀。曜大悦，使其大鴻臚田崧署茂使持節、假黄鉞、侍中、都督涼南北秦梁益巴漢隴右西域雜夷匈奴諸軍事、太師、領大司馬、涼州牧、領西域大都護、護氐羌校尉、涼王。[4]

[1]張茂：字成遜，本書卷八六有傳。

[2]西河：郡名，治所在離石縣（今山西省吕梁市離石區）。

[3]姑臧：縣名，治所在今甘肅省武威市。

[4]大鴻臚：官名，九卿之一，掌賓客迎送接待、贊襄引導朝會百官等。晋三品。　都督涼南北秦梁益巴漢隴右西域雜夷匈奴諸軍事：涼、南北秦、梁、益、巴、漢七州及隴右、西域雜夷匈奴的最高軍事行政長官。　太師：官名，八公之一、上公之首，位在太傅、太保之上，居百官之首，名位極尊。晋一品。　西域大都護：十六國前趙爲前涼張氏特置，職同西域都護。　護氐羌校尉：十六國前趙爲前涼張氏特置，職同護氐校尉、護羌校尉。

曜至自河西，遣胡元增其父及妻墓高九十尺。

楊難敵以陳安既平，内懷危懼，奔于漢中。[1]鎮西劉厚追擊之，[2]獲其輜重千餘兩，士女六千餘人，還之仇池。曜以大鴻臚田崧爲鎮南大將軍、益州刺史，[3]鎮仇池，以劉岳爲侍中、都督中外諸軍事，進封中山王。

[1]漢中：郡名，治所在南鄭縣（今陝西省漢中市）。

[2]鎮西：官名，即鎮西將軍。與鎮東、鎮南、鎮北將軍合稱四鎮將軍。多爲持節都督，出鎮方面。曹魏二品。晋三品，加持節都督者二品。

[3]鎮南大將軍：官名，三國魏置，職掌與鎮南將軍同，唯資歷深者得任此職，不常置。晋二品，開府位從公者一品。

初，靳準之亂，曜世子胤没于黑匿郁鞠部，至是，胤自言，郁鞠大驚，資給衣馬，遣子送之。曜對胤悲慟，嘉郁鞠忠款，署使持節、散騎常侍、忠義大將軍、左賢王。[1]胤字義孫，美姿貌，善機對，年十歲，身長七尺五寸，眉鬢如畫。聰奇之，謂曜曰："此兒神氣豈同義真乎！固當應爲卿之冢嫡，卿可思文王廢伯邑考立武王之意也。"[2]曜曰："臣之藩國，僅能守祭祀便足矣，不可以亂長幼之倫也。"聰曰："卿勛格天地，國兼百城，當世祚太師，受專征之任，五侯九伯得專征之者，[3]卿之子孫，奈何言同諸藩國也！義真既不能遠追太伯高讓之風，[4]吾不過爲卿封之以一國。"義真，曜子儉之字也。於是封儉爲臨海王，立胤爲世子。胤雖少離屯難，流躓殊荒，而風骨俊茂，爽朗卓然。身長八尺三寸，髮與身齊，多力善射，驍捷如風雲，曜因以重之，其朝臣亦屬意焉。曜於是顧謂群下曰："義孫可謂歲寒而不凋，涅而不淄者矣。[5]義光雖先已樹立，然冲幼儒謹，恐難乎爲今世之儲貳也，懼非所以上固社稷，下愛義光。義孫年長明德，又先世子也，朕欲遠追周文，近踪光武，[6]使宗廟有太山之安，義光饗無疆之福，於諸卿意如何?”其太傅呼延晏等咸曰:“陛下遠擬周漢,爲國家無窮之計,豈惟臣等賴之,實亦宗廟四海之慶。”左光禄卜泰、太子太保韓廣等進曰:[7]“陛下若以廢立爲是也,則不應降日月之明,垂訪群下。若以爲疑也,固思聞臣等異同之言,竊以誠廢太子非也。何則?昔周文以未建之前,擇聖表而超樹之可也。光武緣母色而廢立,豈足爲聖朝之模範!光武誠以東海纂統,何必不如明帝!皇子胤文武才略,神度弘遠,信獨絶一時,足以擬踪周發;然太子孝友仁慈,志尚冲雅,亦足以堂負聖基,爲承平之賢主。何况儲宫者,六合人神所繫望也,不可輕以廢易。陛下誠實爾者,臣等有死而已,未敢奉詔。”曜默然。胤前泣曰:“慈父之於子也,當務存《尸鳩》之仁,[8]何可替熙而立臣也!陛下謬恩乃爾者,臣請死於此,以明赤心。且陛下若愛忘其醜,以臣微堪指授,亦當能輔導義光,仰遵聖軌。”因歔欷流涕,悲感朝臣。曜亦以太子羊氏所生,羊有寵,哀之不忍廢,乃止。追謚前妻卜氏爲元悼皇后,胤之母也。卜泰,胤之舅,曜嘉之,拜上光禄大夫、儀同三司、領太子太傅。[9]封胤爲永安王,署侍中、衛大將軍、都督二宫禁衛諸軍事、開府儀同三司、録尚書事,[10]領太子太傅,號曰皇子。命熙於胤盡家人之禮。

[1]忠義大將軍:十六國前趙置,位高於忠義將軍。　左賢王:匈奴官名,即左屠耆王。屠耆爲匈奴語“賢”,漢人因稱之爲左賢王。單于手下最高官職,常由太子擔任。

[2]文王廢伯邑考立武王:《史記》卷三五《管蔡世家》載:

文王有子十人，長子曰伯邑考。十子當中唯姬發、姬旦賢，故文王舍伯邑考而以姬發爲太子。

[3]五侯九伯得專征之：周天子給姜太公的特權。《左傳·僖公四年》載：楚子使與師言曰："君處北海，寡人處南海，唯是風馬牛不相及也。不虞君之涉吾地也，何故？"管仲對曰："昔召康公命我先君大公曰：'五侯九伯，女實征之，以夾輔周室。'賜我先君履，東至於海，西至於河，南至於穆陵，北至於無棣。爾貢包茅不入，王祭不共，無以縮酒，寡人是征。昭王南征而不復，寡人是問。"後指專征之權。

[4]太伯：即吴太伯，他和弟弟仲雍皆周太王之子，季歷之兄也。周太王欲立季歷以及姬昌，於是太伯、仲雍二人乃奔荆蠻，文身斷髮，示不可用，以避季歷，自號句吴。荆蠻義之，從而歸之千餘家，立爲吴太伯。

[5]涅而不淄：《史記》卷四七《孔子世家》：孔子曰："有是言也。不曰堅乎，磨而不磷；不曰白乎，涅而不淄。我豈匏瓜也哉，焉能繫而不食？"裴駰集解引孔安國曰："磷，薄也。涅，可以染皂者也。言至堅者磨之而不薄，至白者染之於涅中而不黑，君子雖在濁亂，不能污也。"

[6]近踪光武：東漢光武帝長子劉彊，皇后郭氏所生，建武二年（26），立爲皇太子。十七年而郭后廢，劉彊改封東海王，另立第四子劉莊，是爲東漢明帝。此言劉曜欲效法光武帝此舉。

[7]左光禄：官名，即左光禄大夫。二品，開府位從公者一品。　太子太保：官名，東宫三師之一，位居太子太師、太子太傅下，品秩同太子太師。晋三品。

[8]《尸鳩》之仁：《詩·曹風·鳲鳩》："鳲鳩在桑，其子七兮。淑人君子，其儀一兮。其儀一兮，心如結兮。"意爲有鳲鳩之鳥，築巢在桑木之上，有七子，能平等用心如一地撫養它們。

[9]上光禄大夫：官名，十六國前趙後趙均置，位在左右光禄大夫之上。　太子太傅：官名，與太子少傅並稱二傅，三國時並攝

東宫事務，與尚書、東曹並掌太子、諸侯官署選舉。西晋時下設丞、功曹、主簿等屬官。晋三品。

[10]衛大將軍：官名，高級統帥，地位在衛將軍上。十六國北朝一些政權均置。　都督二宫禁衛諸軍事：二宫禁衛最高軍事行政長官。　開府儀同三司：司，宋本作“府”。　録尚書事：官名，初爲職銜名，重臣加此名義始得總知國事，綜理政務，成爲真宰相。魏晋多以公卿權重者居之，總領尚書省政務，凡重號將軍、刺史皆得命曹授用，位在三公之上。

時有鳳皇將五子翔於故未央殿五日，悲鳴不食皆死。曜立后劉氏。

石勒將石他自雁門出上郡，[1]襲安國將軍、北羌王盆句除，[2]俘三千餘落，獲牛馬羊百餘萬而歸。曜大怒，投袂而起。是日次于渭城，[3]遣劉岳追之，曜次于富平，[4]爲岳聲援。岳及石他戰于河濱，敗之，斬他及其甲士一千五百級，赴河死者五千餘人，悉收所虜，振旅而歸。

[1]雁門：郡名，治所在廣武縣（今山西省代縣西南）。

[2]安國將軍：名號將軍，西漢始置，東漢三國十六國北朝均置。

[3]渭城：縣名，治所在今陝西省咸陽市東北二十二里聶家溝。

[4]富平：縣名，治所在今寧夏回族自治區吴忠市西南黄河東岸。

楊難敵自漢中還襲仇池，克之，執田崧，立之於前。難敵左右叱崧令拜，崧瞋目叱之曰：“氐狗！安有天子牧伯而向賊拜乎！”難敵曰：“子岱，吾當與子終定大事。子謂劉氏可爲盡忠，吾獨不可乎！”崧厲色大言曰：[1]“若賊氐奴才，安敢欲希覬非分！吾寧爲國家鬼，[2]豈可爲汝臣，何不速殺我！”顧排一人，[3]取其劍，前刺難敵，不中，爲難敵所殺。

[1]厲色大言：厲，原本、宋本作“勵”，通“厲”，殿本作“厲”，據殿本改。

[2]寧爲國家鬼：家鬼，宋本作“鬼神”。

[3]顧排一人：便推倒一個人。

曜遣劉岳攻石生于洛陽，配以近郡甲士五千，宿衛精卒一萬，濟自盟津。[1]鎮東呼延謨率荆司之衆自崤澠而東。[2]岳攻石勒盟津、石梁二戍，[3]克之，斬獲五千餘級，進圍石生于金墉。石季龍率步騎四萬入自成皋關，[4]岳陳兵以待之。戰于洛西，岳師敗績，岳中流矢，退保石梁。季龍遂塹栅列圍，遏絶内外。岳衆飢甚，殺馬食之。季龍又敗呼延謨，斬之。曜親率軍援岳，季龍率騎三萬來距。曜前軍劉黑大敗季龍將石聰于八特坂。[5]曜次于金谷，[6]夜無故大驚，軍中潰散，乃退如澠池。夜中又驚，士卒奔潰，遂歸長安。季龍執劉岳及其將王騰等八十餘人，并氐羌三千餘人，[7]送于襄國，[8]坑士卒一萬六千。曜至自澠池，素服郊哭，七日乃入城。

[1]盟津：孟津，一作盟津，又名富平津。位於今河南省孟州市西南黄河上。

[2]鎮東：官名，即鎮東將軍。東漢建安年間置，與鎮西、鎮南、鎮北將軍合稱四鎮將軍，多爲持節都督，出鎮方面。曹魏二品。晋三品，加持節都督者二品。　崤澠：崤山和澠池縣。

[3]石梁：石梁塢，位於今河南省洛陽市東北漢魏洛陽城東。

[4]石季龍：即石虎，字季龍，本書卷一〇六有載記。　成皋關：位於今河南省滎陽市汜水鎮。

[5]石聰：聰，原本、宋本、殿本作“忩”，據中華本校勘記改。

[6]金谷：位於今河南省洛陽市東北。

[7]三千餘人：千，原本、殿本作“十”，宋本作“千”，據宋本改。

[8]襄國：縣名，治所在今河北省邢臺市。

武功豕生犬，上邽馬生牛，及諸妖變不可勝記。曜命其公卿各舉博識直言之士一人，司空劉均舉参軍臺產，曜親臨東堂，遣中黄門策問之。[1]產極言其故，曜覽而嘉之，引見東堂，訪以政事。產流涕歔欷，具陳灾變之禍，政化之闕，辭旨諒直，曜改容禮之，即拜博士祭酒、諫議大夫，[2]領太史令。其後所言皆驗，曜彌重之，歲中三遷，歷位尚書、光禄大夫、太子少師，[3]位特進。[4]

[1]中黄門：官名，西漢置，掌皇宫黄門之内諸伺應雜事，持兵器宿衛宫殿，爲服役於宫廷中的低級宦官。名義上隸屬少府。魏晋南北朝均置。晋七品。

[2]博士祭酒：官名，領諸五經博士，掌教授經學，備顧問應對。西晋爲太學之長，與國子學之長國子祭酒並隸太常。東晋南朝

以國子祭酒兼統國子、太學博士，此官或省。晋五品。

[3]尚書：官名，東漢尚書臺六曹各置尚書，魏晋出爲朝官，分掌尚書省諸曹，品秩提高。晋三品。　太子少師：官名，東宫三師之首。與太子太傅、太子太保、太子太師、太子少傅、太子少保並號六傅。掌輔導太子。晋三品。

[4]特進：官名，三國兩晋時表示有特殊地位，或用作安置閑退大臣。晋二品。

曜署劉胤爲大司馬，進封南陽王，以漢陽諸郡十三爲國；[1]置單于臺于渭城，拜大單于，置左右賢王已下，皆以胡、羯、鮮卑、氐、羌豪傑爲之。[2]

[1]漢陽：東漢永平十七年（74）以天水郡改名，治所在冀縣（今甘肅省甘谷縣東）。

[2]鮮卑：我國古代北方少數民族，有拓拔、宇文、慕容、秃髮、乞伏、段諸部。

曜自還長安，憤恚發病，至是疾瘳，曲赦長安殊死已下。署其汝南王劉咸爲太尉、録尚書事，光禄大夫劉綏爲大司徒，卜泰爲大司空。

曜妻劉氏疾甚，曜親省臨之，問其所欲言。劉泣曰："妾叔父昶無子，妾少養於叔，恩撫甚隆，無以報德，願陛下貴之。妾叔皚女芳有德色，願備後宫。"曜許之。言終而死，僞謚獻烈皇后。以劉昶爲使持節、侍中、大司徒、録尚書事，進封河南郡公，封昶妻張氏爲慈鄉君，立劉皚女芳爲皇后，追念劉氏之言也。俄署驃騎劉述爲大司徒，劉昶爲太保。召公卿已下子弟有勇幹者爲親御郎，被甲乘鎧馬，動止自隨，以充折衝之任。尚書郝述、都水使者支當等固諫，[1]曜大怒，鴆而殺之。

[1]都水使者：官名，都水臺長官，掌管水利工程及設施。晋四品。

咸和三年，夜夢三人金面丹脣，[1]東向逡巡，不言而退，曜拜而履其迹。旦召公卿已下議之，朝臣咸賀以爲吉祥，惟太史令任義進曰："三者，曆運統之極也。東爲震位，王者之始次也。金爲兑位，物衰落也。脣丹不言，事之畢也。逡巡揖讓，退舍之道也。爲之拜者，屈伏於人也。履迹而行，慎不出疆也。東井，秦分也。五車，趙分也。秦兵必暴起，亡主喪師，留敗趙地。遠至三年，近七百日，其應不遠。願陛下思而防之。"曜大懼，於是躬親二郊，飾繕神祠，望秩山川，[2]靡不周及。大赦殊死已下，復百姓租税之半。長安自春不雨，至於五月。

[1]夜夢：夜，宋本作"曜"。

[2]望秩山川：謂按等級望祭山川。《尚書·舜典》："歲二月，東巡守，至於岱宗，柴，望秩於山川。"孔安國傳："東岳諸侯境内名山大川，如其秩次望祭之。謂五岳牲禮視三公，四瀆視諸侯，其餘視伯子男。"

曜遣其武衛劉朗率騎三萬襲楊難敵于仇池，[1]弗克，掠三千餘户而歸。張駿聞曜軍爲石氏所敗，[2]乃去曜官號，復稱晋大將軍、凉州牧，遣金城太守張閬及枹罕護軍辛晏、將軍韓璞等率衆數萬人，[3]自大夏攻掠秦州諸郡。[4]曜遣劉胤率步騎四萬擊之，夾洮相持七十餘日。[5]冠軍呼延那雞率親御郎二千騎，[6]絶其運路。胤濟師逼之，璞軍大潰，奔還凉州。胤追之，及于令居，[7]斬級二萬。張閬、辛晏率衆數萬降于曜，皆拜將軍，封列侯。

[1]武衛：官名，即武衛將軍。三國魏置，權任很重。晋四品。

[2]張駿：字公庭，本書卷八六有傳。

[3]金城：郡名，治所原來在允吾縣（今甘肅省永靖縣西北），曹魏時移治榆中縣（今甘肅省榆中縣西北黄河南岸）。　枹罕：縣名，治所在今甘肅省臨夏縣西南。　護軍：官名，軍事要鎮長官，管理轄區軍事民政，職掌與郡守相類。晋四品。

[4]大夏：縣名，治所在今甘肅省廣河縣西北。

[5]洮：洮水，即今甘肅省境内黄河支流洮河。

[6]冠軍：官名，即冠軍將軍。曹魏、孫吴、西晋皆置。西晋時領營兵。晋三品。

[7]令居：縣名，治所在今甘肅省永登縣西北。

石勒遣石季龍率衆四萬，自軹關西入伐曜，[1]河東應之者五十餘縣，[2]進攻蒲坂。[3]曜將東救蒲坂，懼張駿、楊難敵承虚襲長安，遣其河間王述發氐羌之衆屯于秦州。曜盡中外精鋭水陸赴之，自衛關北濟。[4]季龍懼，引師而退。追之，及于高候，[5]大戰，敗之，斬其將軍石瞻，枕尸二百餘里，收其資仗億計。季龍奔于朝歌。[6]曜遂濟自大陽，[7]攻石生于金墉，决千金堨以灌之。[8]曜不撫士衆，專與嬖臣飲博，左右或諫，曜怒，以爲妖言，斬之。大風拔樹，昏霧四塞。聞季龍進據石門，[9]續知勒自率大衆已濟，始議增滎陽戍，[10]杜黄馬關。[11]俄而洛水候者與勒前鋒交戰，[12]擒羯，送之。曜問曰："大胡自來邪？其衆大小復如何？"羯曰："大胡自來，軍盛不可當也。"曜色變，使攝金墉之圍，陳于洛西，南北十餘里。曜少而淫酒，末年尤甚。勒至，曜將戰，飲酒數斗，常乘赤馬無故跼頓，乃乘小馬。比出，復飲酒斗餘。至於西陽門，[13]撝陣就平，[14]勒將石堪因而乘之，師遂大潰。曜昏醉奔退，馬陷石渠，墜于冰上，被瘡十餘，通中者三，爲堪所執，送于勒所。曜曰："石王！憶重門之盟不？"勒使徐光謂曜曰："今日之事，天使其然，復云何邪！"幽曜于河南丞廨，[15]使金瘡醫李永療之，歸于襄國。

[1]軹關：位於今河南省濟源市西北，當豫、晋交通要衝，爲太行八陘中第一陘，爲歷代兵家必争之地。

[2]河東：郡名，治所在安邑縣（今山西省夏縣西北禹王城）。

[3]蒲坂：縣名，治所在今山西省永濟市西南蒲州鎮。

[4]自衛關北濟：中華本校勘記："《斠注》：《御覽》一一九引《前趙録》，'衛關'作'潼關'，《讀史方輿紀要》曰：'衝關'，史誤作'衛關'。按：《元和郡縣志》潼關條，河在關内南流衝關、山，因謂之'衝關'。則潼關一名衝關。'衛'字乃'衝'形近而訛。"

[5]高候：即高候原，位於今山西省聞喜縣北。

[6]朝歌：郡名，曹魏文帝置，治所在朝歌縣（今河南省淇縣）。

[7]大陽：縣名，治所在今山西省平陸縣西南。大，原本、宋本、殿本作“太”，據中華本改。

[8]千金堨：古代水利工程名。位於今河南省洛陽市境内。《水經注・穀水》：“《河南十二縣境簿》曰：河南縣城東十五里有千金堨。《洛陽記》曰：千金堨舊堰穀水，魏時更修此堰，謂之千金堨。”

[9]石門：地名，在今河南省滎陽市東北。

[10]滎陽：郡名，治所在滎陽縣（今河南省滎陽市東北）。

[11]黄馬關：一作黄馬阪。位於今河南省滎陽市汜水鎮西黄河南岸。

[12]洛水候者：在洛水巡邏偵查的士兵。

[13]西陽門：漢魏洛陽城西面中門，一名西明門、雍門。

[14]撝陣就平：撝，宋本作“僞”。

[15]河南丞廨：河南丞辦公衙署。河南丞，官名，即河南郡丞。爲郡守副貳，輔佐郡守掌衆事，亦稱府丞。三國魏、蜀、吴皆置。晋八品。

曜瘡甚，勒載以馬輿，使李永與同載。[1]北苑市三老孫機上禮求見曜，勒許之。機進酒于曜曰：“僕谷王，關右稱帝皇。當持重，保土疆。輕用兵，敗洛陽。祚運窮，天所亡。開大分，持一觴。”曜曰：“何以健邪！當爲翁飲。”勒聞之，悽然改容曰：“亡國之人，足令老叟數之。”舍曜于襄國永豐小城，給其妓妾，嚴兵圍守。遣劉岳、劉震等乘馬，從男女，衣帽以見曜，曜曰：“久謂卿等爲灰土，[2]石王仁厚，全宥至今，而我殺石他，[3]負盟之甚。今日之禍，自其分耳。”留宴終日而去。勒諭曜與其太子熙書，[4]令速降之，曜但敕熙“與諸大臣匡維社稷，勿以吾易意也。”勒覽而惡之，後爲勒所殺。

［1］使李永與同載：宋本重“使”字。

［2］爲灰土：化作灰土，指死亡。

［3］而我殺石他：他，原本作“生”，宋本、殿本作“他”，據宋本、殿本、中華本校勘記改。

［4］勒諭曜與其太子熙書：中華本校勘記：“《成紀》、《御覽》一一九引《前趙録》、《魏書曜傳》‘熙’並作‘毗’。然《通鑑》九四亦作‘熙’，知非字訛，或是二名。下‘熙’字同，不再出校。”

熙及劉胤、劉咸等議西保秦州，尚書胡勛曰：“今雖喪主，國尚全完，將士情一，未有離叛，可共并力距險，走未晚也。”[1]胤不從，怒其沮衆，斬之，遂率百官奔于上邽，劉厚、劉策皆捐鎮奔之。關中擾亂，將軍蔣英、辛恕擁衆數十萬，據長安，遣使招勒，勒遣石生率洛陽之衆以赴之。胤及劉遵率衆數萬，自上邽將攻石生于長安，隴東、武都、安定、新平、北地、扶風、始平諸郡戎夏皆起兵應胤。[2]胤次于仲橋，[3]石生固守長安。勒使石季龍率騎二萬距胤，戰於義渠，[4]爲季龍所敗，死者五千餘人。胤奔上邽，季龍乘勝追戰，枕尸千里，[5]上邽潰。季龍執其僞太子熙、南陽王劉胤并將相諸王等及其諸卿校公侯已下三千餘人，皆殺之。徙其臺省文武、關東流人、秦雍大族九千餘人于襄國，又坑其王公等及五郡屠各五千餘人于洛陽。曜在位十年而敗。

始，元海以懷帝永嘉四年僭位，至曜三世，凡二十有七載，以成帝咸和四年滅。[6]

[1]走未晚也：宋本無“走”字。

[2]隴東：郡名，治所在秦汧縣故城（今陝西省隴縣東南）。東，宋本作“西”。　武都：郡名，治所在下辯縣（今甘肅省成縣西）。　北地：郡名，三國魏治所在祋祤城（今陝西省銅川市耀州區東），西晋治泥陽縣（今甘肅省寧縣東南）。　始平：郡名，治所在槐里縣（今陝西省興平市）。

[3]仲橋：仲橋城，即今陝西省禮泉縣北泔北鎮。

[4]義渠：縣名，治所在今甘肅省寧縣北三十里馬蓮河西岸。

[5]枕尸千里：千，殿本作“十”。

[6]“元海以懷帝永嘉四年僭位”至“咸和四年滅”：中華本校勘記：“《太平御覽》一一九引《前趙録》‘二十有七載’作‘二十有六載’。按：元海稱漢王，在永興元年，至咸和四年凡二十六年。其稱帝在永嘉二年，至咸和四年又僅二十二年。而永嘉四年乃劉聰即帝位之年，其誤更不待言。”《册府元龜》卷二一九《僭僞部·姓系》：“豹生元海，晋惠帝時爲成都王穎所拜北單于。永興元年僭稱漢王。”可爲校勘佐證。

史臣曰：彼戎狄者，人面獸心，見利則棄君親，臨財則忘仁義者也。投之遐遠，猶懼外侵，而處以封畿，窺我中釁。昔者幽后不綱，[1]胡塵暗於戲水；[2]襄王失御，[3]戎馬生于關洛。至於算强弱，妙兵權，體興衰，知利害，於我中華未可量也。况元海人傑，必致青雲之上；許以殊才，不居庸劣之下。是以策馬鴻騫，[4]乘機豹變，五部高嘯，一旦推雄，皇枝相害，未有與之争衡者矣。[5]伊秩啓興王之略，[6]骨都論克定之秋，[7]單于無北顧之懷，獫狁有南郊之祭，[8]大哉天地，兹爲不仁矣！若乃習以華風，温乎雅度；兼其舊俗，則罕規模。雖復石勒稱藩，王彌效款，終爲夷狄之邦，未辯君臣之位。至於不遠儒風，虚襟正直，則昔賢所謂并仁義而盗之者焉。

［1］幽后不綱：幽后即周幽王王后褒姒。幽后使周王朝的綱紀大壞。

［2］戲水：位於今陝西省西安市臨潼區東。源出驪山，北入渭河。《國語·魯語》"幽滅於戲"。

［3］襄王：周襄王，名鄭。周惠王太子。惠王死，畏王子帶與之争位，求助於齊。靠齊國擁護繼承王位。後王子帶引狄國軍隊入周，襄王出逃，靠晋國幫助復位。

［4］策馬鴻騫：策馬奔騰。

［5］争衡：争先後比高低。

［6］伊秩：匈奴官名，分左伊秩和右伊秩。　啓興王之略：指劉宣等人擁立劉淵建國。

［7］骨都：漢時匈奴官名。冒頓單于設置，分左右，由異姓貴族擔任，位在谷蠡王之下，是單于的輔政近臣。　論克定之秋：即劉淵太史令鮮于脩勸劉淵定都平陽之事。

［8］獫狁：古代北方少數民族名，即後來的匈奴。

僞主斯亡，玄明篡嗣，樹恩戎旅，既總威權，關河開曩日之疆，士馬倍前人之氣。然則信不由中，自乖弘遠，貌之爲美，處事難終。縱武窮兵，殘忠害謇，佞人方譖，並后載馳，閹豎類於回天，[1]凝科逾於炮烙。[2]遺豺狼之將，逐鷹犬之師，[3]懸旌俯渭，分麾陷洛，鐵馬陵山，胡笳遵渚，[4]粉忠貞於戎手，聚搢紳於京觀。[5]先王井賦，乃眷維桑；[6]舊都宫室，咸成茂草。墜露沾衣，行人洒淚。若乃上古敦龐，[7]不親其子，功成高讓，歸諸有德。爰及三代，乃用干戈，將以拯厥版蕩，[8]恭膺天命。懿彼武王，殷之列辟，[9]載旆乘時，興兵誓野，投焚既隕，可以絶言。而輕吕旁揮，彤弧三發，[10]豈若轡清蹕於常道之門，[11]馳金車於山陽之館！[12]故知黔首來蘇，居今愛古；白旗陳肆，古不如今。胡寇不仁，有同豺豕，役天子以行觴，驅乘輿以執蓋，庾珉之淚既盡，[13]辛賓加之以血。[14]若乃有生之貴，處死爲難，弘在三之義，[15]忘七尺之重，[16]主憂之恨，畢命同歸，自古簒奪，於斯爲甚。是以灾氣呈形，賊臣苞亂，政荒民散，可以危亡。劉聰竟得壽終，非不幸也。

[1]閹豎類於回天：宦官具有改變皇帝意志的威力。

[2]凝科逾於炮烙：嚴苛的法律比商紂的炮烙之刑還厲害。

[3]鷹犬：犬，宋本作“大”。

[4]胡笳遵渚：胡笳的吹奏驚飛了洲中的鴻雁。胡笳，古代北方少數民族樂器。遵渚，語出《詩·豳風·九罭》：“鴻飛遵渚，公歸無所。”原謂鴻雁循着水中小洲飛翔，後用以形容鴻飛。

[5]搢紳：搢，殿本作“縉”。

[6]乃眷維桑：眷戀故鄉。維桑代指故鄉。《詩·小雅·小弁》：“維桑與梓，必恭敬止。”毛亨傳：“父之所樹，己尚不敢不恭敬。”

[7]敦龐：敦厚樸實。

[8]版蕩：動蕩不安。版，殿本作“板”。

[9]殷之列辟：殷商的列侯。

[10]彤弧三發：用彤弓連射三隻箭。《史記》卷四《周本紀》：武王進入殷都後，至紂死所，自射之，三發而後下車。

[11]饗清蹕於常道之門：在常道鄉公門前顯示皇帝儀仗。常道鄉公即曹奐，原名璜。曹魏皇帝，公元 260 年即位，264 年被廢爲陳留王。

[12]馳金車於山陽之館：在漢獻帝館前奔馳皇帝車駕。漢獻帝被廢後封山陽公。

[13]庾珉：字子琚，本書卷五〇有傳。

[14]辛賓：西晋愍帝被俘，遭劉聰羞辱，尚書郎辛賓抱帝慟哭，爲聰所害。

[15]在三之義：尊敬君、父、師。典出《國語·晋語一》："'民生於三，事之如一。'父生之，師教之，君食之。非父不生，非食不長，非教不知，生之族也，故一事之，唯其所在，則致死焉。"韋昭注："三，君、父、師也。"

[16]忘七尺之重：忘記自身安危。七尺，指身軀。

曜則天資虓勇，運偶時艱，[1]用兵則王翦之倫，[2]好殺亦董公之亞。[3]而承基醜類，或有可稱。子遠納忠，高旌暫偃；和苞獻直，酆明罷觀。而師之所處，荆棘生焉，自絶强藩，禍成勁敵。天之所厭，人事以之，駭戰士而宵奔，酌戎杯而不醒，有若假手，同乎拾芥。豈石氏之興歟，何不支之甚也！

[1]運偶時艱：艱，宋本作"難"。

[2]王翦：戰國末頻陽東鄉（今陝西省富平縣東北）人。少好軍事。事秦王嬴政，善統兵征戰。率兵攻趙，取其九城。攻燕，拔其薊城。攻楚，殺項燕，略城邑。建立滅趙滅楚之功。

[3]董公：董卓，東漢末隴西臨洮（今甘肅省岷縣）人，字仲穎。本爲凉州豪强，靈帝時任中郎將、前將軍、并州牧等職。應何進之招進京殺宦官，進京後專權，廢少帝立獻帝。因受關東諸侯討伐，焚燒洛陽宫室，遷獻帝於長安。後爲部將吕布所殺。公，殿本作“卓”。

贊曰：惟皇不範，邇甸居穹。[1]丹朱罕嗣，[2]冒頓争雄。胡旌颺月，朔馬騰風。埃塵淮浦，虓呼河宫。未央朝寂，謻門旦空。[3]郭欽之慮，[4]辛有知戎。[5]

[1]邇甸居穹：皇帝露天居住在郊外。形容西晋末代皇帝的窘迫。

[2]丹朱：堯之子，不肖，故堯不傳位於他而傳與舜。舜使其居丹淵，故號曰丹朱。

[3]謻門：宫殿的旁門。

[4]郭欽：西晋人，武帝時曾上書建議把内遷的胡人遷徙出去。

[5]辛有：《左傳·僖公二十二年》載：“初，平王之東遷也，辛有適伊川，見被髪而祭於野者，曰：‘不及百年，此其戎乎！其禮先亡矣。’”

晋書　卷一〇四

載記第四

石勒上

石勒上

石勒，字世龍，初名㔨，上黨武鄉羯人也。[1]其先匈奴别部羌渠之胄。[2]祖耶奕于，[3]父周曷朱，一名乞翼加，並爲部落小率。勒生時赤光滿室，白氣自天屬于中庭，見者咸異之。年十四，隨邑人行販洛陽，[4]倚嘯上東門，[5]王衍見而異之，[6]顧謂左右曰："向者胡雛，[7]吾觀其聲視有奇志，恐將爲天下之患。"馳遣收之，會勒已去。長而壯健有膽力，雄武好騎射。曷朱性凶粗，不爲群胡所附，每使勒代己督攝，部胡愛信之。所居武鄉北原山下草木皆有鐵騎之象，[8]家園中生人參，花葉甚茂，[9]悉成人狀。父老及相者皆曰："此胡狀貌奇異，志度非常，其終不可量也。"勸邑人厚遇之。時多嗤笑，唯鄔人郭敬、陽曲寧驅以爲信然，[10]並加資贍。勒亦感其恩，爲之力耕。每聞鞞鐸之音，[11]歸以告其母，母曰："作勞耳鳴，非不祥也。"

［1］上黨：郡名，治所在潞縣（今山西省黎城縣南）。　武鄉：縣名，治所在今山西省榆社縣西北社城。　羯：魏晋時少數民族，活動於今山西、河北兩省間的內遷胡人，與西域胡人關係密切，爲舊屬匈奴的雜胡。唐長孺先生有考證。（參見唐長孺《魏晋南北朝史論叢》，河北教育出版社 2000 年版，第 398 頁）

［2］羌渠：匈奴別部，爲魏晋時入塞匈奴十九種之一，散居上黨等地。

［3］耶奕于：奕，宋本作"弈"。

［4］洛陽：古都名，位於今河南省洛陽市東北。

［5］上東門：洛陽城門。《太平寰宇記》卷三《河南府洛陽縣》："上東門，洛陽東晝門也。""《晋書》：十二門，東面最北曰東上門，後又改爲東陽門，即阮籍詩'步出上東門'也。"

［6］王衍：字夷甫，本書卷四三有傳。

［7］向者胡雛：剛才那個年輕的胡人。

［8］所居武鄉北原山下：下，宋本作"上"。中華本校勘記："毛本、局本'山下'注'元作"上"'。《御覽》四五引《十六國春秋》、《通志》一八七並作'山上'，疑作'上'是。"

［9］花葉甚茂：宋本無"花"字。

［10］鄔：縣名，治所在今山西省介休市東北鄔城店。　陽曲：縣名，治所在今山西省陽曲縣東北。

［11］鞞鐸：擊鼓摇鈴聲。

太安中，[1]并州飢亂，[2]勒與諸小胡亡散，乃自雁門還依寧驅。[3]北澤都尉劉監欲縛賣之，[4]驅匿之，獲免。勒於是潛詣納降都尉李川，[5]路逢郭敬，泣拜言飢寒。敬對之流涕，以帶貨鬻食之，并給以衣服。勒謂敬曰：

“今者大餓，不可守窮。諸胡飢甚，宜誘將冀州就穀，[6]因執賣之，可以兩濟。”敬深然之。會建威將軍閻粹説并州刺史、東嬴公騰執諸胡於山東賣充軍實，[7]騰使將軍郭陽、張隆虜群胡將詣冀州，兩胡一枷。勒時年二十餘，亦在其中，數爲隆所驅辱。[8]敬先以勒屬郭陽及兄子時，陽，[9]敬族兄也，是以陽、時每爲解請，道路飢病，賴陽、時而濟。既而賣與茌平人師懽爲奴。[10]有一老父謂勒曰：“君魚龍髮際上四道已成，當貴爲人主。甲戌之歲，王彭祖可圖。”[11]勒曰：“若如公言，弗敢忘德。”忽然不見。每耕作於野，常聞鼓角之聲。勒以告諸奴，諸奴亦聞之，因曰：“吾幼來在家恒聞如是。”諸奴歸以告懽，懽亦奇其狀貌而免之。

[1]太安中：太，原本作“大”，宋本、殿本作“太”，據宋本、殿本改。

[2]并州：治所在晋陽縣（今山西省太原市西南）。

[3]雁門：郡名，治所在廣武縣（今山西省代縣西南）。

[4]北澤都尉：郡軍事長官，隸屬衛尉。晋五品。

[5]納降都尉：官名，統兵武職，臨時設置。

[6]冀州：三國魏治所在信都縣（今河北省衡水市冀州區），西晋移治房子縣（今河北省高邑縣西南）。　就穀：荒年到有收成的地方就食。

[7]建威將軍：官名，領兵征戰，曹魏、孫吴、西晋皆置。晋四品。　東嬴公騰：司馬騰，字元邁，本書卷三七有傳。嬴，原本、宋本、殿本作“瀛”，據其本傳改。本卷下同。

[8]驅辱：驅，原本、殿本作“歐”，宋本作“毆”，即“驅”之異體，據宋本、中華本改爲正字“驅”。

[9]及兄子時，陽：時陽，宋本乙作“揚時”。

[10]茌平：縣名，治所在今山東省聊城市茌平區西南。

[11]王彭祖：王浚，字彭祖，本書卷三九有傳。

懽家鄰於馬牧，與牧率魏郡汲桑往來，[1]勒以能相馬自託於桑。嘗傭於武安臨水，[2]爲游軍所囚。會有群鹿傍過，軍人競逐之，勒乃獲免。俄而又見一父老，謂勒曰：“向群鹿者我也，君應爲中州主，故相救爾。”勒拜而受命。遂招集王陽、夔安、支雄、冀保、吴豫、劉膺、桃豹、逯明等八騎爲群盗。後郭敖、劉徵、劉寶、張曀僕、呼延莫、郭黑略、張越、孔豚、趙鹿、支屈六等又赴之，號爲十八騎。復東如赤龍、騄驥諸苑中，乘苑馬遠掠繒寶，以賂汲桑。

[1]魏郡：治所在鄴縣（今河北省臨漳縣西南）。　汲桑：西晋魏郡（今河北省臨漳縣西南）人，一説平陽（今山西省臨汾市西南）人。與石勒從成都王司馬穎故將公師藩，後自稱大將軍爲石勒前驅，被乞活田甄攻殺。

[2]武安：縣名，治所在今河北省武安市西南。　臨水：縣名，治所在今河北省磁縣。

及成都王穎敗乘輿于蕩陰，[1]逼帝如鄴宫，[2]王浚以穎陵辱天子，使鮮卑擊之，[3]穎懼，挾惠帝南奔洛陽。帝復爲張方所逼，[4]遷于長安。[5]關東所在兵起，[6]皆以誅穎爲名。河間王顒懼東師之盛，[7]欲輯懷東夏，[8]乃奏議廢穎。是歲，劉元海稱漢王于黎亭，[9]穎故將陽平人公師藩等自稱將軍，[10]起兵趙魏，[11]衆至數萬。勒與汲桑帥牧人乘苑馬數百騎以赴之。桑始命勒以石爲姓，勒爲名焉。藩拜勒爲前隊督，從攻平昌公模於鄴。[12]模使將軍馮嵩逆戰，敗之。藩濟自白馬而南，[13]濮陽太守苟晞討藩斬之。[14]勒與桑亡潛苑中，桑以勒爲伏夜牙門，[15]帥牧人劫掠郡縣繫囚，又招山澤亡命，多附勒，勒率以應之。桑乃自號大將軍，稱爲成都王穎誅東海王越、東嬴公騰爲名。[16]桑以勒爲前驅，屢有戰功，署爲掃虜將軍、忠明亭侯。[17]桑進軍攻鄴，以勒爲前鋒都督，[18]大敗騰將馮嵩，因長驅入鄴，遂害騰，殺萬餘人，掠婦女珍寶而去。濟自延津，[19]南擊兖州，[20]越大懼，使苟晞、王讚等討之。[21]

[1]成都王穎：司馬穎，字章度，本書卷五九有傳。　蕩陰：縣名，治所在今河南省湯陰縣。

[2]如鄴宫：到鄴宫。鄴，縣名，曹魏五都之一。治所在今河北省臨漳縣西南。

[3]鮮卑：我國古代北方少數民族，有拓拔、宇文、慕容、秃髮、乞伏、段諸部。

[4]張方：西晋河間（今河北省獻縣東南）人，本書卷六〇有傳。

[5]長安：縣名，治所在今陝西省西安市西北。

[6]關東：地區名，指函谷關或潼關以東地區。

[7]河間王顒：司馬顒，字文載，本書卷五九有傳。

[8]輯懷：懷柔，使之安定。

[9]劉元海：劉淵，本書卷一〇一有載記。　黎亭：縣名，治所在今山西省黎城縣西北。

[10]陽平：郡名，治所在元城縣（今河北省大名縣東北）。

［11］趙魏：指戰國時趙國和魏國故地。今山西及河北南部。

［12］平昌公模：司馬模，司馬泰之子，字元表，本書卷三七有傳。

［13］白馬：縣名，治所在今河南省滑縣東南城關鎮東。

［14］濮陽：郡名，治所在濮陽縣（今河南省濮陽市西南）。苟晞：字道將，本書卷六一有傳。

［15］伏夜牙門：官名，即牙門將，三國魏晋南北朝皆置，統兵武職，位在裨將軍下、郡守上。晋五品。

［16］東海王越：司馬越，字元超，本書卷五九有傳。

［17］掃虜將軍：官名，十六國南北朝時皆置。掃，原本、宋本作“埽”，殿本作“掃”，據殿本改。

［18］前鋒都督：前鋒部隊的統帥。

［19］延津：一名靈昌津，位於今河南省衛輝市東古黄河上。

［20］兖州：三國魏治所在廩丘縣（今山東省鄆城縣西北），晋惠帝末，兖州闔境淪没於石勒。東晋元帝僑置兖州，治京口（今江蘇省鎮江市）。

［21］王讃：任陳留内史、征虜將軍，後爲石勒所俘，任其爲從事中郎，因謀叛被殺。

桑、勒攻幽州刺史石尠於樂陵，[1]尠死之。乞活田禋帥衆五萬救尠，[2]勒逆戰，敗禋，與晞等相持于平原、陽平間數月，[3]大小三十餘戰，互有勝負。越懼，次于官渡，[4]爲晞聲援。桑、勒爲晞所敗，死者萬餘人，乃收餘衆，將奔劉元海。冀州刺史丁紹要之于赤橋，[5]又大敗之。桑奔馬牧，[6]勒奔樂平。[7]王師斬桑于平原。

［1］幽州：治所在薊縣（今北京市西南）。　樂陵：郡國名，治所在厭次縣（今山東省惠民縣東），西晋末改爲郡。

[2]乞活：西晋末，北方流民爲避戰亂，集體流徙求食，稱乞活。　田禋：中華本校勘記："《東海王越傳》作'田甄'。《通鑑》八六亦作'甄'。"

[3]平原：郡國名，治所在平原縣（今山東省平原縣西南）。

[4]官渡：地名，在今河南省中牟縣東北，臨古官渡水。

[5]丁紹：中華本校勘記："周校：《越傳》作'丁劭'。《南陽王模傳》亦作'劭'。《通鑑》八六則作'紹'。"　赤橋：位於今山東省聊城市西北。

[6]馬牧：地名，在今河南省虞城縣馬牧集。

[7]樂平：縣名，治所在今山東省聊城市西南。

時胡部大張㔨督、馮莫突等擁衆數千，[1]壁于上黨，勒往從之，深爲所昵，因説㔨督曰："劉單于舉兵誅晋，部大距而不從，豈能獨立乎？"曰："不能。"勒曰："如其不能者，兵馬當有所屬。今部落皆已被單于賞募，往往聚議欲叛部大而歸單于矣，宜早爲之計。"㔨督等素無智略，懼部衆之貳己也，乃潜隨勒單騎歸元海。元海署㔨督爲親漢王，莫突爲都督部大，以勒爲輔漢將軍、平晋王以統之。[2]勒於是命㔨督爲兄，賜姓石氏，名之曰會，言其遇己也。

[1]馮莫突：莫突，原本、宋本作"突莫"，殿本作"莫突"，據殿本及下文"莫突"乙正。

[2]輔漢將軍：新莽末更始皇帝所置，東漢省，三國蜀漢復置。

烏丸張伏利度亦有衆二千，[1]壁于樂平，元海屢招而不能致。勒僞獲罪于元海，因奔伏利度。伏利度大悦，結爲兄弟，使勒率諸胡寇掠，所向無前，諸胡畏服。勒知衆心之附己也，乃因會執伏利度，告諸胡曰："今起大事，我與伏利度孰堪爲主？"諸胡咸以推勒。勒於是釋伏利度，率其部衆歸元海。元海加勒督山東征討諸軍事，[2]以伏利度衆配之。

[1]烏丸：一作烏桓，古族名，東胡的一支。

[2]督山東征討諸軍事：征討山東事務軍政長官，位次於都督和監。

元海使劉聰攻壺關，[1]命勒率所統七千爲前鋒都督。劉琨遣護軍黄秀等救壺關，[2]勒敗秀於白田，[3]秀死之，勒遂陷壺關。元海命勒與劉零、閻羆等七將率衆三萬寇魏郡、頓丘諸壘壁，[4]多陷之，假壘主將軍、都尉，[5]簡强壯五萬爲軍士，老弱安堵如故，軍無私掠，百姓懷之。

[1]壺關：縣名，治所在今山西省長治市北。

[2]劉琨：字越石，本書卷六二有傳。　護軍：官名，執掌監護諸將，隸屬領軍。晋四品。

[3]勒敗秀於白田：中華本校勘記："《通鑑》八七'秀'作'肅'，'白田'作'封田'。《通鑑考異》云從《十六國春秋》及《劉琨集》。"

[4]頓丘：郡名，治所在頓丘縣（今河南省浚縣北）。

[5]都尉：官名，統兵武職，不常置。

及元海僭號，遣使授勒持節、平東大將軍，[1]校尉、都督、王如故。勒并軍寇鄴，鄴潰，和郁奔于衛國。[2]執魏郡太守王粹于三臺。[3]進攻趙郡，[4]害冀州西部都尉馮冲。[5]攻乞活赦亭、田禋于中丘，[6]皆殺之。元海授勒安東大將軍、開府，[7]置左右長史、司馬、從事中郎。[8]進軍攻鉅鹿、常山，[9]害二郡守將。陷冀州郡縣堡壁百餘，衆至十餘萬，其衣冠人物集爲君子營。乃引張賓爲謀主，始署軍功曹，[10]以刁膺、張敬爲股肱，夔安、孔萇爲爪牙，支雄、呼延莫、王陽、桃豹、逯明、吴豫等爲將率。使其將張斯率騎詣并州山北諸郡縣，説諸胡羯，曉以安危。諸胡懼勒威名，多有附者。進軍常山，分遣諸將攻中山、博陵、高陽諸縣，[11]降之者數萬人。

[1]持節：官員外出持有皇帝授予的節杖，代表高等權威，常用於軍事長官出征。　平東大將軍：官名，職掌同平東將軍，唯資深者得任之。晋二品，開府位從公者一品。

[2]和郁：字仲輿，和嶠弟。本書卷四五有傳。　衛國：縣名，治所在今河南省清豐縣東南。

[3]三臺：位於今河北省臨漳縣西南古鄴城西北隅。

[4]趙郡：治所在房子縣（今河北省高邑縣西南）。

[5]西部都尉：執行特定職務的名號官員，負責冀州西部軍務。

[6]于：殿本作“干”。　中丘：縣名，治所在今河北省内丘縣西。

[7]安東大將軍：官名，職掌同安東將軍，唯資深者得任之，禄賜與特進同。晋二品，開府位從公者一品。　開府：開設府署，辟置僚屬。魏晋時常以此作爲對高級官員的寵待。

[8]左右長史：官名，大將軍開府置長史，分左、右，領府中各曹。晋六品。　司馬：官名，府署高級幕僚。掌參讚軍務、管理

府内武職，位僅次於長史。魏晋南北朝時王府、公府、軍府、邊郡均置。晋八至六品。　從事中郎：官名，東漢時爲大將軍屬官，地位較高。魏晋時爲將軍府或公府屬官。晋六品。此爲安東大將軍府從事中郎。

[9]鉅鹿：郡名，治所在巨鹿縣（今河北省平鄉縣西南）。常山：郡名，治所在真定縣（今河北省石家莊市）。

[10]軍功曹：官名，掌參議軍政大事。

[11]中山：郡名，治所在盧奴縣（今河北省定州市）。　博陵：縣名，治所在今河北省蠡縣南。　高陽：縣名，治所在今河北省高陽縣東舊城。

王浚使其將祁弘帥鮮卑段務塵等十餘萬騎討勒，[1]大敗勒于飛龍山，[2]死者萬餘。勒退屯黎陽。[3]浚分命諸將攻諸未下及叛者，[4]降三十餘壁，置守宰以撫之。勒進寇信都，[5]害冀州刺史王斌。於是車騎將軍王堪、北中郎將裴憲自洛陽率衆討勒，[6]勒燒營并糧，回軍距之，次于黄牛壘。魏郡太守劉矩以郡附于勒，勒使矩統其壘衆爲中軍左翼。勒至黎陽，裴憲棄其軍奔于淮南，[7]王堪退堡倉垣。[8]元海授勒鎮東大將軍，[9]封汲郡公，持節、都督、王如故。勒固讓公不受。與閻羆攻睹圈、苑市二壘，[10]陷之，羆中流矢死，勒并統其衆。潛自石橋濟河，[11]攻陷白馬，坑男女三千餘口。東襲鄄城，[12]害兖州刺史袁孚。因攻倉垣，陷之，遂害堪。渡河攻廣宗、清河、平原、陽平諸縣，[13]降勒者九萬餘口。復南濟河，滎陽太守裴純奔于建業。[14]

[1]祁弘：先任王浚主簿，後爲司馬越部下。　段務塵：亦稱

務勿塵、段務勿塵、段勿塵。鮮卑段部酋帥，娶西晋都督幽州諸軍事王浚女，八王之亂中助成都王司馬穎。後與王浚將破石勒軍與飛龍山，被西晋朝廷任爲大單于，封遼西郡公。段，原本、殿本作“没”，宋本作“段”，據宋本改。

[2]飛龍山：一名封龍山。位於今河北省石家莊市鹿泉區南。

[3]黎陽：縣名，治所在今河南省浚縣東北。

[4]浚分命諸將攻諸未下及叛者：原本、宋本、殿本無“浚”字。按文意，應當是石勒大敗後，王浚乘勝攻石氏未下諸壁及諸胡叛降石勒者。《十六國春秋》卷一一《後趙録·石勒傳》：“勒退屯黎陽，浚因分遣諸將攻諸未下及叛者三十餘壁，置守宰以撫之。”（參見李之亮、許華偉《〈晋書〉、〈十六國春秋〉對堪劄記》，《鄭州大學學報》1998年第3期）又，中華本“退屯黎陽”後用逗號，“勒退屯”，“浚分命”兩個主語兩句話，應用句號斷開。

[5]勒進寇信都：原本、宋本、殿本無“勒”字。《十六國春秋》卷一一《後趙録·石勒傳》：“冬十一月，勒寇信都。”《資治通鑑》卷八七《晋紀》懷帝永嘉三年：十一月“石勒寇信都，殺冀州刺史王斌”，可證。

[6]車騎將軍：官名，魏晋南北朝時位次於驃騎將軍，在諸名號將軍之上，多作爲軍府名號，以加授大臣及重要州郡長官。晋二品，開府位從公者一品。　王堪：西晋東平（今山東省東平縣西北）人，歷任司隸校尉、尚書令、車騎將軍，爲石勒所殺。　北中郎將：官名，與東、西、南中郎將並稱四中郎將，統兵征戰，權職甚重。晋四品。　裴憲：字景思，本書卷三五有傳。

[7]淮南：郡名，治所在壽春縣（今安徽省壽縣）。

[8]倉垣：即倉垣亭，位於今河南省開封市西北。

[9]鎮東大將軍：官名，三國魏置，職掌與鎮東將軍同，唯資歷深者得任此職。晋二品，開府位從公者一品。

[10]睹圈：睹，殿本作“賭”。

[11]石橋：位於今安徽省壽縣北淝河上，一作石梁。

[12]鄄城：縣名，治所在今山東省鄄城縣北。

[13]廣宗：縣名，治所在今河北省威縣東。　清河：縣名，治所在今山東省臨清市東北。　平原、陽平諸縣：宋本作“平陽原諸縣”。

[14]滎陽：郡名，治所在滎陽縣（今河南省滎陽市東北）。建業：即建鄴，地名，即今江蘇省南京市。

時劉聰攻河内，[1]勒率騎會之，攻冠軍將軍梁巨于武德，[2]懷帝遣兵救之。勒留諸將守武德，與王桑逆巨於長陵。[3]巨請降，勒弗許，巨逾城而遁，軍人執之。勒馳如武德，坑降卒萬餘，數梁巨罪而害之。王師退還，河北諸堡壁大震，皆請降送任于勒。[4]

[1]河内：郡名，治所在野王縣（今河南省沁陽市）。

[2]冠軍將軍：官名，曹魏、孫吴、西晉皆置。西晉時領營兵。晉三品。　武德：縣名，治所在今河南省温縣東北武德鎮。

[3]長陵：縣名，治所在今陝西省咸陽市東北。

[4]送任：送去人質。

及元海死，劉聰授勒征東大將軍、并州刺史、汲郡公，[1]持節、開府、都督、校尉、王如故。勒固辭將軍，乃止。

[1]征東大將軍：官名，三國魏文帝黄初三年（222）置，職掌與征東將軍同，但位在其上，多統兵出鎮方面，都督數州軍事。不常置。晉二品，開府位從公者一品。

劉粲率衆四萬寇洛陽,[1]勒留輜重于重門,[2]率騎二萬會粲於大陽,[3]大敗王師於澠池,[4]遂至洛川。[5]粲出轘轅,[6]勒出成皋關,[7]圍陳留太守王讚於倉垣,[8]爲讚所敗,退屯文石津。[9]將北攻王浚,會浚將王甲始率遼西鮮卑萬餘騎敗趙固于津北,[10]勒乃燒船棄營,引軍向柏門,[11]迎重門輜重,至于石門,[12]濟河,攻襄城太守崔曠於繁昌,[13]害之。

[1]劉粲:字士光,本書卷一〇二有載記。

[2]留輜重于重門:宋本無"重于"二字。

[3]大陽:縣名,治所在今山西省平陸縣西南。大,宋本、殿本作"太"。

[4]澠池:縣名,治所在今河南省澠池縣西。

[5]洛川:縣名,治所在今陝西省洛川縣東北舊縣北。

[6]轘轅:轘轅關,位於今河南省偃師市東南轘轅山上,歷代爲控扼要地。

[7]勒出成皋關:出,原本、殿本作"至",宋本作"出",據宋本改。成皋關,位於今河南省滎陽市汜水鎮。

[8]陳留:郡國名,治所在小黄縣(今河南省開封市東)。

[9]文石津:位於今河南省滑縣西南古黄河上。

[10]會浚將王甲始:中華本校勘記:"《校文》:《懷帝紀》作'王申始',凡兩見。《御覽》八七六引《前趙録》作'王申',亦不作'甲'。按:'申始'作'申'乃雙名單稱,《懷紀》與《前趙録》合,疑此處'甲'字乃'申'形近而訛。"

[11]柏門:《水經注·清水》載,重門城東有百門陂。楊守敬疏:"朱作北門陂。全、趙同。戴云:'按北門陂即百門陂也。'《地形志》:'共縣有柏門山、柏門水。'"重門城,位於今河南省輝縣市西北。柏,宋本作"相"。

［12］石門：地名，在今河南省滎陽市東北。

［13］繁昌：縣名，治所在今河南省臨潁縣西北。

先是，雍州流人王如、侯脱、嚴嶷等起兵江淮間，[1]聞勒之來也，懼，遣衆一萬屯襄城以距，勒擊敗之，盡俘其衆。勒至南陽，[2]屯于宛北山。如懼勒之攻襄也，使送珍寶車馬犒師，結爲兄弟，勒納之。如與侯脱不平，説勒攻脱。勒夜令三軍鷄鳴而駕，晨壓宛門，[3]攻之，旬有二日而克。嚴嶷率衆救脱，至則無及，遂降于勒。勒斬脱，囚嶷送于平陽，[4]盡并其衆，軍勢彌盛。

［1］雍州：治所在長安縣（今陝西省西安市西北）。　王如：西晋京兆新豐（今陝西省西安市東北）人，初爲州武吏，西晋末聚流人起兵，自稱大將軍，與石勒結爲兄弟，活動於沔漢一帶。後爲王敦所殺。　侯脱：西晋末起兵響應王如，俱依附石勒，後與王如不和，王如向石勒進讒言被殺。

［2］南陽：郡名，治所在宛縣（今河南省南陽市）。

［3］晨壓宛門：宛，原本、宋本、殿本作“苑”，據中華本校勘記改。

［4］平陽：縣名，治所在今山西省臨汾市西南。

勒南寇襄陽，[1]攻陷江西壘壁三十餘所，[2]留刁膺守襄陽，躬帥精騎三萬還攻王如。憚如之盛，遂趣襄城。[3]如知之，遣弟璃率騎二萬五千，詐言犒軍，實欲襲勒。勒逆擊，滅之，復屯江西，蓋欲有雄據江漢之志也。張賓以爲不可，勸勒北還，弗從，以賓爲參軍都尉，領記室，[4]位次司馬，專居中總事。

[1]襄陽：郡名，東漢建安十三年（208）置，治所在襄陽縣（今湖北省襄陽市），西晋移治宜城縣（今湖北省宜城市南）。

[2]江西：隋唐以前人們對長江下游北岸、淮水以南地區的稱呼。

[3]遂趣襄城：趣，殿本作“趨”。

[4]記室：官名，記室參軍省稱，又稱記室參軍事。西晋始置，爲記室曹長官，掌文書表奏。

元帝慮勒南寇，使王導率衆討勒。[1]勒軍糧不接，死疫太半，納張賓之策，乃焚輜重，裹糧卷甲，渡沔，寇江夏，[2]太守楊岠棄郡而走。[3]北寇新蔡，[4]害新蔡王確于南頓，[5]朗陵公何襲、廣陵公陳昣、上黨太守羊綜、廣平太守邵肇等率衆降于勒。[6]勒進陷許昌，[7]害平東將軍王康。[8]

[1]王導：字茂弘，本書卷六五有傳。

[2]江夏：郡名，三國魏治所在上昶城（今湖北省雲夢縣），西晋移治安陸縣（今湖北省安陸市西南）。

[3]楊岠：中華本校勘記：“《斠注》：《懷帝紀》及《朱伺傳》均作‘楊珉’。”

[4]新蔡：郡名，治所在新蔡縣（今河南省新蔡縣）。

[5]新蔡王確：司馬確，字嗣安，本書卷三七有傳。　南頓：縣名，治所在今河南省項城市西南。

[6]陳昣：昣，原本、宋本、殿本作“軫”，據中華本校勘記改。　廣平：郡名，治所在曲梁侯國（今河北省邯鄲市永年區）。

［7］許昌：縣名，治所在許昌城（今河南省許昌市東）。

［8］平東將軍：官名，與平北、平南、平西將軍合稱四平將軍，權任很重，多持節都督或監某一地區的軍事，有時亦作爲刺史等地方官員兼理軍務的加官。晋三品，加持節都督者二品。

先是，東海王越率洛陽之衆二十餘萬討勒，越薨于軍，衆推太尉王衍爲主，率衆東下，勒輕騎追及之。衍遣將軍錢端與勒戰，爲勒所敗，端死之，衍軍大潰，勒分騎圍而射之，相登如山，無一免者。於是執衍及襄陽王範、任城王濟、西河王喜、梁王禧、齊王超、吏部尚書劉望、豫州刺史劉喬、太傅長史庾敳等，[1]坐之於幕下，問以晋故。衍、濟等懼死，[2]多自陳說，惟範神色儼然，[3]意氣自若，顧呵之曰："今日之事，何復紛紜！"勒甚奇之。勒於是引諸王公卿士於外害之，死者甚衆。勒重衍清辨，[4]奇範神氣，不能加之兵刃，夜使人排墻填殺之。左衛何倫、右衛李惲聞越薨，奉越妃裴氏及越世子毗出自洛陽。勒逆毗於洧倉，[5]軍復大潰，執毗及諸王公卿士，皆害之，死者甚衆。因率精騎三萬，入自成皋關。會劉曜、王彌寇洛陽，[6]洛陽既陷，勒歸功彌、曜，[7]遂出轘轅，屯于許昌。劉聰署勒征東大將軍，勒固辭不受。

［1］襄陽王範：司馬範，楚王司馬瑋之子，永寧元年（301）封爲襄陽王，拜散騎常侍，後爲石勒所害。　任城王濟：濟，原本、宋本、殿本作"躋"，據中華本校勘記改。　西河王喜：司馬喜，西河王司馬斌之子。　梁王禧：司馬禧，武陵王司馬澹之子，

過繼給梁王司馬肜爲後。　齊王超：超，原本、宋本、殿本作"韶"，據中華本校勘記改。　吏部尚書：官名，三國魏時爲尚書省吏部曹長官，位居列曹尚書之上。晋三品。　豫州：曹魏時治所在安城縣（今河南省正陽縣東北），西晋移治陳縣（今河南省周口市淮陽區），十六國前趙移治許昌縣（今河南省許昌市東）。　劉喬：字仲彦，本書卷六一有傳。　太傅：官名，晋爲八公之一。位上公，太宰之下、太保之上。晋一品。　太傅長史：官名，掌太傅府顧問參謀，爲所在官署掾屬之長。晋六品。　庾敳：字子嵩，本書卷五〇有傳。

[2]衍、濟等懼死：濟，原本、宋本、殿本作"蹐"，據中華本改。

[3]惟範神色儼然：惟，宋本作"唯"。

[4]清辨：辨，殿本作"辯"。

[5]洧倉：即洧倉城，位於今河南省鄢陵縣西北。

[6]劉曜：字永明，劉淵族子，本書卷一〇三有載記。　王彌：本書卷一〇〇有傳。

[7]勒歸功彌、曜：功，原本、宋本、殿本作"攻"，據中華本校勘記改。

先是，平陽人李洪有衆數千，壘于舞陽，[1]苟晞假洪雍州刺史。勒進寇穀陽，[2]害冠軍將軍王兹。[3]破王讚于陽夏，[4]獲讚，以爲從事中郎。襲破大將軍苟晞于蒙城，[5]執晞，署爲左司馬。劉聰授勒征東大將軍、幽州牧，固辭將軍不受。

[1]舞陽：縣名，治所在今河南省舞陽縣西北。

[2]穀陽：縣名，治所在今安徽省固鎮縣西北。

[3]害冠軍將軍王兹：中華本校勘記："《懷紀》作'沛王滋'，

疑‘王’上脱‘沛’字，‘兹’‘滋’同音通用，其人當是沛王韜後。”

［4］陽夏：縣名，治所在今河南省太康縣。

［5］蒙城：蒙縣城，位於今河南省開封市東北。

先是，王彌納劉暾之説，將先誅勒，東王青州，[1]使暾徵其將曹嶷於齊。[2]勒游騎獲暾，得彌所與嶷書，勒殺之，密有圖彌之計矣。會彌將徐邈輒引部兵去彌，彌漸削弱。及勒之獲苟晞也，彌惡之，僞卑辭使謂勒曰：“公獲苟晞而赦之，何其神也！使晞爲公左，彌爲公右，天下不足定。”勒謂張賓曰：“王彌位重言卑，恐其遂成前狗意也。”賓曰：“觀王公有青州之心，桑梓本邦，[3]固人情之所樂，明公獨無并州之思乎？王公遲回未發者，懼明公躡其後，已有規明公之志，但未獲便爾。今不圖之，恐曹嶷復至，共爲羽翼，後雖欲悔，何所及邪！徐邈既去，軍勢稍弱，觀其控御之懷猶盛，可誘而滅之。”勒以爲然。勒時與陳午相攻於蓬關，[4]王彌亦與劉瑞相持甚急。彌請救於勒，勒未之許。張賓進曰：“明公常恐不得王公之便，今天以其便授我矣。陳午小豎，何能爲寇？王彌人傑，將爲我害。”勒因回軍擊瑞，斬之。彌大悦，謂勒深心推奉，無復疑也。勒引師攻陳午于肥澤，[5]午司馬上黨李頭説勒曰：“公天生神武，當平定四海，四海士庶皆仰屬明公，望濟于塗炭。有與公争天下者，公不早圖之，而返攻我曹流人。我曹鄉黨，終當奉戴，何遽見逼乎！”勒心然之，詰朝引退。詭請王彌讌于己吾，[6]彌長史張嵩諫彌勿就，恐有專諸、孫峻之禍,[7]彌不從。既入，酒酣，勒手斬彌而并其衆，啓聰稱彌叛逆之狀。聰署勒鎮東大將軍、督并幽二州諸軍事、領并州刺史,[8]持節、征討都督、校尉、開府、幽州牧、公如故。

[1]東王青州：向東在青州稱王。青州，治所在臨淄縣（今山東省淄博市東北)。

[2]曹嶷：西晉人，王彌左長史、鎮東將軍，領青州刺史，與石勒通和，被授以東州大將軍、青州牧，封琅邪公，後爲石勒所殺。

[3]桑梓本邦：家鄉，故鄉。

[4]蓬關：位於今河南省開封市西南。

[5]肥澤：《讀史方輿紀要》卷四七《河南二》："肥陽城，在縣東北二十里。《城冢記》：'禹治洪水在肥澤之陽，因築此城。'"肥陽城，位於今河南省杞縣東北。

[6]己吾：縣名，本書卷一〇二《劉聰載記》："尋而石勒等殺彌於己吾而并其衆，表彌叛狀"，即此。殿本作"已營"，中華本作"已吾"，誤。

[7]專諸：春秋吴國堂邑（今江蘇省南京市六合區西北）人，被伍子胥推薦於吴公子光（即闔閭)。吴王僚十二年（前515)，吴派兵伐楚，國内軍力空虚，公子光乘機與專諸合謀行刺。公子光與吴王僚同飲，專諸將劍藏在魚腹中，以獻魚爲名將吴王僚刺殺，自己亦死。　孫峻：三國時吴郡富春（今浙江省杭州市富陽區）人，字子遠，孫堅弟孫静之曾孫。任武衛都尉、侍中。孫權卒後受遺詔輔政。歷任丞相大將軍、督中外諸軍事。

[8]督并幽二州諸軍事：并州、幽州軍事行政長官，位低於都督和監。　領：以地位較高的官員兼理較低的職務。

苟晞、王讚謀叛勒，勒害之。以將軍左伏肅爲前鋒都尉，[1]攻掠豫州諸郡，臨江而還，屯于葛陂，[2]降諸夷楚，署將軍二千石以下，税其義穀，以供軍士。

［1］前鋒都尉：統率前鋒部隊的軍事長官。

［2］屯于葛陂：陂，原本、宋本作“陵”，殿本作“陂”，據殿本、中華本校勘記改。

初，勒被鬻平原，與母王相失。至是，劉琨遣張儒送王于勒，遺勒書曰：“將軍發迹河朔，[1]席卷兖豫，飲馬江淮，折衝漢沔，[2]雖自古名將，未足爲諭。所以攻城而不有其人，略地而不有其土，翕爾雲合，忽復星散，將軍豈知其然哉？存亡決在得主，成敗要在所附；得主則爲義兵，附逆則爲賊衆。義兵雖敗，而功業必成；賊衆雖克，而終歸殄滅。昔赤眉、黄巾横逸宇宙，所以一旦敗亡者，正以兵出無名，聚而爲亂。將軍以天挺之質，威振宇内，擇有德而推崇，隨時望而歸之，勛義堂堂，長享遐貴。背聰則禍除，向主則福至。采納往誨，翻然改圖，天下不足定，蟻寇不足掃。[3]今相授侍中、持節、車騎大將軍、領護匈奴中郎將、襄城郡公，[4]總内外之任，兼華戎之號，顯封大郡，以表殊能，將軍其受之，副遠近之望也。自古已來誠無戎人而爲帝王者，至於名臣建功業者，則有之矣。今之遲想，蓋以天下大亂，當須雄才。遥聞將軍攻城野戰，合於機神，雖不視兵書，暗與孫吴同契，[5]所謂生而知之者上，學而知之者次。但得精騎五千，以將軍之才，何向不摧！

至心實事，皆張儒所具。”勒報琨曰：“事功殊途，非腐儒所聞。君當逞節本朝，吾自夷，難爲效。”遺琨名馬珍寶，厚賓其使，謝歸以絶之。

［1］河朔：古代泛指黄河以北地區。

［2］折衝：摧折敵人戰車。即制敵取勝。

［3］不足掃：掃，宋本作“埽”。下文“求掃平河朔”同。

［4］侍中：官名，東漢建安中與給事黄門侍郎出入禁中，省尚書事。曹魏時爲門下之侍中省長官。常侍衛皇帝左右，掌顧問應對、諫諍糾察、平議奏事、駁奏異議等，權力甚重。晋三品。　車騎大將軍：官名，西晋置，位在車騎將軍之上，多授予元老重臣，以示尊崇。開府置僚屬，一般不領兵。晋二品，開府位從公者一品。　護匈奴中郎將：官名，亦作使匈奴中郎將、匈奴中郎將。掌監護南匈奴事務，多以并州刺史兼任，使持節或假節。晋四品。

［5］孫吴：兵法家孫武和吴起。

勒於葛陂繕室宇，課農造舟，將寇建鄴。會霖雨歷三月不止，元帝使諸將率江南之衆大集壽春，[1]勒軍中飢疫死者太半。檄書朝夕繼至，勒會諸將計之。右長史刁膺諫勒先送款於帝，求掃平河朔，待軍退之後徐更計之。勒愀然長嘯。中堅夔安勸勒就高避水，[2]勒曰：“將軍何其怯乎！”孔萇、支雄等三十餘將進曰：“及吴軍未集，萇等請各將三百步卒，乘船三十餘道，夜登其城，斬吴將頭，得其城，食其倉米。今年要當破丹楊，[3]定江南，盡生縛取司馬家兒輩。”勒笑曰：“是勇將之計也。”各賜鎧馬一匹。顧問張賓曰：“於君計何如？”賓曰：“將軍攻陷帝都，囚執天子，殺害王侯，妻略妃主，擢將軍之髮不足以數將軍之罪，奈何復還相臣奉乎！去年誅王彌之後，不宜於此營建。天降霖雨方數百里中，示將軍不應留也。鄴有三臺之固，西接平陽，四塞山河，有喉衿之勢，宜北徙據之。伐叛懷服，河朔既定，莫有處將軍之右者。晋之保壽春，懼將軍之往擊爾，今卒聞回軍，必欣於敵去，未遑奇兵掎擊也。輜重逕從北道，大軍向壽春，輜重既過，大軍徐回，何懼進退無地乎！”勒攘袂鼓髯曰：“賓之計是也。”責刁膺曰：“君共相輔佐，當規成功業，如何便相勸降！此計應斬。然相明性怯，所以宥君。”於是退膺爲將軍，擢賓爲右長史，加中壘將軍，[4]號曰“右侯”。

[1]壽春：縣名，治所在今安徽省壽縣東南。

[2]中堅：官名，即中堅將軍。東漢末曹操置，魏晋南北朝沿置。曹魏中堅將軍率營兵，掌侍衛之責。齊王曹芳正始六年（245）曹爽毁中壘、中堅營，以兩營兵屬中領軍。嘉平中復置。晋四品。

[3]丹楊：郡名，治所在建鄴縣（今江蘇省南京市）。楊，殿本作“陽”。

[4]中壘將軍：官名，三國魏置。初領中壘營兵，正始六年曹芳解散中壘營後，僅作爲名號。晋四品。

發自葛陂，遣石季龍率騎二千距壽春。會江南運船至，獲布米數十艘，[1]將士争之，不設備。晋伏兵大發，敗季龍于巨靈口，赴水死者五百餘人，奔退百里，及于勒軍。軍中震擾，謂王師大至，勒陣以待之。晋懼有伏兵，退還壽春。勒所過路次，皆堅壁清野，采掠無所獲，軍中大飢，士衆相食。行達東燕，聞汲郡向冰有衆數千，[2]壁于枋頭，[3]勒將於棘津北渡，[4]懼冰邀之，會諸將問計。張賓進曰："如聞冰船盡在瀆中，未上枋内，可簡壯勇者千人，詭道潛渡，襲取其船，以濟大軍。大軍既濟，冰必可擒也。"勒從之，使支雄、孔萇等從文石津縛筏潛渡，勒引其衆自酸棗向棘津。[5]冰聞勒軍至，始欲内其船。會雄等已渡，屯其壘門，下船三十餘艘以濟其軍，令主簿鮮于豐挑戰，[6]設三伏以待之。冰怒，乃出軍，將戰，而三伏齊發，夾擊攻之，又因其資，軍遂豐振。長驅寇鄴，攻北中郎將劉演于三臺。[7]演部將臨深、牟穆等率衆數萬降于勒。

[1]布米：宋本乙作"米布"。

[2]汲郡：西晉始置，治所在汲縣（今河南省衛輝市西南）。

[3]枋頭：在今河南省浚縣西南淇門渡。

[4]棘津：又名石濟津、南津。位於今河南省滑縣西南古黄河上。

[5]酸棗：縣名，治所在今河南省延津縣西南。

[6]主簿：官名，開府屬官，典領文書籍簿，省録衆事，職權甚重。

[7]劉演：劉琨之兄子，任北中郎將、兖州刺史。後被石勒打敗，投奔文鴦。

時諸將佐議欲攻取三臺以據之，張賓進曰："劉演衆猶數千，三臺險固，攻守未可卒下，舍之則能自潰。王彭祖、劉越石大敵也，宜及其未有備，密規進據罕城，[1]廣運糧儲，西稟平陽，掃定并薊，[2]桓文之業可以濟也。[3]且今天下鼎沸，戰争方始，游行羈旅，人無定志，難以保萬全、制天下也。夫得地者昌，失地者亡。邯鄲、襄國，[4]趙之舊都，依山憑險，形勝之國，可擇此二邑而都之，然後命將四出，授以奇略，推亡固存，兼弱攻昧，則群凶可除，王業可圖矣。”勒曰：“右侯之計是也。”於是進據襄國。賓又言於勒曰：“今我都此，越石、彭祖深所忌也，恐及吾城池未固，資儲未廣，送死於我。聞廣平諸縣秋稼大成，可分遣諸將收掠野穀。遣使平陽，陳宜鎮此之意。”勒又然之。於是上表於劉聰，分命諸將攻冀州郡縣壘壁，率多降附，運糧以輸勒。劉聰署勒使持節、散騎常侍、都督冀幽并營四州雜夷征討諸軍事、冀州牧，[5]進封本國上黨郡公，邑五萬户，開府、幽州牧、東夷校尉如故。

[1]密規進據罕城：中華本校勘記：“《斠注》：《元和郡縣圖志》作‘宜及未至，密規進據牢城’，‘罕城’疑爲‘牢城’之譌。”

[2]掃定：掃，宋本作“埽”。　并：并州。　薊：幽州。因幽州的治所在薊，故以薊指幽州。

[3]桓：齊桓公，春秋時齊國國君，名小白，僖公之子，襄公之弟。公元前685至前643年在位。爲公子時因國家内亂出走至莒，襄公死後被迎回立爲國君。在位時任用管仲，改革内政，國力漸强。九合諸侯，尊王攘夷，成爲春秋五霸之首。　文：晋文公，名重耳，晋獻公之子，因受迫害而流亡在外十九年，歷盡艱難險阻。回國即位後改革朝政，加强軍備，國力漸强，終成春秋五霸之一。

[4]邯鄲：縣名，治所在今河北省邯鄲市西南。　襄國：縣名，治所在今河北省邢臺市。

[5]使持節：漢朝官吏奉使外出時，或由皇帝授予節杖，以提高其權力。魏晋以後，凡重要軍事長官出征或出鎮，加使持節，可誅殺二千石以下官員。　散騎常侍：官名，三國魏文帝黄初年間置，侍從皇帝左右，諫諍得失，顧問應對，與侍中等共平尚書奏事。也用作宰相、諸公等加官，入宫議政。晋三品。　都督冀幽并營四州雜夷征討諸軍事：上述四州雜夷征討的最高軍事行政長官。中華本將“雜夷”與“征討”間頓開，標點有誤。

廣平游綸、張豺擁衆數萬，受王浚假署，保據苑鄉。[1]勒使夔安、支雄等七將攻之，破其外壘。浚遣督護王昌及鮮卑段就六眷、末柸、匹磾等部衆五萬餘以討勒。[2]時城隍未修，乃於襄國築隔城重柵，設鄣以待之。[3]就六眷屯于渚陽，[4]勒分遣諸將連出挑戰，頻爲就六眷所敗，又聞其大造攻具，勒顧謂其將佐曰：“今寇來轉逼，彼衆我寡，恐攻圍不解，外救不至，内糧罄絶，縱孫吴重生，亦不能固也。吾將簡練將士，大陣於野以決之，[5]何如?”諸將皆曰：“宜固守以疲寇，彼師老自退，追而擊之，蔑不克矣。”勒顧謂張賓、孔萇曰：“君以爲何如?”賓、萇俱曰：“聞就六眷克來月上旬送死北城，其大衆遠來，戰守連日，以我軍勢寡弱，謂不敢出戰，意必懈怠。今段氏種衆之悍，末柸尤最，其卒之精勇，悉在末柸所，可勿復出戰，示之以弱。速鑿北壘爲突門二十餘道，候賊列守未定，出其不意，直衝末柸帳，敵必震惶，計不及設，所謂迅雷不及掩耳。末柸之衆既奔，餘自摧散。擒末柸之後，彭祖可指辰而定。”勒笑而納之，即以萇爲攻戰都督，造突門于北城。鮮卑入屯北壘，勒候其陣未定，躬率將士鼓譟于城上。會孔萇督諸突門伏兵俱出擊之，生擒末柸，就六眷等衆遂奔散。萇乘勝追擊，枕尸三十餘里，獲鎧馬五千匹。就六眷收其遺衆，屯于渚陽，遣使求和，送鎧馬金銀，并以末柸三弟爲質而請末柸。諸將并勸勒殺末柸以挫之，勒曰："遼西鮮卑，健國也，與我素無怨仇，爲王浚所使耳。今殺一人，結怨一國，非計也。放之必悦，不復爲王浚用矣。"於是納其質，遣石季龍盟就六眷于渚陽，結爲兄弟，就六眷等引還。使參軍閻綜獻捷于劉聰。於是游綸、張豺請降稱藩，勒將襲幽州，務養將士，權宜許之，皆就署將軍。於是遣衆寇信都，[6]害冀州刺史王象。王浚復以邵舉行冀州刺史，保于信都。

[1]苑鄉：苑鄉城，位於今河北省任縣東北。

[2]督護：官名，州郡及出鎮方面將軍府皆設，掌兵事。兩晋時常統軍征伐，衹督一軍。　段就六眷：亦作疾陸眷、段疾六眷，鮮卑段部酋帥，段務勿塵之子。　末柸：又名段末波，東部鮮卑。世爲渠帥。隨從兄疾陸眷攻打石勒，被俘。後被石勒釋放。會疾陸眷死，段匹磾奔喪，末波乘機襲擊段匹磾，自立爲單于，稱幽州刺史。柸，殿本作"杯"，本卷下文此人名同。　匹磾：段匹磾，晋鮮卑段部酋帥，段務勿塵子，本書卷六三有傳。

[3]設鄣以待之：鄣，殿本作"障"。

[4]渚陽：渚陽城，位於今河北省邢臺市東北。

[5]大陣於野：陣，殿本作"陳"。

[6]信都：縣名，治所在今河北省衡水市冀州區。

建興元年，石季龍攻鄴三臺，鄴潰，劉演奔于廩丘，[1]將軍謝胥、田青、郎牧等率三臺流人降于勒，勒以桃豹爲魏郡太守以撫之。命段末柸爲子，署爲使持節、安北將軍、北平公，[2]遣還遼西。末柸感勒厚恩，在途日南面而拜者三，段氏遂專心歸附，自是王浚威勢漸衰。

[1]廪丘：縣名，治所在今山東省鄆城縣西北。

[2]安北將軍：官名，東漢建安年間置，與安東、安南、安西將軍合稱四安將軍，爲出鎮某一地區的軍事長官，或作爲刺史等兼理軍務的加官，權任頗重。晋三品，加持節都督者二品。

勒襲苑鄉，執游綸以爲主簿。攻乞活李惲于上白，[1]斬之，將坑其降卒，見郭敬而識之，曰："汝郭季子乎？"敬叩頭曰："是也。"勒下馬執其手，泣曰："今日相遇，豈非天邪！"賜衣服車馬，署敬上將軍，悉免降者以配之。其將孔萇寇定陵，[2]害兖州刺史田徽。烏丸薄盛執渤海太守劉既，[3]率户五千降于勒。劉聰授勒侍中、征東大將軍，餘如故，拜其母王氏爲上黨國太夫人，妻劉氏上黨國夫人，章綬首飾一同王妃。

[1]乞活李惲：惲，原本無此字，作一字空白，宋本、殿本有，據宋本、殿本補。

[2]定陵：縣名，治所在今河南省舞陽縣北。

[3]渤海：郡名，西漢置，治所在浮陽縣（今河北省滄州市東南舊滄州），西晋治所在南皮縣（今河北省南皮縣東北）。

段末柸任弟亡歸遼西，[1]勒大怒，所經令尉皆殺之。

[1]遼西：郡名，治所在陽樂縣（今河北省盧龍縣東南）。

烏丸審廣、漸裳、郝襲背王浚，密遣使降于勒，勒厚加撫納。司冀漸寧，[1]人始租賦。立太學，[2]簡明經善書吏署爲文學掾，[3]選將佐子弟三百人教之。勒母王氏死，潛窆山谷，莫詳其所。既而備九命之禮，[4]虛葬于襄國城南。

[1]司冀：司州和冀州。司州，治所在洛陽縣（今河南省洛陽市東北）。

[2]太學：古代设於京城的最高學府，主要從事儒學教育。

[3]文學掾：官名，州、郡、王國、丞相府均置，主管教育。

[4]九命：即九錫。《漢書》卷六《武帝紀》顏師古注引應劭曰："一曰車馬，二曰衣服，三曰樂器，四曰朱户，五曰納陛，六曰虎賁百人，七曰鈇鉞，八曰弓矢，九曰秬鬯。此皆天子制度，尊之，故事事錫與，但數少耳。"九命，原本、殿本作"九牢"，宋本作"九命"，據宋本改。

勒謂張賓曰："鄴，魏之舊都，吾將營建。慨風俗殷雜，[1]須賢望以綏之，誰可任也？"賓曰："晋故東萊太守南陽趙彭忠亮篤敏，[2]有佐時良幹，將軍若任之，必能允副神規。"勒於是徵彭，署爲魏郡太守。彭至，入泣而辭曰："臣往策名晋室，食其禄矣。犬馬戀主，切不敢忘。誠知晋之宗廟鞠爲茂草，亦猶洪川東逝，往而不還。明公應符受命，[3]可謂攀龍之會。但受人之榮，復事二姓，臣志所不爲，恐亦明公之所不許。若賜臣餘年、全臣一介之願者，明公大造之惠也。"勒默然。張賓進曰："自將軍神旗所經，衣冠之士靡不變節，未有能以大義進退者。至如此賢，以將軍爲高祖，[4]自擬爲四公，[5]所謂君臣相知，此亦足成將軍不世之高，何必吏之。"勒大悦，曰："右侯之言得孤心矣。"於是賜安車駟馬，[6]養以卿禄，辟其子明爲參軍。勒以石季龍爲魏郡太守，鎮鄴三臺，季龍篡奪之萌兆于此矣。

[1]慨風俗殷雜：慨，宋本作"既"。

[2]東萊：郡國名，治所在掖縣（今山東省萊州市）。

[3]應符受命：符，宋本作"苻"。

[4]高祖：指漢高祖劉邦。

[5]四公：指漢初商山四皓：東園公、綺里季、夏黄公、角里先生。皆爲秦末漢初隱士，曾幫助劉盈鞏固太子地位。

[6]安車駟馬：四匹馬駕駛的可以坐乘的車子，以之延請人才，以示尊重。

時王浚署置百官，奢縱淫虐，勒有吞并之意，欲先遣使以觀察之。議者僉曰："宜如羊祜與陸抗書相聞。"[1]時張賓有疾，勒就而謀之。賓曰："王浚假三部之力，稱制南面，雖曰晋藩，實懷僭逆之志，必思協英雄，[2]圖濟事業。將軍威聲震于海内，去就爲存亡，所在爲輕重，浚之欲將軍，猶楚之招韓信也。[3]今權譎遣使，無誠款之形，脱生猜疑，圖之兆露，後雖奇略，無所設也。夫立大事者必先爲之卑，當稱藩推奉，尚恐未信，羊、陸之事，臣未見其可。"勒曰："右侯之計是也。"乃遣其舍人王子春、董肇等多賫珍寶，奉表推崇浚爲天子曰：“勒本小胡，出於戎裔，值晋綱弛御，海内飢亂，流離屯厄，竄命冀州，共相帥合，以救性命。今晋祚淪夷，遠播吴會，[4]中原無主，蒼生無繫。伏惟明公殿下，州鄉貴望，四海所宗，爲帝王者，非公復誰？勒所以捐軀命、興義兵誅暴亂者，正爲明公驅除爾。伏願殿下應天順時，踐登皇祚。勒奉戴明公，如天地父母，明公當察勒微心，慈眄如子也。”亦遺棗嵩書而厚賂之。[5]浚謂子春等曰：“石公一時英武，據趙舊都，成鼎峙之勢，何爲稱藩于孤，其可信乎？”子春對曰：“石將軍英才俊拔，士馬雄盛，實如聖旨。仰惟明公州鄉貴望，累葉重光，出鎮藩岳，威聲播于八表，固以胡越欽風，戎夷歌德，豈唯區區小府而敢不斂衽神闕者乎！昔陳嬰豈其鄙王而不王，[6]韓信薄帝而不帝者哉？但以知帝王不可以智力争故也。石將軍之擬明公，猶陰精之比太陽，[7]江河之比洪海爾。項籍、子陽覆車不遠，[8]是石將軍之明鑒，明公亦何怪乎！且自古誠胡人而爲名臣者實有之，帝王則未之有也。石將軍非所以惡帝王而讓明公也，顧取之不爲天人之所許耳。願公勿疑。”浚大悦，封子春等爲列侯，遣使報勒，答以方物。浚司馬游統時鎮范陽，[9]陰叛浚，馳使降于勒。勒斬其使，送于浚，以表誠實。浚雖不罪統，彌信勒之忠誠，無復疑矣。

［1］羊祜：字叔子，本書卷三四有傳。　陸抗：三國時吴郡吴縣（今江蘇省蘇州市）人，字幼節。陸遜子。以鎮軍大將軍都督信陵、西陵、夷道、樂鄉、公安諸軍事。與西晋荆州都督羊祜互通使

節，各保分界。

［2］必思協英雄：宋本無“必”字。

［3］韓信：秦末淮陰（今江蘇省淮安市淮陰區南）人，早年家貧，常從人寄食。後隨項羽起兵，因不受重用，轉投劉邦。受蕭何舉薦，拜大將軍。功勛卓著，爲漢初三傑之一。漢立封楚王，後貶爲淮陰侯。終爲吕后設計所殺。

［4］遠播吴會：遠遠地流亡到三吴會稽。

［5］棗嵩：字臺産，本書卷九二有傳。

［6］陳嬰：秦末人，任東陽令史。東陽少年殺其令，相聚數千人，推舉陳嬰爲王。陳嬰母對陳嬰曰：“自我爲汝家婦，未嘗聞汝先古之有貴者。今暴得大名，不祥。不如有所屬，事成猶得封侯，事敗易以亡，非世所指名也。”嬰乃不敢爲王。

［7］陰精：月亮。

［8］項籍：即項羽，名籍，字羽。　子陽：公孫述，扶風茂陵（今陝西省興平市）人，字子陽。西漢末更始政權蜀郡太守，後自立爲蜀王，旋又稱帝，建都成都，國號成家，建元龍興。後爲劉秀派兵所滅。

［9］范陽：縣名，治所在今河北省定興縣西南固城鎮。

子春等與王浚使至，勒命匿勁卒精甲，虚府羸師以示之，北面拜使而受浚書。浚遺勒麈尾，[1]勒僞不敢執，懸之于壁，朝夕拜之，云：“我不得見王公，見王公所賜如見公也。”復遣董肇奉表于浚，期親詣幽州奉上尊號，亦修箋于棗嵩，乞并州牧、廣平公，以見必信之誠也。

［1］麈尾：麈爲動物名。用其尾做的拂塵亦稱麈尾。魏晋南北朝清談時必執麈尾，相沿成習，爲名流雅器，不談時，亦常執

在手。

勒將圖浚，引子春問之。子春曰：“幽州自去歲大水，人不粒食，浚積粟百萬，不能贍恤，刑政苛酷，賦役殷煩，賊害賢良，誅斥諫士，下不堪命，流叛略盡。鮮卑、烏丸離貳于外，棗嵩、田矯貪暴于内，人情沮擾，甲士羸弊。而浚猶置立臺閣，布列百官，自言漢高、魏武不足並也。又幽州謠怪特甚，聞者莫不爲之寒心，浚意氣自若，曾無懼容，此亡期之至也。”勒撫几笑曰：“王彭祖真可擒也。”浚使達幽州，具陳勒形勢寡弱，款誠無二。浚大悦，以勒爲信然。

勒纂兵戒期，將襲浚，而懼劉琨及鮮卑、烏丸爲其後患，沉吟未發。[1]張賓進曰：“夫襲敵國，當出其不意。軍嚴經日不行，[2]豈顧有三方之慮乎？”勒曰：“然，爲之奈何？”賓曰：“彭祖之據幽州，唯仗三部，今皆離叛，還爲寇仇，此則外無聲援以抗我也。幽州飢儉，人皆蔬食，衆叛親離，甲旅寡弱，此則内無强兵以禦我也。若大軍在郊，必土崩瓦解。今三方未靖，[3]將軍便能懸軍千里以征幽州也。輕軍往返，不出二旬。就使三方有動，勢足旋趾。宜應機電發，勿後時也。且劉琨、王浚雖同名晋藩，其實仇敵。若修箋于琨，送質請和，琨必欣于得我，喜于浚滅，終不救浚而襲我也。”勒曰：“吾所不了，右侯已了，復何疑哉！”

[1]沉吟未發：發，原本、殿本作“幾”，宋本作“發”，據宋本改。

［2］軍嚴：軍隊整治行裝準備出發。

［3］三方未靖：靖，宋本作“謂”。

於是輕騎襲幽州，以火宵行。至柏人，[1]殺主簿游綸，以其兄統在范陽，[2]懼聲軍計故也。遣張慮奉箋于劉琨，陳己過深重，求討浚以自效。琨既素疾浚，乃檄諸州郡，説勒知命思愆，收累年之咎，求拔幽都，效善將來，今聽所請，受任通和。軍達易水，[3]浚督護孫緯馳遣白浚，將引軍距勒，游統禁之。浚將佐咸請出擊勒，浚怒曰：“石公來，正欲奉戴我也，敢言擊者斬！”乃命設饗以待之。勒晨至薊，[4]叱門者開門。疑有伏兵，先驅牛羊數千頭，聲言上禮，實欲填諸街巷，使兵不得發。浚乃懼，或坐或起。勒升其廳事，命甲士執浚，立之于前，使徐光讓浚曰：“君位冠元臺，[5]爵列上公，據幽都驍悍之國，跨全燕突騎之鄉，手握强兵，坐觀京師傾覆，不救天子，而欲自尊。又專任奸暴，殺害忠良，肆情恣欲，毒遍燕壤。自貽于此，非爲天也。”使其將王洛生驛送浚襄國市斬之。[6]於是分遣流人各還桑梓，[7]擢荀綽、裴憲，[8]資給車服。數朱碩、棗嵩、田矯等以賄亂政，責游統以不忠于浚，皆斬之。遷烏丸審廣、漸裳、郝襲、靳市等于襄國。焚燒浚宫殿。[9]以晋尚書劉翰爲寧朔將軍、行幽州刺史，[10]戍薊，置守宰而還。遣其東曹掾傅遘兼左長史，[11]封王浚首，獻捷于劉聰。勒既還襄國，劉翰叛勒，奔段匹磾。襄國大飢，穀二升直銀二斤，[12]肉一斤直銀一兩。劉聰以平幽州之勛，乃遣其使人柳純持節署勒大都督陝東諸軍事、驃騎大將軍、東單于，[13]侍中、使持節、開府、校尉、二州牧、公如故，加金鉦黄鉞，[14]前後鼓吹二部，[15]增封十二郡。勒固辭，受二郡而已。勒封左長史張敬等十一人爲伯、子、侯，文武進位有差。

[1]柏人：縣名，治所在今河北省隆堯縣西北。

[2]兄統在范陽：在，宋本作“其”。

[3]易水：即今中易水。源出今河北省易縣西南，東流經定興縣南、雄安新區等地。

[4]薊：縣名，治所在今北京市西南。

[5]元臺：首輔。

[6]驛送：驛，宋本作“澤”。

[7]桑梓：故鄉。

[8]荀綽：字彦舒，本書卷三九有傳。

[9]焚燒浚宫殿：浚，殿本作“晋”。

[10]尚書：官名，東漢尚書臺六曹各置尚書，秩六百石。魏晋出爲朝官，分掌尚書省諸曹，品秩提高。晋三品。　劉翰：西晋尚書，後任石勒寧朔將軍，行幽州刺史。後叛石勒，降段匹磾。　寧朔將軍：官名，西晋時多駐幽州，爲幽州地區軍政長官，兼管烏丸事務。此時駐洛陽。晋四品。　行：兼攝官職。

[11]東曹掾：官名，諸公府的僚屬，晋末爲參軍所代。

[12]穀二升直銀二斤：二斤，宋本作“一斤”。中華本校勘記：“《通鑑》八九、《御覽》三五引《三十國春秋》‘二斤’皆作‘一斤’，文較合理，疑此‘二’爲‘一’之誤。”

[13]大都督陜東諸軍事：官名，陜東地區最高軍事行政長官，加“大”字以示地位極高。　驃騎大將軍：官名，魏晋制度，驃騎將軍爲重號將軍，僅次於大將軍，高於諸名號將軍，本不需加“大”字。然兩晋時將軍名號越授越濫，遂又增置此號，居諸名號

將軍之首。多加於權臣元老，以示尊崇。開府置僚屬，不領兵。晉二品，開府位從公者一品。

[14]金鉦：古代鐲鐃一類的打擊樂器。　黄鉞：飾以黄金的斧鉞，爲皇帝儀仗。賜予出征重臣，以示威重，令其專主征伐。

[15]鼓吹：帝王及高級官員儀仗中的樂隊，由管樂和打擊樂器組成，常用來賜予有軍功的高級武官。

勒將支雄攻劉演於廩丘，爲演所敗。演遣其將韓弘、潘良襲頓丘，斬勒所署太守邵攀。支雄追擊弘等，害潘良于廩丘。劉琨遣樂平太守焦球攻勒常山，斬其太守邢泰。[1]琨司馬温嶠西討山胡，[2]勒將逯明要之，敗嶠于潞城。[3]

[1]太守邢泰：泰，宋本作“秦”。

[2]温嶠：字太真，本書卷六七有傳。　山胡：古族名。又稱稽胡、步落稽。源於南匈奴。南北朝時，居今山西省、陝西省北部山谷間。

[3]潞城：即今江蘇省常州市武進區潞城。

勒以幽冀漸平，始下州郡閲實人户，户貲二匹，租二斛。

勒將陳午以浚儀叛于勒。[1]逯明攻寧黑于茌平，降之，因破東燕酸棗而還，[2]徙降人二萬餘户于襄國。勒使其將葛薄寇濮陽，陷之，害太守韓弘。劉聰遣其使人范龕持節策命勒，賜以弓矢，加崇爲陝東伯，得專征伐，拜封刺史、將軍、守宰、列侯，歲盡集上。署其長子興爲上黨國世子，加翼軍將軍，[3]爲驃騎副貳。

[1]勒將陳午以浚儀叛于勒：中華本校勘記："《斠注》：《元帝紀》作：'陳川以浚儀叛，降於石勒。'據敦煌石室本《晋紀》，則陳午死後，其從父川大懼，以浚儀叛。是叛者陳川，非陳午也，且亦不得稱爲勒將。按：《斠注》説是，《祖逖傳》、《通鑑》九一並同《元紀》。此處'勒將'二字當在下'逯明攻甯黑於茌平'句上，《傳》本錯簡，又誤'陳川'爲'陳午'。"

[2]東燕：縣名，治所在今河南省延津縣東北。

[3]翼軍將軍：名號將軍。十六國漢置。

劉琨遣王旦攻中山，逐勒所署太守秦固。勒將劉勔距旦，敗之，執旦于望都關。[1]勒襲邵續于樂陵。[2]續盡衆逆戰，大敗而還。

[1]望都關：即飛狐陘，位於今河北省蔚縣、淶源縣界。

[2]邵續：字嗣祖，本書卷六三有傳。

章武人王昚起兵于科斗壘，[1]擾亂勒河間、渤海諸郡。[2]勒以揚武張夷爲河間太守，[3]參軍臨深爲渤海太守，各率步騎三千以鎮静之，[4]使長樂太守程遐屯于昌亭爲之聲勢。[5]

[1]章武：郡國名，治所在東平舒縣（今河北省大城縣）。王昚：昚，原本、殿本作"脊"，宋本作"昚"，據宋本改。

[2]河間：郡名，治所在樂成縣（今河北省獻縣東南）。

[3]揚武：官名，即揚武將軍。東漢光武帝時置，魏晋南北朝沿置，統兵出征。晋四品。

[4]步騎三千以鎮静之：三千，宋本、殿本作"二千"。

[5]長樂：郡名，治所在信都縣（今河北省衡水市冀州區）。昌亭：《水經注·濁漳水》："又東北過阜城縣北，又東北至昌亭，與滹沱河會。"阜城縣治所在今河北省阜城縣東。

徙平原烏丸展廣、劉哆等部落三萬餘户于襄國。

使石季龍襲乞活王平于梁城，[1]敗績而歸。又攻劉演于廩丘。支雄、逯明擊寧黑于東武陽，[2]陷之，黑赴河而死，徙其衆萬餘于襄國。邵續使文鴦救演，[3]季龍退止盧關津避之，[4]文鴦弗能進，屯于景亭。兖豫豪右張平等起兵救演。季龍夜棄營設伏于外，揚聲將歸河北。平等以爲信然，[5]入于空營。季龍回擊敗之，遂陷廩丘，演奔文鴦軍，獲演弟啓，送于襄國。演即劉琨之兄子也。勒以琨撫存其母，德之，賜啓田宅，令儒官授其經。

[1]使石季龍襲乞活王平：殿本於"襲"上有"奔"字。　梁城：梁縣城，位於今河南省汝州市南。

[2]東武陽：縣名，治所在今山東省莘縣東南。

[3]文鴦：段部鮮卑，段務勿塵子，段匹磾弟，武勇有力。

[4]盧關津：《讀史方輿紀要》卷三四《山東五》：宋祁曰："盧關津在臨黄縣東南。"臨黄縣治所在今河南省范縣西南臨黄集。

[5]平等以爲信然：殿本無"平"字。

時大蝗，中山、常山尤甚。中山丁零翟鼠叛勒，[1]攻中山、常山，[2]勒率騎討之，獲其母妻而還。鼠保于胥關，遂奔代郡。[3]

[1]丁零：古民族名。又稱“丁令”“丁靈”。漢時爲匈奴屬國，游牧於我國北部和西北部廣大地區。魏晋南北朝時有部分進入中原。

[2]攻中山、常山：宋本無“常山”二字。

[3]代郡：治所在代縣（今河北省蔚縣東北）。

勒攻樂平太守韓據于坫城，[1]劉琨遣將軍姬澹率衆十餘萬討勒，[2]琨次廣牧，[3]爲澹聲援。勒將距之，或諫曰：[4]“澹兵馬精盛，[5]其鋒不可當，宜深溝高壘以挫其鋭，攻守勢異，必獲萬全。”勒曰：“澹大衆遠來，體疲力竭，犬羊烏合，號令不齊，可一戰而擒之，何强之有！寇已垂至，胡可捨去，大軍一動，豈易中還！若澹乘我之退，顧乃無暇，焉得深溝高壘乎！此爲不戰而自滅亡之道。”立斬諫者。以孔萇爲前鋒都督，令三軍後出者斬。設疑兵於山上，分爲二伏。勒輕騎與澹戰，僞收衆而北。澹縱兵追之，勒前後伏發，夾擊，澹軍大敗，獲鎧馬萬匹，澹奔代郡，據奔劉琨。琨長史李弘以并州降于勒，[6]琨遂奔于段匹磾。勒遷陽曲、樂平户于襄國，置守宰而退。孔萇追姬澹于桑乾。[7]勒遣兼左長史張敷獻捷于劉聰。

[1]坫城：《資治通鑑》卷八九《晋紀》愍帝建興四年：“石勒圍樂平太守韓據于坫城。”胡三省注：“余按武帝泰始中，分上黨、太原置樂平郡，治沾縣。沾縣，漢屬上黨郡。魏收《地形志》，樂平縣有沾城。師古曰：沾，音他兼翻。《載記》誤作‘坫’，當讀從顔音。”

[2]姬澹：《魏書》卷二三《衛操傳》記載衛雄、姬澹事迹：

衛雄字世遠，姬澹字世雅，並勇健多計畫，西晋時任州從事。後與衛操俱入代國爲將，常隨征伐，大著威名。衛雄歷任左將軍、雲中侯。姬澹歷任信義將軍、樓煩侯。

[3]廣牧：縣名，治所在今内蒙古自治區杭錦旗西北黄河南岸。

[4]或諫曰：殿本“諫”下有“之”字。

[5]澹兵馬精盛：殿本無“馬”字。

[6]琨長史李弘：宋本無“琨”字。

[7]桑乾：桑乾水，即今山西省北部永定河上游桑乾河。

勒之征樂平也，其南和令趙領招合廣川、平原、渤海數千户叛勒，[1]奔于邵續。河間邢嘏累徵不至，亦聚衆數百以叛。勒巡下冀州諸縣，以右司馬程遐爲寧朔將軍、監冀州七郡諸軍事。[2]

[1]南和：縣名，治所在今河北省南和縣。　廣川：縣名，治所在今河北省景縣西南廣川鎮。

[2]右司馬：官名，府署高級幕僚。魏晋南北朝時王府、公府、軍府、邊郡均置司馬，有時分左、右，掌參讚軍務、管理府内武職，位僅次於長史。晋八至六品。　監冀州七郡諸軍事：冀州七郡軍事行政長官，位低於都督。

勒姊夫廣威張越與諸將蒲博，[1]勒親臨觀之。越戲言忤勒，勒大怒，叱力士折其脛而殺之。

[1]蒲（pú）博：風行於當時的賭博游戲。

孔萇攻代郡，澹死之。時司、冀、并、兖州流人數萬户在于遼西，迭相招引，人不安業。孔萇等攻馬嚴、馮䐗，久而不克。勒問計於張賓，賓對曰："馮䐗等本非明公之深仇，遼西流人悉有戀本之思。今宜班師息甲，差選良守，任之以龔遂之事，[1]不拘常制，奉宣仁澤，奮揚威武，幽冀之寇可翹足而静，遼西流人可指時而至。"勒曰："右侯之計是也。"召萇等歸，署武遂令李回爲易北都護、振武將軍、高陽太守。[2]馬嚴士衆多李潛軍人，回先爲潛府長史，素服回威德，多叛嚴歸之。嚴以部衆離貳，懼，奔于幽州，溺水而死。馮䐗率衆降于勒。回移居易京，[3]流人降者歲常數千，勒甚嘉之，封回弋陽子，邑三百户。加賓封一千户，進賓位前將軍，[4]固辭不受。

[1]龔遂：西漢山陽南平陽（今山東省鄒城市）人，字少卿。初以明經爲官，宣帝時任北海太守。在郡鼓勵農桑，百姓富實。後徵入京師，任水衡都尉。

[2]武遂：縣名，治所在今河北省武强縣西北。　易北都護：易北地區統兵武官。都，宋本作"督"。　振武將軍：官名，屬常設將軍名號，統兵。晋四品。

[3]回移居易京：京，原本、宋本作"凉"，殿本作"京"，據殿本、中華本校勘記改。

[4]前將軍：官名，漢代重號將軍之一，與左、右、後將軍並爲上卿。魏晋時常設，權位較兩漢時漸低，僅爲武官名號，略高於一般雜號將軍，不典禁兵，不與朝政。晋三品。

河朔大蝗，初穿地而生，二旬則化狀若蠶，七八日而卧，四日蜕而飛，彌亘百草，唯不食三豆及麻，并冀尤甚。

石季龍濟自長壽津，[1]寇梁國，[2]害内史荀闓。[3]劉琨與段匹磾、涉復辰、疾六眷、段末柸等會于固安，[4]將謀討勒，勒使參軍王續賫金寶遺末柸以間之。末柸既思有以報勒恩，又忻於厚賂，乃説辰眷等引還，琨、匹磾亦退如薊城。

［1］長壽津：位於今河南省濮陽市西南古黄河上。

［2］梁國：郡國名，治所在睢陽縣（今河南省商丘市）。

［3］内史：官名，西晋武帝太康十年（289）改諸王國相爲内史，掌管民政。晋五品。周家禄《晋書校勘記》認爲："晋制，以郡爲國，内史治民事，若郡太守。國除爲郡，復稱太守。然二名往往混淆，史家亦互稱之。"

［4］固安：縣名，治所在今河北省易縣東南。

邵續使兄子濟攻勒渤海，虜三千餘人而還。劉聰將趙固以洛陽歸順，恐勒襲之，遣參軍高少奉書推崇勒，請師討聰。勒以大義讓之，固深恨恚，與郭默攻掠河内、汲郡。[1]

［1］郭默：本書卷六三有傳。

段末柸殺鮮卑單于截附真，立忽跋鄰爲單于。段匹磾自幽州攻末柸，末柸逆擊敗之，匹磾奔還幽州，因害太尉劉琨，琨將佐相繼降勒。末柸遣弟騎督擊匹磾于幽州，匹磾率其部衆數千，將奔邵續，勒將石越要之于鹽山，[1]大敗之，匹磾退保幽州。越中流矢死，勒爲之屏樂三月，贈平南將軍。[2]

［1］鹽山：位於今河北省鹽山縣東南。

［2］平南將軍：官名，與平東、平西、平北將軍合稱四平將軍。多持節都督或監某一地區的軍事，有時作爲刺史等地方官員監理軍務的加官。晋三品，加持節都督者二品。

初，曹嶷據有青州，既叛劉聰，南稟王命，以建鄴懸遠，[1]勢援不接，懼勒襲之，故遣通和。勒授嶷東州大將軍、青州牧，封琅邪公。

［1］建鄴：今江蘇省南京市。

劉聰疾甚，驛召勒爲大將軍、録尚書事，[1]受遺詔輔政，勒固辭乃止。聰又遣其使人持節署勒大將軍、持節鉞，都督、侍中、校尉、二州牧、公如故，增封十郡，勒不受。聰死，其子粲襲僞位，其大將軍靳準殺粲於平陽，勒命張敬率騎五千爲前鋒以討準，勒統精鋭五萬繼之，據襄陵北原，[2]羌羯降者四萬餘落。準數挑戰，勒堅壁以挫之。劉曜自長安屯于蒲阪，[3]曜復僭號，署勒大司馬、大將軍，加九錫，[4]增封十郡，并前十三郡，進爵趙公。勒攻準于平陽小城，平陽大尹周置等率雜户六千降于勒。巴帥及諸羌羯降者十餘萬落，徙之司州諸縣。準使卜泰送乘輿服御請和，勒與劉曜競有招懷之計，乃送泰于曜，使知城内無歸曜之意，以挫其軍勢。

曜潛與泰結盟，使還平陽宣慰諸屠各。[5]勒疑泰與曜有謀，欲斬泰以速降之，諸將皆曰："今斬卜泰，準必不復降，就令泰宣漢要盟於城中，使相率誅靳準，準必懼而速降矣。"勒久乃從諸將議遣之。泰入平陽，與準將喬泰、馬忠等起兵攻準，殺之，推靳明爲盟主，遣泰及卜玄奉傳國六璽送于劉曜。勒大怒，遣令史羊升使平陽，[6]責明殺準之狀。明怒，斬升。勒怒甚，進軍攻明，明出戰，勒擊敗之，枕尸二里。明築城門堅守，不復出戰。勒遣其左長史王脩獻捷于劉曜。晋彭城内史周堅害沛内史周默，[7]以彭沛降于勒。石季龍率幽、冀州兵會勒攻平陽。劉曜遣征東劉暢救明。[8]勒命舍師于蒲上。靳明率平陽之衆奔于劉曜，曜西奔粟邑。[9]勒焚平陽宫室，使裴憲、石會修復元海、聰二墓，收劉粲已下百餘尸葬之，徙渾儀、樂器于襄國。[10]

[1]大將軍：官名，高級軍事統帥。曹魏時多以之屯駐長安，對付蜀漢，蜀漢以其爲最高軍事長官，孫吴則别置上大將軍居其上。西晋時爲八公之一，位居上公、大司馬下，三公之上。東晋時常專擅軍政事務。晋一品。　録尚書事：官名，初爲職銜名，重臣加此名義始得總知國事，綜理政務，成爲真宰相。魏晋多以公卿權重者居之，總領尚書省政務，凡重號將軍、刺史皆得命曹授用，位在三公之上。

[2]襄陵：縣名，治所在今山西省臨汾市東南古城莊。

[3]蒲阪：即蒲坂，縣名，治所在今山西省永濟市西南蒲州鎮。

[4]九錫：《漢書》卷六《武帝紀》顔師古注引應劭曰："一曰車馬，二曰衣服，三曰樂器，四曰朱户，五曰納陛，六曰虎賁百人，七曰鈇鉞，八曰弓矢，九曰秬鬯。此皆天子制度，尊之，故事

事錫與，但數少耳。”

［5］屠各：又稱休屠各、休著屠各等。匈奴部落名。後漢至西晋雜居西北沿邊諸郡。《後漢書》卷七三《公孫瓚傳》：“續爲屠各所殺。”李賢注：“屠各，胡號。”唐長孺先生對此有考論。（參見唐長孺《魏晋南北朝史論叢·魏晋雜胡考》，河北教育出版社 2000 年版）

［6］令史：官名，尚書臺、蘭臺以及諸公、開府、位從公府屬諸曹皆置的屬官，掌管文書圖籍。晋九品。

［7］彭城：彭城國，治所在彭城縣（今江蘇省徐州市）。　沛：沛國，三國魏治所在沛縣（今江蘇省沛縣），西晋時治所在相縣（今安徽省濉溪縣西北）。

［8］征東：官名，即征東將軍。東漢末置，與征西、征南、征北將軍合稱四征將軍。魏晋時多爲持節都督，出鎮方面。晋三品，加持節都督者二品。

［9］粟邑：縣名，治所在今陝西省白水縣西北。

［10］渾儀：渾，宋本作“軍”。

劉曜又遣其使人郭氾等持節署勒太宰，[1]領大將軍，進爵趙王，增封七郡，并前二十郡，出入警蹕，冕十有二旒，乘金根車，[2]駕六馬，如曹公輔漢故事，夫人爲王后，世子爲王太子。勒舍人曹平樂因使留仕於曜，[3]言於曜曰：“大司馬遣王脩等來，外表至虔，内覘大駕强弱，謀待脩之返，將輕襲乘輿。”時曜勢實殘弊，懼脩宣之。曜大怒，追氾等還，斬脩于粟邑，停太宰之授。劉茂逃歸，言王脩死故，勒大怒，誅平樂三族，贈脩太常。又知停殊禮之授，怒甚，下令曰：“孤兄弟之奉劉家，人臣之道過矣，若微孤兄弟，豈能南面稱朕哉！根基既立，便欲相圖。天不助惡，[4]使假手靳準。孤惟事君之體當資舜求瞽叟之義，[5]故復推崇令主，齊好如初，何圖長惡不悛，殺奉誠之使。帝王之起，復何常邪！趙王、趙帝，孤自取之，名號大小，豈其所節邪！”於是置太醫、尚方、御府諸令，[6]命參軍鼂讚成正陽門。俄而門崩，勒大怒，斬讚。既怒刑倉卒，尋亦悔之，賜以棺服，贈大鴻臚。[7]

[1]太宰：官名，即太師，因避司馬師名諱而改名太宰。八公之一，居上公之首，爲宰相之任。晋一品。

[2]金根車：根車，用自然圓曲的樹木做車輪裝配成的車子。黄金爲飾的根車謂金根車，帝王所乘。

[3]勒舍人曹平樂：《十六國春秋》卷一一《後趙録·石勒傳》：“修舍人曹平樂從修至粟邑，因留仕漢。”《資治通鑑》卷九一《晋紀》元帝太興二年：“修舍人曹平樂從修至粟邑，因留仕漢。”李之亮據此認爲曹平樂爲王修舍人，非石勒舍人。（參見李之亮、許華偉《〈晋書〉、〈十六國春秋〉對堪劄記》，《鄭州大學學報》1998年第3期）

[4]天不助惡：不，宋本作“下”。

[5]當資舜求瞽叟之義：“舜求瞽叟”之意不明，求，宋本作“奉”。《册府元龜》卷二二一《僭僞部·勛伐》：“事君之體，當資舜奉瞽叟之義。”奉，侍奉。《史記》卷一《五帝本紀》：“常欲殺舜，舜避逃；及有小過，則受罪。順事父及後母與弟，日以篤謹，匪有解。”

[6]太醫：官名，太醫令，侍醫之長，秦漢屬少府，西晋改隸屬宗正，東晋省宗正後改隸屬門下省。晋七品。　尚方：尚方令，尚方署長官，兩漢隸屬少府，魏晋南北朝沿置。　御府：官名，即御府令，御府長官，由士人擔任。御府爲管理工匠製作宫廷所用器

玩。隸屬光禄勛。

[7]大鴻臚：官名，九卿之一，掌賓客迎送接待，贊襄引導朝會百官等。晋三品。

平西將軍祖逖攻陳川于蓬關，[1]石季龍救川，逖退屯梁國，季龍使揚武左伏肅攻之。

[1]平西將軍：官名，與平北、平南、平東將軍合稱四平將軍，權任很重，多持節都督或監某一地區的軍事，有時亦作爲刺史等地方官員兼理軍務的加官。晋三品，加持節都督者二品。　祖逖：字士稚，本書卷六二有傳。　陳川：東晋龍驤將軍，太興二年（319）叛投石勒。

勒增置宣文、宣教、崇儒、崇訓十餘小學于襄國四門，[1]簡將佐豪右子弟百餘人以教之，且備擊柝之衛。置挈壺署，[2]鑄豐貨錢。

[1]小學：《大戴禮記·保傅》："古者年八歲而出就外舍，學小藝焉，履小節焉。"盧辯注："《白虎通》曰：'八歲入小學，十五入大學是也。'此太子之禮。《尚書大傳》曰：'公卿之太子，大夫元士嫡子，年十三始入小學，見小節而履小義；二十而入大學，見大節而踐大義。'此世子入學之期也。又曰：'十五年入小學，十八入大學者，謂諸子性晚成者，至十五入小學，其早成者，十八入大學。'《内則》曰：'十年出就外傅，居宿於外，學書計者，謂公卿以下教子於家也。'"

[2]挈壺署：官署名，掌錢幣鑄造。

河西鮮卑日六延叛于勒，石季龍討之，敗延于朔方，[1]斬首二萬級，俘三萬餘人，獲牛馬十餘萬。孔萇討平幽州諸郡。時段匹磾部衆飢散，棄其妻子，匹磾奔邵續。曹嶷遣使來聘，獻其方物，請以河爲斷。桃豹至蓬關，祖逖退如淮南。徙陳川部衆五千餘户于廣宗。

[1]朔方：郡名，治所在朔方縣（今内蒙古自治區杭錦旗北），轄境相當於今内蒙古自治區前套西北部及後套地區。

石季龍與張敬、張賓及諸將佐百餘人勸勒稱尊號，勒下書曰："孤猥以寡德，忝荷崇寵，夙夜戰惶，如臨深薄，豈可假尊竊號，[1]取譏四方！昔周文以三分之重，[2]猶服事殷朝；小白居一匡之盛，[3]而尊崇周室。況國家道隆殷周，孤德卑二伯哉！其亟止斯議，勿復紛紜。自今敢言，刑兹無赦！"乃止。

[1]竊號：竊，宋本作"絜"。

[2]周文以三分之重：《史記》卷三二《齊太公世家》：周文王"伐崇、密須、犬夷，大作豐邑。天下三分，其二歸周"。

[3]小白居一匡之盛：齊桓公一匡天下。小白，齊桓公。一匡，使天下得到匡正。《論語·憲問》："管仲相桓公，霸諸侯，一匡天下。"何晏集解引馬融曰："匡，正也。天子微弱，桓公帥諸侯以尊周室，一正天下。"

勒又下書曰："今大亂之後，律令滋煩，其采集律令之要，爲施行條制。"於是命法曹令史貫志造《辛亥制度》五千文，施行十餘歲，乃用律令。晋太山太守徐龕叛降于勒。[1]

[1]太山：郡名，治所在奉高縣（今山東省泰安市東）。　徐龕：東晉太山太守，太興二年（319）以郡叛，自號兗州刺史。數次降而復叛。

石季龍及張敬、張賓、左右司馬張屈六、程遐文武等一百二十九人上疏曰："臣等聞有非常之度，必有非常之功；有非常之功，必有非常之事。是以三代陵遲，[1]五伯迭興，[2]静難濟時，績侔睿后。[3]伏惟殿下天縱聖哲，誕應符運，鞭撻宇宙，弼成皇業，普天率土，[4]莫不來蘇，[5]嘉瑞徵祥，日月相繼，物望去劉氏、威懷于明公者十分而九矣。[6]今山川夷静，星辰不孛，[7]夏海重譯，天人係仰，[8]誠應升御中壇，即皇帝位，使攀附之徒蒙寸尺之潤。請依劉備在蜀、魏王在鄴故事，以河内、魏、汲、頓丘、平原、清河、鉅鹿、常山、中山、長樂、樂平十一郡，并前趙國、廣平、陽平、章武、渤海、河間、上黨、定襄、范陽、漁陽、武邑、燕國、樂陵十三郡，[9]合二十四郡、户二十九萬爲趙國。[10]封内依舊改爲内史，準《禹貢》、魏武復冀州之境，[11]南至盟津，[12]西達龍門，[13]東至于河，北至于塞垣。[14]以大單于鎮撫百蠻。罷并、朔、司三州，[15]通置部司以監之。伏願欽若昊天，垂副群望也。"勒西面而讓者五，南面而讓者四，百寮皆叩頭固請，[16]勒乃許之。

[1]陵遲：衰落。

[2]五伯：春秋五霸：齊桓公、晉文公、宋襄公、楚莊公、秦

繆公。一説爲齊桓公、宋襄公、晋文公、秦穆公、吴王夫差。

[3]績侔睿后：功績與聖明的君主相當。

[4]普天率土：土，殿本作"士"。

[5]來蘇：謂因其來而於困苦中獲得蘇息。

[6]物望：民心，衆望。

[7]星辰不孛：孛，宋本作"勃"。

[8]天人係仰：係，殿本作"繫"。

[9]趙國：郡國名，治所在房子縣（今河北省高邑縣西南）。　定襄：郡名，治所在盛樂縣（今内蒙古自治區奈曼旗土城子鄉古城）。　漁陽：郡名，治所在漁陽縣（今北京市密雲區西南）。　武邑：縣名，治所在今河北省武邑縣。　燕國：郡國名，治所在薊縣（今北京市西南）。

[10]二十四郡：二，殿本作"三"。　户二十九萬爲趙國：中華本校勘記："《御覽》一二〇引《前趙録》作'十九萬'。"

[11]《禹貢》：《尚書》中的篇名，用自然分區方法，把全國分爲九州，記述了當時中國的地理情況以及政區制度，對黄河流域的山川、藪澤、土壤、物産、貢賦、交通有較詳的記載，是中國最早的一部地理著作。

[12]盟津：孟津，又名富平津。位於今河南省孟州市西南黄河上。

[13]龍門：位於今山西省河津市西北、陝西省韓城市東北黄河上。又稱禹門口。

[14]塞垣：指長城。

[15]朔：朔州，治所在朔方縣（今内蒙古自治區杭錦旗北）。

[16]百寮：寮，宋本作"僚"。

晋書　卷一〇五

載記第五

石勒下 子弘 張賓

石勒下

太興二年，勒僞稱趙王，赦殊死已下，均百姓田租之半，賜孝悌力田死義之孤帛各有差，孤老鰥寡穀人三石，大酺七日。[1]依春秋列國、漢初侯王每世稱元，改稱趙王元年。始建社稷，[2]立宗廟，[3]營東西宫。[4]署從事中郎裴憲、參軍傅暢、杜嘏並領經學祭酒，[5]參軍續咸、庾景爲律學祭酒，[6]任播、崔濬爲史學祭酒。[7]中壘支雄、游擊王陽並領門臣祭酒，[8]專明胡人辭訟，以張離、張良、劉群、劉謨等爲門生主書，[9]司典胡人出内，重其禁法，不得侮易衣冠華族。號胡爲國人。遣使循行州郡，勸課農桑。加張賓大執法，[10]專總朝政，位冠寮首。署石季龍爲單于元輔、都督禁衛諸軍事，[11]署前將軍李寒領司兵勛，[12]教國子擊刺戰射之法。命記室佐明楷、程機撰《上黨國記》，[13]中大夫傅彪、賈蒲、江軌撰《大將軍起居注》，參軍石泰、石同、石謙、孔隆撰《大單于志》。自是朝會常以天子禮樂饗其群下，威儀冠冕從容可觀矣。群臣議請論功，勒曰："自孤起軍，十六年于兹矣。文武將士從孤征伐者，莫不蒙犯矢石，備嘗艱阻，其在葛陂之役，厥功尤著，宜爲賞之先也。若身見存，爵封輕重隨功位爲差，死事之孤，賞加一等，庶足以慰答存亡，申孤之心也。"又下書禁國人不聽報嫂及在喪婚娶，其燒葬令如本俗。

[1]大酺：大宴。

[2]社稷：祭祀土神和穀神的場所。

[3]宗廟：爲當時國都的標志。《三國志》卷二五《魏書·高堂隆傳》載高堂隆説："凡帝王徙都立邑，皆先定天地社稷之位，敬恭以奉之。將營宫室，則宗廟爲先，厩庫爲次，居室爲後。"《魏書》卷六〇《韓麒麟附韓顯宗傳》載韓顯宗説："《春秋》之義，有宗廟曰都。"

[4]東西宫：宫，殿本作"官"。

[5]參軍：官名，亦作參軍事，謂參謀軍事。兩晋公府、軍府皆置。　傅暢：字世道，本書卷四七有傳。　經學祭酒：官名，十六國後趙置，負責經學教育。

[6]律學祭酒：官名，十六國後趙置，掌司法律令等事務。

[7]史學祭酒：官名，十六國後趙置，掌史書編纂管理。

[8]中壘：官名，即中壘將軍。三國魏置，初領中壘營兵，正始六年（245）曹芳解散中壘營後，僅作爲名號。十六國後趙亦置。晋四品。　游擊：官名，即游擊將軍。禁軍將領，與驍騎將軍分領命中虎賁，掌宿衛之任。隸屬中領軍（領軍將軍）。晋四品。　門臣祭酒：官名，十六國後趙置，掌胡人辭訟。

[9]門生主書：官名，十六國後趙置，司典胡人出内，重其禁法，不得侮易衣冠華族。

[10]大執法：官名，十六國後趙置，專總朝政，位冠僚首。

[11]石季龍：即石虎，字季龍，本書卷一〇六有載記。　單于元輔：十六國後趙置，國家首輔，權勢極重。　都督禁衛諸軍事：禁衛軍最高統帥。

[12]前將軍：官名，漢代重號將軍之一，與左、右、後將軍並爲上卿。魏晋時常設，權位較兩漢時漸低，僅爲武官名號，略高於一般雜號將軍，不典禁兵，不與朝政。晋三品。　司兵勛：官名，十六國後趙置，掌訓練國子生武事。

[13]命記室佐明楷、程機撰《上黨國記》：中華本校勘記："《史通·正史篇》叙石趙修史諸人有程陰、徐機。《斠注》：《冉閔載記》有尚書令徐機，疑即修史之人。此作'程機'，或因'程陰'而誤。按：當是'程'下脱'陰徐'二字。"

孔萇攻邵續别營十一，皆下之。續尋爲石季龍所獲，送于襄國。劉曜將尹安、宋始據洛陽，降于勒。

晋徐州刺史蔡豹敗徐龕于檀丘，[1]龕遣使詣勒，陳討豹之計。勒遣將王步都爲龕前鋒，使張敬率騎繼之。敬達東平，[2]龕疑敬之襲己也，斬步都等三百餘人，復降于晋。勒大怒，命張敬據其襟要以守之。

[1]檀丘：地名，在今山東省泗水縣東南。

[2]東平：縣名，治所在今山東省東平縣東。

大雨霖，中山、常山尤甚，滹沱泛溢，[1]衝陷山谷，巨松僵拔，[2]浮于滹沲，東至渤海，原隰之間皆如山積。

［1］滹沱：即今滹沱河，源出山西五臺山，曲折東南流，穿太行山脉，流入河北平原。

［2］巨松僵拔：松，宋本作“材”。

孔萇攻陷文鴦十餘營，萇不設備，鴦夜擊之，大敗而歸。

勒始制軒懸之樂，[1]八佾之舞，[2]爲金根大輅，[3]黄屋左纛，[4]天子車旗，禮樂備矣。

［1］軒懸之樂：古代諸侯陳列樂器三面懸掛。《周禮·春官·小胥》：“正樂縣之位，王宮縣，諸侯軒縣。”鄭玄注：“鄭司農云：‘宮縣四面縣，軒縣去其一面，判縣又去其一面，特縣又去其一面。四面象宮室四面有墻，故謂之宮縣。軒縣三面，其形曲，故《春秋傳》曰“請曲縣繁纓以朝”，諸侯禮也。故曰惟器與名不可以假人。’玄謂軒縣去南面辟王也。”

［2］八佾：古代天子用的一种乐舞。佾，舞列，纵横都是八人，共六十四人。

［3］金根：金根車。用自然圓曲的樹木做車輪裝配成的車子稱根車。黄金爲飾的根車謂金根車，帝王所乘。　大輅：大輅：玉輅。古時天子所乘之車。《尚書·顧命》：“大輅在賓階面。”孔安國傳：“大輅，玉。”孔穎達疏：“《周禮》巾車‘掌王之五輅’，玉輅、金輅、象輅、革輅、木輅，是爲五輅也。此經所陳四輅必是《周禮》五輅之四。大輅，輅之最大，故知大輅玉輅也。”

［4］黄屋：皇帝的車乘。青蓋，黄裹，謂之黄屋。　左纛：古代皇帝乘輿上的饰物，以犛牛尾或雉尾製成，设在車衡左边或左騑上。《史記》卷七《項羽本紀》：“紀信乘黄屋，車傅左纛。”裴駰集解：“李斐曰：‘纛，毛羽幢也，在乘輿車衡左方上注之。’蔡邕曰：‘以犛牛尾爲之，如斗，或在騑頭，或在衡上也。’”

使石季龍率步騎四萬討徐龕，龕遣長史劉霄詣勒乞降，送妻子爲質，納之。時蔡豹屯于譙城，[1]季龍攻豹，豹夜遁，季龍引軍城封丘而旋。[2]

[1]時蔡豹屯于譙城：中華本校勘記："《蔡豹傳》，豹先屯下邳，進據卞城，欲逼徐龕，而石虎軍在鉅平，亦欲取龕。徐龕在東莞，今山東沂水縣，卞城在今泗水縣，鉅平今泰安縣，地望相接。譙城今安徽亳縣，遠在東莞西南，與蔡豹行軍道路不合。屯譙城者乃祖逖，石虎攻譙，見《元紀》建武元年及《祖逖傳》。《載記》誤合二事爲一。"

[2]封丘：縣名，治所在今河南省封丘縣。

徙朝臣掾屬已上士族者三百户于襄國崇仁里，置公族大夫以領之。勒宫殿及諸門始就，制法令甚嚴，諱胡尤峻。有醉胡乘馬突入止車門，[1]勒大怒，謂宫門小執法馮翥曰："夫人君爲令，尚望威行天下，况宫闕之間乎！向馳馬入門爲是何人，而不彈白邪？"翥惶懼忘諱，對曰："向有醉胡乘馬馳入，[2]甚呵禦之，而不可與語。"勒笑曰："胡人正自難與言。"[3]恕而不罪。

[1]止車門：《資治通鑑》卷四七《漢紀》章和二年胡三省注："漢制，太子諸王至司馬門皆下車，故謂止車門。"

[2]向：剛才。

[3]正自：的確。

使石季龍擊託候部掘咄哪於岍北，[1]大破之，俘獲牛馬二十餘萬。

[1]託候部：託，宋本作“記”。　岍北：岍山之北。岍山，位於今陝西省隴縣西南。

勒清定五品，[1]以張賓領選。復續定九品。[2]署張班爲左執法郎，孟卓爲右執法郎，典定士族，副選舉之任。令群寮及州郡歲各舉秀才、至孝、廉清、賢良、直言、武勇之士各一人。置署都部從事各一部一州，[3]秩二千石，職準丞相司直。[4]

[1]五品：九品官階中的第五品。此指五品以上的官員。由張賓領選。

[2]九品：此指九品以上五品以下的官員。由左右執法郎負責選舉。

[3]置署都部從事各一部一州：中華本校勘記：“《册府》二二九、《通志》一八七無‘署’字。”部，宋本作“州”。

[4]丞相司直：省稱司直，掌佐丞相舉不法。漢武帝時初置，東漢隸屬司徒。建武十一年（35）省。建安八年（203）復置，掌督京師百官。九年，詔司直比司隸校尉，坐同席。曹操任司空，置司空司直，與丞相司直同。晉朝不常置，如權臣爲相則多置之。

勒下令曰：“去年水出巨材，所在山積，將皇天欲孤繕修宫宇也！[1]其擬洛陽之太極起建德殿。”遣從事中郎任汪帥使工匠五千采木以供之。黎陽人陳武妻一産三男一女，武携其妻子詣襄國上書自陳。勒下書以爲二儀諧暢，和氣所致，賜其乳婢一口，穀一百石，雜彩四十匹。

[1]將：大概，恐怕。

石季龍攻段匹磾于厭次。[1]孔萇討匹磾部内諸城，陷之。匹磾勢窮，乃率其臣下輿櫬出降。季龍送之襄國，勒署匹磾爲冠軍將軍，以其弟文鴦、亞將衛麟爲左右中郎將，[2]皆金章紫綬。[3]散諸流人三萬餘户，復其本業，置守宰以撫之，於是冀、并、幽州、遼西巴西諸屯結皆陷於勒。[4]

[1]段匹磾：晋鮮卑段部酋帥，段務勿塵子，本書卷六三有傳。厭次：縣名，治所在今山東省惠民縣東桑落墅。

[2]文鴦：段部鮮卑，段務勿塵子，段匹磾弟，武勇有力。左右中郎將：官名，光禄勛屬官。西漢時與五官、右中郎將分領中郎，更值宿衛，協助光禄勛考核管理郎官、謁者、從官。魏晋初不設五官、左、右三郎署，其官仍置，但職位漸輕。晋四品。

[3]金章紫綬：黄金印章紫色綬帶。

[4]遼西：郡名，治所在陽樂縣（今河北省盧龍縣東南）。巴西諸屯結皆陷於勒：中華本校勘記："'巴西'遠不相及，'巴'當是'已'之訛，今不標。"

時晋征北將軍祖逖據譙，[1]將平中原。逖善於撫納，自河以南多背勒歸順。勒憚之，不敢爲寇，乃下書曰："祖逖屢爲邊患。逖，北州士望也，儻有首丘之思。[2]其下幽州，修祖氏墳墓，爲置守冢二家。冀逖如趙他感恩，[3]輟其寇暴。"逖聞之甚悦，遣參軍王愉使於勒，贈以方物，修結和好。勒厚賞其使，[4]遣左常侍董樹報聘，以馬百匹、金五十斤答之。自是兖豫乂安，[5]人得休息矣。

[1]征北將軍：官名，與征東、征西、征南將軍合稱四征將軍。三國魏蜀吴、兩晋皆置，出鎮方面，地位顯要。晋三品，加持節都督者二品。　祖逖：字士稚，本書卷六二有傳。　譙：縣名，治所在今安徽省亳州市。

[2]首丘之思：《禮記·檀弓上》："古之人有言曰：'狐死正丘首'，仁也。"鄭玄注："正丘首，正首丘也。"孔穎達疏："所以正首而向丘者，丘是狐窟穴根本之處，雖狼狽而死，意猶向此丘。"此作故鄉之思。

[3]趙他：亦作趙佗。秦亡後自立爲南越武王，漢高帝派陸賈立之爲南越王。高帝死後趙佗稱帝。文帝再派陸賈出使南越撫慰，趙佗乃上書稱臣，去帝號。他，殿本作"施"。

[4]厚賞其使：賞，宋本作"賓"。

[5]乂安：太平，安定。

從事中郎劉奥坐營建德殿井木斜縮，斬于殿中。勒悔之，贈太常。[1]

[1]太常：官名，漢代稱奉常，本掌禮樂宗廟、社稷祭祀，魏晋時此職掌歸尚書裁定，太常成爲閑職。晋三品。

建德校尉王和掘得員石，[1]銘曰："律權石，重四鈞，同律度量衡，有新氏造。"議者未詳，或以爲瑞。參軍續咸曰："王莽時物也。"其時兵亂之後，典度堙滅，遂命下禮官爲準程定式。又得一鼎，容四升，[2]中有大錢三十文，曰："百當千，千當萬。"[3]鼎銘十三字，篆書不可曉，藏之於永豐倉。因此令公私行錢，而人情不樂，乃出公絹市錢，限中絹匹一千二百，下絹八百。然百姓私買中絹四千，下絹二千，巧利者賤買私錢，貴賣於官，坐死者十數人，而錢終不行。勒徙洛陽銅馬、翁仲二于襄國，[4]列之永豐門。

[1]建德校尉：領兵征戰的雜號校尉，地位略次於中郎將，高於都尉。

[2]容四升：升，宋本作“斗”。中華本校勘記：“毛本、局本‘升’下注‘元作“斗”’。”

[3]百當千，千當萬：中華本校勘記：“《御覽》八三六引《後趙録》作‘當千，當萬’。”

[4]翁仲：《淮南子·氾論訓》：“秦之時，高爲臺榭，大爲苑囿，遠爲馳道，鑄金人。”高誘注：“秦皇帝二十六年，初兼天下，有長人見於臨洮，其高五丈，足迹六尺。仿寫其形，鑄金人以象之，翁仲、君何是也。”

祖逖牙門童建害新蔡内史周密，[1]遣使降于勒。勒斬之，送首于祖逖，曰：“天下之惡一也。叛臣逃吏，吾之深仇，將軍之惡，猶吾惡也。”逖遣使報謝。自是兖豫間壘壁叛者，逖皆不納，二州之人率多兩屬矣。

[1]牙門：官名，牙門將省稱，三國魏晋南北朝皆置，統兵武職，位在裨將軍下、郡守上。晋五品。

勒令武鄉耆舊赴襄國。[1]既至，勒親與鄉老齒坐歡飲，語及平生。初，勒與李陽鄰居，歲常争麻池，[2]迭相歐擊。[3]至是，謂父老曰："李陽，壯士也，何以不來？漚麻是布衣之恨，孤方崇信于天下，寧仇匹夫乎！"乃使召陽。既至，勒與酣謔，[4]引陽臂笑曰："孤往日厭卿老拳，卿亦飽孤毒手。"因賜甲第一區，拜參軍都尉。[5]令曰："武鄉，吾之豐沛，[6]萬歲之後，魂靈當歸之，其復之三世。"勒以百姓始復業，資儲未豐，於是重制禁釀，郊祀宗廟皆以醴酒，行之數年，無復釀者。

[1]耆舊：德高望重的老者。

[2]歲常争麻池：池，原本、殿本作"地"，宋本作"池"，據宋本改。中華本校勘記："《類聚》一九、《御覽》三九一引《中興書》、四九六引《勒别傳》、《通鑑》九一'麻池'上並有'漚'字。疑此脱'漚'字。"

[3]迭相歐擊：歐，原本、宋本、殿本作"歐"，中華本作"毆"，即"驅"的異體。"歐"應是"毆"形誤。

[4]酣謔：歡飲調笑。

[5]拜參軍都尉：中華本校勘記："《御覽》三九一引《中興書》'參軍'作'奉車'。按：'參軍都尉'不聞有此官，疑當作'奉車'，形近而訛。"

[6]豐沛：劉邦的家鄉。此石勒自比劉邦，故言。

尋署石季龍爲車騎將軍，率騎三萬討鮮卑鬱粥于離石，[1]俘獲及牛馬十餘萬，鬱粥奔烏丸，悉降其衆城。

[1]離石：縣名，治所在今山西省吕梁市離石區。

先是，勒世子興死，至是，立子弘爲世子，領中領軍。[1]

[1]中領軍：官名，東漢建安中曹操改領軍置。與中護軍皆典禁兵，屬丞相府。晉三品。

遣季龍統中外精卒四萬討徐龕，龕堅守不戰，於是築室返耕，[1]列長圍以守之。晉鎮北將軍劉隗降于勒，[2]拜鎮南將軍，[3]封列侯。石季龍攻陷徐龕，送之襄國，勒囊盛於百尺樓自上撲殺之，令步都等妻子刳而食之，坑龕降卒三千。晉兗州刺史劉遐懼，[4]自鄒山退屯于下邳。[5]琅邪内史孫默以琅邪叛降于勒。[6]徐兗間壘壁多送任請降，皆就拜守宰。

[1]築室返耕：《左傳・宣公十五年》：楚莊王率軍攻打宋國，久攻不下，又聽説晉國準備援助宋國，便想撤兵。申叔獻計在城外建造營房，讓逃跑的農民回來種田，以示楚軍不走的決心，宋國必定會屈服。莊王采納了這一建議。

[2]鎮北將軍：官名，東漢建安年間置，與鎮西、鎮南、鎮東將軍合稱四鎮將軍，多爲持節都督，出鎮方面。曹魏二品。晉三品，加持節都督者二品。　劉隗：字大連，本書卷六九有傳。

[3]鎮南將軍：官名，與鎮東、鎮西、鎮北將軍合稱四鎮將軍。多爲持節都督，出鎮方面。晉三品。

[4]劉遐：字正長，本書卷八一有傳。

[5]自鄒山退屯于下邳：中華本校勘記："《商榷》：《帝紀》作兗州刺史郗鑒自鄒山退守合肥，《郗鑒傳》亦云然，此作'劉遐'疑誤。按：《紀瞻傳》、《通鑑》九一略同《紀》文，《商榷》説是。"

[6]琅邪：封國名，東晋僑置於今江蘇省南京市栖霞區。

清河張披爲程遐長史，[1]遐甚委昵之，張賓舉爲别駕，[2]引參政事。遐疾披去己，又惡賓之權盛。勒世子弘，即遐之甥也，自以有援，欲收威重於朝，乃使弘之母譖之曰："張披與張賓爲游俠，門客日百餘乘，物望皆歸之，非社稷之利也，宜除披以便國家。"勒然之。至是，披取急召不時至，[3]因此遂殺之。賓知遐之間己，遂弗敢請。無幾，以遐爲右長史，總執朝政，自是朝臣莫不震懼，赴于程氏矣。

[1]清河：即清河郡，治所在清河縣（今山東省臨清市東北）。

[2]别駕：官名，别駕從事、别駕從事史省稱。州部佐官，因從刺史行部，别乘傳車，故稱。位居州吏之右。

[3]取急：趕辦私事而請假。

時祖逖卒，勒始侵寇邊戍。勒征虜石他敗王師于酇西，[1]執將軍衛榮而歸。征北將軍祖約懼，[2]退如壽春。勒境内大疫，死者十二三，乃罷徽文殿作。遣其將王陽屯于豫州，有闚闟之志，於是兵難日尋，梁鄭之間騷然矣。

[1]征虜：即征虜將軍，既是武官名，也作爲高級文職官員的加官。晋三品。　酇西：酇縣之西。酇，酇縣，治所在今河南省永城市西北酇城鎮。

[2]祖約：字士少，祖逖同母弟，本書卷一〇〇有傳。

又遣季龍統中外步騎四萬討曹嶷。先是，嶷議欲徙海中，保根余山，[1]會疾疫甚，計未及就。季龍進兵圍廣固，[2]東萊太守劉巴、長廣太守吕披皆以郡降。[3]以石他爲征東將軍，[4]擊羌胡于河西。[5]左軍石挺濟師于廣固，曹嶷降，送于襄國。勒害之，坑其衆三萬。季龍將盡殺嶷衆，其青州刺史劉徵曰："今留徵，使牧人也；無人焉牧，徵將歸矣。"季龍乃留男女七百口配徵，鎮廣固。青州諸郡縣壘壁盡陷。

[1]根余山：位於今江蘇省連雲港市境内。

[2]廣固：廣固城，位於今山東省青州市西北。

[3]長廣：郡名，治所在不其縣（今山東省即墨市西南）。

[4]征東將軍：官名，東漢末置，與征西、征南、征北將軍合稱四征將軍。魏晋時多爲持節都督，出鎮方面。晋三品，加持節都督者二品。

[5]河西：地區名，今甘肅、青海二省之間黄河南段以西地區，即河西走廊、湟水流域一帶。

勒司州刺史石生攻晋揚武將軍郭誦于陽翟，[1]不克，進寇襄城，[2]俘獲千餘而還。

[1]司州刺史：州，原本、殿本作"馬"，宋本作"州"，據宋本改。 揚武將軍：官名，統兵出征。晋四品。 陽翟：縣名，治所在今河南省禹州市。

[2]襄城：縣名，治所在今河南省許昌市襄城縣。

勒以參軍樊坦清貧，擢授章武内史。既而入辭，勒見坦衣冠弊壞，大驚曰：“樊參軍何貧之甚也！”坦性誠朴，率然而對曰：“頃遭羯賊無道，資財蕩盡。”勒笑曰：“羯賊乃爾暴掠邪！今當相償耳。”坦大懼，叩頭泣謝。勒曰：“孤律自防俗士，不關卿輩老書生也。”賜車馬衣服裝錢三百萬，以勵貪俗。

勒將兵都尉石瞻寇下邳，[1]敗晉將軍劉長，遂寇蘭陵，[2]又敗彭城内史劉續。[3]東莞太守竺珍、東海太守蕭誕以郡叛降于勒。[4]

[1]將兵都尉：官名，晉朝置，領兵。多爲戰時臨時設置。　下邳：縣名，治所在今江蘇省睢寧縣古邳鎮東。

[2]蘭陵：郡名，治所在氶縣（今山東省棗莊市嶧城區）。

[3]彭城：彭城國，治所在彭城縣（今江蘇省徐州市）。

[4]東莞：郡名，東漢建安初置，治所在今山東省沂水縣東北，西晋元康間移治莒縣（今山東省莒縣）。　東海：郡名，治所在郯縣（今山東省郯城縣北）。

勒親臨大小學，考諸學生經義，尤高者賞帛有差。勒雅好文學，雖在軍旅，常令儒生讀史書而聽之，每以其意論古帝王善惡，朝賢儒士聽者莫不歸美焉。嘗使人讀《漢書》，聞酈食其勸立六國後，[1]大驚曰：“此法當失，何得遂成天下！”至留侯諫，[2]乃曰：“賴有此耳。”其天資英達如此。

[1]酈食其：秦末陳留高陽（今河北省高陽縣東）人。好讀書，家貧落魄，無衣食業。爲里監門，皆謂之狂生。劉邦起兵後乃前往投靠，幫助劉邦拿下陳留，劉邦號之爲廣野君。後憑口舌下齊

七十餘城。韓信帶兵夜渡河襲齊。齊王田廣聞漢兵至，以爲酈食其出賣自己，乃將其烹殺。

［2］留侯：張良，秦末人，字子房，韓國貴族後裔。隨劉邦起兵反秦，爲重要謀士。屢出奇策，被劉邦譽爲“運籌帷幄之中，決勝千里之外”。劉邦稱帝後封爲留侯。

勒徵徐、揚州兵，[1]會石瞻于下邳，劉遐懼，又自下邳奔于泗汭。[2]

［1］徐：徐州，治所在彭城縣（今江蘇省徐州市）。　揚：揚州，三國魏吴各置揚州，魏治所在壽春縣（今安徽省壽縣），吴治所在建業縣（今江蘇省南京市）。西晋統一後復合，治所在建鄴縣（今江蘇省南京市）。

［2］泗汭：位於今山東省微山縣境内。

石生攻劉曜河内太守尹平于新安，[1]斬之，克壘壁十餘，降掠五千餘户而歸。自是劉、石禍結，兵戈日交，河東、弘農間百姓無聊矣。[2]

［1］河内：内，宋本作“南”。　新安：縣名，治所在今河南省澠池縣東。

［2］河東：郡名，治所在安邑縣（今山西省夏縣西北禹王城）。　弘農：郡名，治所在弘農縣（今河南省靈寶市）。

以右常侍霍皓爲勸課大夫，[1]與典農使者朱表、典勸都尉陸充等循行州郡，[2]核定户籍，勸課農桑。農桑最修者賜爵五大夫。

[1]右常侍：王國、公國屬官。掌侍從左右，贊相禮儀，獻替諫諍，員額依國之大小不等。晋八品。　勸課大夫：官名，十六國後趙置，掌核定户籍，勸課農桑。

[2]典農使者：官名，十六國後趙置，職掌與勸課大夫同。　典勸都尉：官名，十六國後趙置，職掌與勸課大夫同。

使石生自延壽關出寇許潁，[1]俘獲萬餘，降者二萬，生遂攻陷康城。[2]晋將軍郭誦追生，生大敗，死者千餘。生收散卒，屯于康城。勒汲郡内史石聰聞生敗，馳救之，進攻郭默，俘獲男女二千餘人。石聰攻敗晋將李矩、郭默等。[3]

[1]延壽關：位於今河南省鞏義市南。一作延壽城。　許潁：即許昌，因其爲潁川郡治，故稱。

[2]康城：縣名，治所在今河南省禹州市西北。

[3]李矩：字世迴，本書卷六三有傳。

勒將狩於近郊，主簿程琅諫曰："劉馬刺客，[1]離布如林，[2]變起倉卒，帝王亦一夫之敵耳。孫策之禍可不慮乎！[3]且枯木朽株盡能爲害，馳騁之弊，今古戒之。"勒勃然曰："吾幹力自可，足能裁量。但知卿文書事，不須白此輩也。"是日遂獸，馬觸木而死，勒亦幾殆，乃曰："不用忠臣言，吾之過也。"乃賜琅朝服錦絹，爵關内侯。於是朝臣謁見，忠言競進矣。

[1]劉馬：指前趙和東晋政權。前趙主姓劉，東晋主姓司馬，故言。

［2］離布如林：分布如林。

［3］孫策之禍：孫策，東漢末吴郡富春（今浙江省杭州市富陽區）人，字伯符，孫堅長子。《三國志》卷四六《吴書·孫破虜討逆傳》注引《江表傳》載：孫策性好獵，將步騎數出。所乘馬精駿，驅馳逐鹿，隨從騎不能及。遇吴郡太守許貢奴客，因許貢被孫策所殺，奴客爲許貢報仇，故將孫策射殺。

晋都尉魯潜叛，[1]以許昌降於勒。石瞻攻陷晋兖州刺史檀斌于鄒山，[2]斌死之。勒西夷中郎將王勝襲殺并州刺史崔琨、上黨内史王眘，[3]以并州叛于勒。先是，石季龍攻劉曜將劉岳于石梁，[4]至是，石梁潰，執岳送襄國。季龍又攻王勝于并州，[5]殺之。[6]李矩以劉岳之敗也，懼，自滎陽遁歸。矩長史崔宣率矩衆二千降于勒。於是盡有司兖之地，徐豫濱淮諸郡縣皆降之。

［1］都尉：官名，統兵武職，不常置。　魯潜：十六國後趙人。1998年4月，河南省安陽市安豐鄉西高穴村西北村民起土制磚時發現其墓志，墓志曰："趙建武十一年，大歲在乙巳十一月丁卯朔，故大僕卿、駙馬都尉、勃海趙安縣魯潜年七十五，字世甫，以其年九月廿一日戊子卒，七日癸酉葬。墓在高决橋陌西行一千四百廿步，南下去陌一百七十步，故魏武帝陵西北角西行卌三步，北回至墓明堂二百五十步。師上党解建字子泰所安。墓入四丈，神道南向。"

［2］石瞻攻陷晋兖州刺史檀斌于鄒山：中華本校勘記："《明紀》，'石瞻'作'石良'，'檀斌'作'檀贇'。'斌''贇'通，石良又見《李矩傳》。"

［3］西夷中郎將：官名，十六國後趙置，掌監護西部地區少數民族事務。

[4]石梁：石梁塢，位於今河南省洛陽市東北漢魏洛陽城東。

[5]王勝：勝，宋本作"騰"。

[6]殺之：殺，宋本作"斬"。

勒命徙洛陽晷影于襄國，列之單于庭。銘佐命功臣三十九人于石函，置于建德前殿。立桑梓苑于襄國。

勒嘗夜微行，檢察營衛，賫繒帛金銀以賂門者求出。永昌門門候王假欲收捕之，從者至，乃止。旦召假以爲振忠都尉，[1]爵關内侯。勒如苑鄉，召記室參軍徐光，[2]光醉不至。以光物情所湊，常不平之，因此發怒，退爲牙門。勒自苑鄉如鄴，徐光侍直，慍然攘袂振紛，仰視不顧。勒因而惡之，讓光曰："何負卿而敢怏怏邪！"於是幽光并其妻子于獄。

[1]振忠都尉：官名，十六國後趙爲表彰王假臨時設置。

[2]記室參軍：官名，又稱記室參軍事。西晋始置，爲記室曹長官，掌文書表奏。

勒既將營鄴宫，又欲以其世子弘爲鎮，密與程遐謀之。石季龍自以勛效之重，仗鄴爲基，雅無去意。及修構三臺，遷其家室，季龍深恨遐，遣左右數十人夜入遐宅，奸其妻女，掠衣物而去。勒以弘鎮鄴，配禁兵萬人，車騎所統五十四營悉配之，以驍騎領門臣祭酒王陽專統六夷以輔之。[1]

[1]驍騎：官名，即驍騎將軍。三國魏爲内軍將領，統營兵。

兩晉與領軍、護軍、左右衛、游擊諸將軍合稱六軍，擔當宿衛之任，是護衛宮廷的主要將領。晉四品。

石聰攻壽春，不克，遂寇逡遒、阜陵，[1]殺掠五千餘人，京師大震。

[1]逡遒：縣名，治所在今安徽省肥東縣東。　阜陵：縣名，治所在今安徽省全椒縣東。

濟岷太守劉闓、將軍張闔等叛，[1]害下邳内史夏侯嘉，[2]以下邳降于石生。

[1]濟岷：郡名，治所在今江蘇省宿遷市北。　張闔：闔，宋本作“闓”。

[2]害下邳内史夏侯嘉：原本、宋本、殿本無“侯”字，據中華本校勘記補。

石瞻攻河南太守王羨于邾，[1]陷之。

[1]河南：郡名，治所在洛陽縣（今河南省洛陽市東北）。　邾：縣名，今湖北省黄岡市。

龍驤將軍王國叛，以南郡降于勒。[1]晉彭城内史劉續復據蘭陵、石城，[2]石瞻攻陷之。

[1]以南郡降于勒：中華本校勘記：“《商榷》：下文又言‘晉龍驤將軍王國以南郡叛降于堪’，數行之中，一事重出，疏矣。周

校：事在成帝咸和三年。兩文中間有'咸和三年改年太和'文，則叙在前者當删也。《斠注》：《成帝紀》作'南陽太守王國叛降于勒'，《諸史拾遺》謂'南郡'疑'南陽'之訛，是也。按：《紀》明言石勒攻宛，宛爲南陽郡治，此'南郡'誤。《通鑑》九四亦從《紀》。"

[2]石城：位於今山東省蘭陵縣西。

勒令州郡，有墳發掘不掩覆者推劾之，骸骨暴露者縣爲備棺衾之具。以牙門將王波爲記室參軍，典定九流，始立秀、孝試經之制。[1]

[1]秀、孝試經之制：以經書考試秀才、孝廉的制度。

茌平令師懽獲黑兔，獻之於勒，程遐等以爲勒"龍飛革命之祥，於晋以水承金，兔陰精之獸，玄爲水色，此示殿下宜速副天人之望也"。於是大赦，以咸和三年改年曰太和。

石堪攻晋豫州刺史祖約于壽春，屯師淮上。晋龍驤將軍王國以南郡叛降于堪。[1]南陽都尉董幼叛，[2]率襄陽之衆又降于堪。祖約諸將佐皆陰遣使附于勒。石聰與堪濟淮，陷壽春，祖約奔歷陽，[3]壽春百姓陷于聰者二萬餘户。

[1]龍驤將軍：官名，高級軍事將領。晋三品。　南郡：治所在江陵縣（今湖北省江陵縣）。

[2]南陽都尉：執行特定職務的名號官員，負責南陽郡軍務。

[3]歷陽：縣名，治所在今安徽省和縣。

劉曜敗季龍于高候，[1]遂圍洛陽。勒滎陽太守尹矩、野王太守張進等皆降之，[2]襄國大震。勒將親救洛陽，左右長史、司馬郭敖、程遐等固諫曰："劉曜乘勝雄盛，難與争鋒，金墉糧豐，[3]攻之未可卒拔。曜懸軍千里，勢不久支。[4]不可親動，動無萬全，大業去矣。"勒大怒，按劍叱遐等出。於是赦徐光，召而謂之曰："劉曜乘高候之勢，圍守洛陽，庸人之情皆謂其鋒不可當也。然曜帶甲十萬，攻一城而百日不克，師老卒殆，以我初鋭擊之，可一戰而擒。若洛陽不守，曜必送死冀州，自河已北，席卷南向，吾事去矣。程遐等不欲吾親行，卿以爲何如?"光對曰："劉曜乘高候之勢而不能進臨襄國，更守金墉，此其無能爲也。懸軍三時，亡攻戰之利，若鑾旗親駕，必望旌奔敗。定天下之計，在今一舉。今此機會，所謂天授，授而弗應，禍之攸集。"勒笑曰："光之言是也。"佛圖澄亦謂勒曰：[5]"大軍若出，必擒劉曜。"勒尤悦，使内外戒嚴，有諫者斬。命石堪、石聰及豫州刺史桃豹等各統見衆會滎陽，使石季龍進據石門，以左衛石邃都督中軍事，[6]勒統步騎四萬赴金墉，濟自大堨。[7]先是，流澌風猛，[8]軍至，冰泮清和，濟畢，流澌大至，勒以爲神靈之助也，命曰靈昌津。勒顧謂徐光曰："曜盛兵成皋關，[9]上計也；阻洛水，其次也；坐守洛陽者成擒也。"諸軍集于成皋，步卒六萬，騎二萬七千。勒見曜無守軍，大悦，舉手指天，又自指額曰："天也!"乃卷甲銜枚而詭道兼路，出于鞏、訾之間。[10]知曜陳其軍十餘萬于城西，彌悦，謂左右曰："可以賀我矣！”勒統步騎四萬入自宣陽門，[11]升故太極前殿。季龍步卒三萬，自城北而西，攻其中軍，石堪、石聰等各以精騎八千，城西而北，[12]擊其前鋒，大戰于西陽門。[13]勒躬貫甲胄，出自閶闔，[14]夾擊之。曜軍大潰，石堪執曜，送之以徇于軍，斬首五萬餘級，枕尸于金谷。[15]勒下令曰：“所欲擒者一人耳，今已獲之，其敕將士抑鋒止鋭，縱其歸命之路。”乃旋師。使征東石邃等帥騎衛曜而北。

[1]高候：即高候原，位於今山西省聞喜縣北。

[2]野王：郡名，三國魏置，西晋改河内郡，十六國趙復置，治所在野王縣（今河南省沁陽市）。

[3]金墉：金墉城，三國魏明帝時築。位於今河南省洛陽市東北漢魏洛陽故址西北角。三面開門，南曰乾光門，東曰含春門，北曰䢖門。城内又置西宫，西晋改爲永昌宫。魏晋時被廢的皇帝及后妃都安置於此。城小而固，爲攻占戍守要地。

[4]勢不久支：久支，宋本作“支久”。

[5]佛圖澄：本書卷九五有傳。

[6]左衛：官名，即左衛將軍。三國魏咸熙二年（265），司馬炎即晋王位，分中衛將軍爲左、右衛將軍。掌佽飛虎賁及前驅、由基、强弩三部司馬，屬下還有虎賁、羽林、上騎、異力、命中五部督，負責宫禁侍衛。西晋屬中軍將軍，後屬領軍將軍。爲禁衛軍主要統帥之一，權任很重。十六國一些政權亦置。晋四品。　都督中軍事：中軍都督，中軍統帥，統兵武官。

[7]大堨：即靈昌津，一名延津，位於今河南省衛輝市東古黄河上。

[8]流澌：流動的冰凌。

［9］成皋關：位於今河南省滎陽市汜水鎮。

［10］鞏：縣名，治所在今河南省鞏義市西南。　訾：訾邑，一名東訾城，位於今河南省鞏義市西南。

［11］宣陽門：《水經注·穀水》："穀水又東，逕宣陽門南，故小苑門也。"郭守敬疏："《續漢書·百官志》：'雒陽城有小苑門。'《洛陽伽藍記》：'南面次西曰宣陽門，漢曰津陽門，晋曰宣陽門，高祖因而不改。'津陽字誤，當依《續漢志》作小苑。《寰宇記》：'漢小苑門在午上，晋改曰宣陽門。'"

［12］城西而北：中華本校勘記："《通鑑》九四'城'上有'自'字。'自城西而北'，與上步卒'自城北而西'句一律，當脱'自'字。"

［13］西陽門：漢魏洛陽城西面中門，一名西明門、雍門。

［14］閶闔：洛陽城門名。《晋書》卷一四《地理志上》：洛陽"西有廣陽、西明、閶闔三門"。

［15］金谷：位於今河南省洛陽市東北。

及是，祖約舉兵敗，降于勒，勒使王波讓之曰：[1]"卿逆極勢窮，方來歸命，吾朝豈逋逃之藪邪？[2]而卿敢有靦面目也。"示之以前後檄書，乃赦之。

［1］讓：責備。

［2］逋逃之藪：逃亡罪人聚集的地方。

劉曜子熙等去長安，奔于上邽，[1]遣季龍討之。

［1］上邽：縣名，治所在今甘肅省天水市。

勒巡行冀州諸郡，引見高年、孝悌、力田、文學之士，班賜穀帛有差。令遠近牧守宣告屬城："諸所欲言，靡有隱諱，使知區區之朝虚渴讜言也。"[1]

[1]"令遠近牧守"至"讜言也"：中華本此句斷爲："令遠近牧守宣告屬城，諸所欲言，靡有隱諱，使知區區之朝虚渴讜言也。"汪維輝先生認爲，宣告屬城之下皆爲石勒原話，應加冒號和引號。(参見汪維輝《〈晋書〉點校商兑》,《古籍整理研究學刊》1997 年第 1 期)

季龍克上邽，遣主簿趙封送傳國玉璽、金璽、太子玉璽各一于勒。季龍進攻集木且羌于河西，克之，俘獲數萬，秦隴悉平。[1]凉州牧張駿大懼,[2]遣使稱藩，貢方物于勒。徙氐羌十五萬落于司、冀州。

[1]秦隴：地區名，指今陝西、甘肅兩省地區。

[2]凉州：治所在姑臧縣（今甘肅省武威市)。　張駿：字公庭，本書卷八六有傳。

勒群臣議以勒功業既隆，祥符並萃，宜時革徽號以答乾坤之望，於是石季龍等奉皇帝璽綬，上尊號于勒，勒弗許。群臣固請，勒乃以咸和五年僭號趙天王,[1]行皇帝事。尊其祖邪曰宣王，父周曰元王。立其妻劉氏爲王后，世子弘爲太子。署其子宏爲持節、散騎常侍、都督中外諸軍事、驃騎大將軍、大單于,[2]封秦王；左衛將軍斌太原王；小子恢爲輔國將軍、南陽王；[3]中山公季龍爲太尉、守尚書令、中山王；[4]石生河東王；石堪彭城王；以季龍子邃爲冀州刺史，封齊王，加散騎常侍、武衛將軍；[5]宣左將軍；挺侍中、梁王。署左長史郭敖爲尚書左僕射，[6]右長史程遐爲右僕射、領吏部尚書，[7]左司馬夔安、右司馬郭殷、從事中郎李鳳、前郎中令裴憲爲尚書，[8]署參軍事徐光爲中書令、領秘書監。[9]論功封爵，開國郡公文武二十一人，侯二十四人，縣公二十六人，侯二十二人，其餘文武各有差。侍中任播等參議，以趙承金爲水德，旗幟尚玄，牲牡尚白，子社丑臘，[10]勒從之。勒下書曰："自今有疑難大事，八坐及委丞郎賫詣東堂，[11]詮詳平決。其有軍國要務須啓，有令僕尚書隨局入陳，勿避寒暑昏夜也。"

[1]乃以：宋本無"乃"字。

[2]都督中外諸軍事：官名，亦稱都督中外諸軍。全國最高軍事統帥，總統中央地方的內外諸軍，權力極大。　驃騎大將軍：官名，魏晉制度，驃騎將軍爲重號將軍，僅次於大將軍，高於諸名號將軍，本不需加"大"字。然兩晉時將軍名號越授越濫，遂又增置此號，居諸名號將軍之首。多加於權臣元老，以示尊崇。開府置僚屬，不領兵。晉二品，開府位從公者一品。　大單于：匈奴最高首領。

[3]輔國將軍：官名，三國兩晉皆置。晉三品。

[4]太尉：官名，曹操爲丞相後，太尉府屬官歸相府，晉時太尉雖爲八公之一、三公之首，實爲名譽宰相，多爲大臣加官。晉一品。　守：暫時署理職務。多指官階低而署理較高的官職。　尚書令：官名，秦漢時爲尚書署長官。秩位雖低，權力甚重。魏晉時沿置，爲尚書省長官，綜理全國政務，參議大政，爲高級政務長官。晉三品。

［5］武衛將軍：官名，三國魏置，權任很重。晋四品。

［6］左長史：官名，長史掌顧問參謀，爲所在官署掾屬之長，分左、右。晋六品。　尚書左僕射：官名，尚書省次官，尚書令副手。輔助尚書令執行政務，參議大政，諫諍得失，監察糾彈百官。有時尚書省不置令，衹設左右僕射，此時左僕射居右僕射之上。晋三品。

［7］右僕射：官名，即尚書右僕射，尚書省次官，尚書令副手。掌拆閲封緘奏章文書、參議政事、諫諍駁議、監察百官。位在左僕射之下。晋三品。

［8］左司馬：官名，府署高級幕僚。魏晋南北朝時王府、公府、軍府、邊郡均置司馬，有時分置左、右，掌參讚軍務、管理府内武職，位僅次於長史。晋八至六品。　右司馬：官名，職掌品級同左司馬。　郎中令：官名，王國公侯屬官，魏晋爲王國中的三卿之一。晋六品。

［9］中書令：官名，掌收納尚書奏事、傳達皇帝詔旨。三國魏文帝初年分秘書置中書省，設中書監和中書令，職權甚重。晋三品。　秘書監：官名，秘書省長官，掌管藝文圖籍、課試署吏，統著作局，掌國史修撰並管理中外三閣圖書。晋三品。

［10］子社丑臘：社日放在十一月，臘日放在十二月。

［11］八坐：官名，即八座，尚書省高級官員的合稱。東漢用以稱尚書令、僕射、六曹尚書。魏晋以後，用以稱尚書令、左右僕射、諸曹尚書。無論共有幾人，皆沿用八座之稱。　丞郎：尚書左右丞及六部侍郎、郎中的通稱。　東堂：太極殿的東堂。

勒以祖約不忠於本朝，誅之，及其諸子侄親屬百餘人。

群臣固請勒宜即尊號，勒乃僭即皇帝位，大赦境内，改元曰建平，自襄國都臨漳。[1]追尊其高祖曰順皇，曾祖曰威皇，祖曰宣皇，父曰世宗元皇帝，妣曰元昭皇太后，文武封進各有差。立其妻劉氏爲皇后，又定昭儀、夫人位視上公，[2]貴嬪、貴人視列侯，[3]員各一人；三英、九華視伯，[4]淑媛、淑儀視子，[5]容華、美人視男，[6]務簡賢淑，不限員數。

[1]自襄國都臨漳：中華本校勘記："《通鑑考異云》：《載記》云'自襄國都臨漳，即鄴也'。按建平二年四月，勒如鄴，議營新宮；三年，勒如鄴，臨石虎第；勒疾，虎詐召石宏還襄國；至虎建武元年九月，始遷鄴。是勒未嘗都鄴也。"

[2]昭儀：曹魏繼承漢後宮内官制，分爲十二等：貴嬪、夫人、淑妃、淑媛、昭儀、昭華、修容、修儀、倢伃、容華、美人、良人。

[3]貴人：十六國漢劉聰所置，位次於貴嬪。

[4]三英、九華：後趙後宮内官，位低於貴嬪、貴人。

[5]淑媛、淑儀：後趙後宮内官，位低於三英、九華。

[6]容華、美人：後趙後宮内官，位低於淑媛、淑儀。

勒荆州監軍郭敬、南蠻校尉董幼寇襄陽。[1]勒驛敕敬退屯樊城，[2]戒之使偃藏旗幟，寂若無人，彼若使人觀察，則告之曰："自愛堅守，後七八日大騎將至，相策不復得走矣。"敬使人浴馬于津，周而復始，晝夜不絶。偵諜還告南中郎將周撫，[3]撫以爲勒軍大至，懼而奔武昌。[4]敬入襄陽，軍無私掠，百姓安之。晋平北將軍魏該弟遐等率該部衆自石城降于敬。[5]敬毁襄陽，遷其百姓于沔北，城樊城以戍之。

［1］荆州監軍：官名，出征荆州軍隊所置官員，掌監視將帥，權勢頗重。晋四品。　南蠻校尉：官名，亦稱護南蠻校尉，府鎮襄陽，東晋改鎮江陵。掌荆州及江州少數民族事務，統兵。此爲後趙爲占荆州預置之官。晋四品。　襄陽：縣名，治所在今湖北省襄陽市。

［2］樊城：地名，在今湖北省襄陽市樊城區。

［3］偵諜：偵查軍情刺探情報的細作。　南中郎將：官名，與東、西、北中郎將並稱四中郎將，統兵征戰，權職甚重。晋四品。　周撫：字道和，本書卷五八有傳。

［4］武昌：郡名，治所在武昌縣（今湖北省鄂州市鄂城區）。

［5］平北將軍：官名，與平東、平西、平南將軍合稱四平將軍。多持節都督或監某一地區的軍事，有時作爲刺史等地方官員監理軍務的加官。晋三品，加持節都督者二品。

秦州休屠王羌叛于勒，[1]刺史臨深遣司馬管光帥州軍討之，爲羌所敗，隴右大擾，[2]氐羌悉叛。勒遣石生進據隴城。[3]王羌兄子擢與羌有仇，生乃賂擢，與掎擊之。羌敗，奔凉州。徙秦州夷豪五千餘户于雍州。

［1］秦州：治所在上邽縣（今甘肅省天水市）。　休屠：又稱屠各、休屠各、休著屠各等。匈奴部落名。後漢至西晋雜居西北沿邊諸郡。《後漢書》卷七三《公孫瓚傳》："續爲屠各所殺。"李賢注："屠各，胡號。"唐長孺先生對此有考論。（參見唐長孺《魏晋南北朝史論叢·魏晋雜胡考》，河北教育出版社 2000 年版）

［2］隴右：地區名，指今甘肅省隴山以西地區。

［3］隴城：縣名，治所在今甘肅省張家川回族自治縣内。

勒下書曰："自今諸有處法，悉依科令。[1]吾所忿戮、怒發中旨者，若德位已高，不宜訓罰，或服勤死事之孤，邂逅罹譴，[2]門下皆各列奏之，吾當思擇而行也。”堂陽人陳豬妻一産三男，[3]賜其衣帛廪食，乳婢一口，復三歲勿事。時高句麗、肅慎致其楛矢，[4]宇文屋孤並獻名馬于勒。凉州牧張駿遣長史馬詵奉圖送高昌、于寘、鄯善、大宛使，[5]獻其方物。晋荆州牧陶侃遣兼長史王敷聘于勒，[6]致江南之珍寶奇獸。秦州送白獸、白鹿，荆州送白雉、白兔，濟陰木連理，[7]甘露降苑鄉。勒以休瑞並臻，遐方慕義，赦三歲刑已下，均百姓去年逋調；[8]特赦凉州殊死，凉州計吏皆拜郎中，[9]賜絹十匹，綿十斤。勒南郊，[10]有白氣自壇屬天，勒大悦，還宫，赦四歲刑。遣使封張駿武威郡公，食凉州諸郡。勒親耕藉田，[11]還宫，赦五歲刑，賜其公卿已下金帛有差。勒以日蝕，避正殿三日，令群公卿士各上封事。禁州郡諸祠堂非正典者皆除之，其能興雲致雨，有益於百姓者，郡縣更爲立祠堂，殖嘉樹，準岳瀆已下爲差等。

[1]科令：法令，律條。

[2]邂逅罹譴：萬一遭到責罰。

[3]堂陽：縣名，治所在今河北省新河縣西北。

[4]高句麗：古國名，亦作句麗、高麗。都城丸都（今吉林省集安市），後遷都今朝鮮民主主義人民共和國平壤市。　肅慎：古族名，亦作息慎、稷慎，分布在今長白山北，東濱日本海，西近嫩江，北達黑龍江以北的廣大地區。　楛（kǔ）矢：以楛木做杆的箭。

[5]高昌：郡名，治所在高昌城（今新疆維吾爾自治區吐魯番

市東南高昌廢址）。 于寘：西域國，國都在西城（今新疆維吾爾自治區和田縣境）。 鄯善：西域國名，國都在伊循城（今新疆維吾爾自治區若羌縣東）。 大宛：西域國名。在今烏兹別克斯坦共和國費爾干納盆地。都貴山城（今烏兹別克斯坦共和國卡散賽）。

[6]荆州：三國時曹魏治所在新野縣（今河南省新野縣），孫吴治所在江陵縣（今湖北省江陵縣），西晋統一後治所在江陵縣（今湖北省江陵縣）。 陶侃：字士行，本書卷六六有傳。

[7]濟陰：郡名，治所在定陶縣（今山東省菏澤市定陶區）。

[8]逋調：積欠的賦調。

[9]計吏：即上計吏，地方政府派赴中央呈遞計簿的官員。郎中：官名，尚書省郎曹長官。位次尚書、左右丞，分曹執行政務。與“尚書郎”互稱。晋六品。

[10]南郊：祭天典禮。

[11]藉田：皇帝親耕之田，每逢春耕前，皇帝躬耕藉田，以示對農業的重視。

勒將營鄴宫，廷尉續咸上書切諫。[1]勒大怒，曰：“不斬此老臣，朕宫不得成也！”敕御史收之。[2]中書令徐光進曰：“陛下天資聰睿，超邁唐虞，而更不欲聞忠臣之言，豈夏癸、商辛之君邪？[3]其言可用用之，不可用故當容之，奈何一旦以直言而斬列卿乎！”勒嘆曰：“爲人君不得自專如是！豈不識此言之忠乎？向戲之爾。人家有百匹資，尚欲市别宅，况有天下之富，萬乘之尊乎！終當繕之耳。且敕停作，成吾直臣之氣也。”因賜咸絹百匹，稻百斛。又下書令公卿百寮歲薦賢良、方正、直言、秀異、至孝、廉清各一人，[4]答策上第者拜議郎，[5]中第中郎，[6]下第郎中。其舉人得遞相薦引，廣招賢之路。起明堂、辟雍、靈臺于襄國城西。[7]時大雨霖，中山西北暴水，流漂巨木百餘萬根，集于堂陽。勒大悦，謂公卿曰："諸卿知不？此非爲灾也，天意欲吾營鄴都耳。"於是令少府任汪、都水使者張漸等監營鄴宫，勒親授規模。

[1]廷尉：官名，中央最高司法審判機構長官，負責會審朝中有罪文武大臣，覆核審决郡國疑獄等。晋三品。

[2]御史：官名，魏晋時爲侍御史、治書侍御史、督軍糧侍御史、殿中侍御史、監國侍御史等官的簡稱。

[3]夏癸：即夏桀，名履癸。暴虐荒淫。湯起兵伐桀，敗之於鳴條，流死於南巢。　商辛：即商紂王，名受，號帝辛。周武王伐商，敗之於牧野，身死商亡。

[4]賢良、方正、直言、秀異、至孝、廉清：均爲十六國後趙選拔人才的科目。

[5]議郎：官名，西漢始置。魏晋時品秩雖低，名義清高。晋七品。

[6]中郎：官名，屬郎官。原來分屬五官、左、右中郎將，魏晋有時不置三署，但仍置中郎，無固定職掌，作爲儲備人才。晋八品。

[7]明堂：本爲皇帝舉行朝會、祭祀、養老、教學等大典的建築，魏晋南北朝時期主要爲祭祀場所。　辟雍：西周天子所設大學。東漢以後，爲行鄉飲酒、大射或祭祀之禮的地方。漢班固《白虎通·辟雍》："天子立辟雍何？辟雍，所以行禮、樂宣德化也。辟者，璧也，象璧圓，以法天也。雍者，壅之以水，象教化流行也。辟之言積也，積天下之道德；雍之爲言壅也，天下之儀則。故謂之辟雍也。"　靈臺：古時帝王觀察天文星象、妖祥灾異的建築。

蜀梓潼、建平、漢固三郡蠻巴降于勒。[1]

[1]梓潼：郡名，治所在梓潼縣（今四川省梓潼縣）。　建平：郡名，治所在巫縣（今重慶市巫山縣）。　漢固：十六國成漢所置郡，確切地區不詳。

勒以成周土中，漢晋舊京，復欲有移都之意，乃命洛陽爲南都，置行臺治書侍御史于洛陽。[1]

[1]行臺：臺省在外者。將帥出征時隨其所駐之地設立的代表中央的政務機構。　治書侍御史：官名，簡稱治書御史、御史治書、侍書。屬諸侍御史之一種，亦簡稱侍御史、侍御、御史。西漢時掌圖籍文書，東漢時屬御史臺，職掌也變爲審理疑獄、平廷尉奏事。魏晋南北朝時爲御史中丞佐貳，掌監察、彈劾高級官員，也奉命出使，緝拿犯官。晋六品。

勒因饗高句麗、宇文屋孤使，酒酣，謂徐光曰："朕方自古開基何等主也？"對曰："陛下神武籌略邁于高皇，雄藝卓犖超絶魏祖，自三王已來無可比也，[1]其軒轅之亞乎！"[2]勒笑曰："人豈不自知，卿言亦以太過。朕若逢高皇，當北面而事之，與韓彭競鞭而争先耳。[3]脱遇光武，當並驅于中原，未知鹿死誰手。大丈夫行事當礌礌落落，如日月皎然，終不能如曹孟德、司馬仲達父子，欺他孤兒寡婦，狐媚以取天下也。朕當在二劉之間耳，軒轅豈所擬乎！"其群臣皆頓首稱萬歲。

[1]三王已來：已，殿本作"以"。

[2]軒轅：傳説中的古代帝王黄帝的名字。傳説姓公孫，居於軒轅之丘，故名曰軒轅。曾戰勝炎帝於阪泉，戰勝蚩尤於涿鹿，諸侯尊爲天子。後人以之爲中華民族的始祖。

[3]韓：韓信，秦末淮陰（今江蘇省淮安市淮陰區南）人，早年家貧，常從人寄食。後隨項羽起兵，因不受重用，轉投劉邦。受蕭何舉薦，拜大將軍。功勛卓著，爲漢初三傑之一。漢立封楚王，後貶爲淮陰侯。終爲吕后設計所殺。　彭：彭越，秦末昌邑（今山東省巨野縣東南）人，字仲。秦末起兵，助劉邦擊昌邑。楚漢相争時，受劉邦所賜將軍印，助漢擊楚。西漢建立後封梁王。陳豨反叛，劉邦親征，征梁國兵，彭越稱病不行。劉邦疑其反叛，廢其爲庶人，後信吕后之言，將其誅殺，夷其宗族。

晋將軍趙胤攻克馬頭，[1]石堪遣將軍韓雍救之，至則無及，遂寇南沙、海虞，[2]俘獲五千餘人。初，郭敬之退據樊城也，王師復戍襄陽。至是，敬又攻陷之，留戍而歸。

[1]馬頭：即今江蘇省懷安市淮陰區西南碼頭鎮。

[2]南沙：縣名，治所在今江蘇省常熟市西北。　海虞：縣名，治所在今江蘇省常熟市。

暴風大雨，震電建德殿端門、襄國市西門，殺五人。雹起西河介山，[1]大如鷄子，平地三尺，洿下丈餘，行人禽獸死者萬數，歷太原、樂平、武鄉、趙郡、廣平、鉅鹿千餘里，[2]樹木摧折，禾稼蕩然。勒正服于東堂，以問徐光曰："歷代已來有斯灾幾也？"光對曰："周、漢、魏、晋皆有之，雖天地之常事，然明主未始不爲變，所以敬天之怒也。去年禁寒食，[3]介推，[4]帝鄉之神也，歷代所尊，或者以爲未宜替也。一人吁嗟，王道尚爲之虧，况群神怨憾而不怒動上帝乎！縱不能令天下同爾，介山左右，晋文之所封也，[5]宜任百姓奉之。"勒下書曰："寒食既并州之舊風，朕生其俗，不能異也。前者外議以子推諸侯之臣，王者不應爲忌，故從其議，儻或由之而致斯灾乎！子推雖朕鄉之神，非法食者亦不得亂也，尚書其促檢舊典定議以聞。"有司奏以子推歷代攸尊，請普復寒食，更爲殖嘉樹，立祠堂，給户奉祀。勒黄門郎韋謏駁曰：[6]"按《春秋》，藏冰失道，陰氣發泄爲雹。自子推已前，雹者復何所致？此自陰陽乖錯所爲耳。且子推賢者，曷爲暴害如此！求之冥趣，必不然矣。今雖爲冰室，懼所藏之冰不在固陰沍寒之地，[7]多皆山川之側，[8]氣泄爲雹也。以子推忠賢，令綿、介之間奉之爲允，於天下則不通矣。"勒從之。於是遷冰室於重陰凝寒之所，并州復寒食如初。

[1]西河：郡名，治所在離石縣（今山西省吕梁市離石區）。介山：又稱介休山、綿山，位於今山西省介休市東南。

[2]太原：郡名，治所在晋陽縣（今山西省太原市西南）。樂平：郡名，治所在沾縣（今山西省昔陽縣西南）。

[3]寒食：古代節日。《後漢書》卷六一《周舉傳》："太原一郡，舊俗以介子推焚骸，有龍忌之禁。"李賢注引《新序》曰："'晋文公反國，介子推無爵，遂去而之介山之上。文公求之不得，乃焚其山，推遂不出而焚死。'事具《耿恭傳》。龍，星，木之位也，春見東方。心爲大火，懼火之盛，故爲之禁火。俗傳云子推以

此日被焚而禁火。”

[4]介推：介子推，一作介之推，春秋時晋國人。早年隨晋文公出亡，傳説曾割自己大腿之肉爲晋文公充飢。文公回國繼位後，遍賞隨從出亡之臣而不及介子推。介子推乃携母出走，隱居在綿山。

[5]晋文：晋文公，春秋時晋國國君，名重耳。爲公子時，因獻公欲立寵妾之子奚齊而遭迫害，流亡於外十九年。後由秦軍護送返晋登王位。在位期間改革内政，擴建軍隊，幫助周王室平叛，大敗楚軍於城濮，主持踐土之盟，成爲齊桓公之後的又一霸主。

[6]黄門郎：官名，黄門侍郎或給事黄門侍郎的省稱。晋五品。

[7]固陰沍寒：嚴冬寒氣凝結，積凍不開。《左傳·昭公二年》：“深山窮谷，固陰沍寒。”孔穎達疏：“固，牢也；沍，閉也。牢陰閉寒，言其不得見日，寒甚之處。”

[8]山川：宋本作“川池”。

勒令其太子省可尚書奏事，使中常侍嚴震參綜可否，[1]征伐刑斷大事乃呈之。自是震威權之盛過于主相矣。季龍之門可設雀羅，季龍忿怏怏不悦。[2]

[1]中常侍：官名，秦漢時爲加官，始稱常侍，元帝後稱中常侍。東漢改爲正式官員，侍從皇帝左右，出入宫禁顧問應對。和帝以後權任日重，有“在日月之側，聲勢震天下”之稱。曹魏時與散騎合併，稱散騎常侍。孫吴稱“散騎中常侍”，簡稱中常侍。十六國漢、成漢置爲高級宦官，地位與諸少卿相等，侍從帝后左右，傳達詔命，受理尚書門下奏事，職權甚重。晋三品。

[2]忿怏怏不悦：忿，宋本作“愈”。

郭敬南掠江西，晋南中郎將桓宣承其虚攻樊城，[1]

取城中之衆而去。敬旋師救樊，追戰于涅水。[2]敬前軍大敗，宣亦死傷大半，[3]盡取所掠而止。[4]宣遂南取襄陽，留軍戍之。

[1]桓宣：東晋人，本書卷八一有傳。

[2]涅水：即河南省西南部白河支流趙河。

[3]大半：大，宋本作“太”。

[4]盡取所掠：取，宋本作“收”。

勒如鄴，臨石季龍第，謂之曰：“功力不可並興，待宫殿成後，當爲王起第，勿以卑小悒悒也。”季龍免冠拜謝，勒曰：“與王共有天下，何所謝也！”有流星大如象，尾足蛇形，自北極西南流五十餘丈，光明燭地，墜于河，聲聞九百餘里。黑龍見鄴井中，勒觀龍有喜色。朝其群臣于鄴。

命郡國立學官，每郡置博士祭酒二人，[1]弟子百五十人，三考修成，顯升臺府。於是擢拜太學生五人爲佐著作郎，[2]録述時事。時大旱，勒親臨廷尉録囚徒，五歲刑已下皆輕決遣之，重者賜酒食，聽沐浴，一須秋論。還未及宫，澍雨大降。

[1]博士祭酒：官名，領諸五經博士，掌教授經學，備顧問應對。西晋爲太學之長，與國子學之長國子祭酒並隸太常。東晋南朝以國子祭酒兼統國子、太學博士，此官或省。晋五品。

[2]佐著作郎：官名，三國時隸屬中書省，西晋改隸屬秘書省，協助著作郎修撰國史及起居注，整理秘書省所藏典籍。晋七品。

勒如其澧水宮，因疾甚而還。召石季龍與其太子弘、中常侍嚴震等侍疾禁中。[1]季龍矯命絶弘、震及内外群臣親戚，勒疾之增損莫有知者。詐召石宏、石堪還襄國。勒疾小瘳，見宏，驚曰："秦王何故來邪？使王藩鎮，正備今日。有呼者邪？自來也？有呼者誅之！"季龍大懼曰："秦王思慕暫還耳，今謹遣之。"數日復問之，季龍曰："奉詔即遣，今已半路矣。"更諭宏在外，遂不遣之。

[1]太子弘：太，宋本作"大"。

廣阿蝗。[1]季龍密遣其子邃率騎三千游于蝗所。熒惑入昴。[2]星隕于鄴東北六十里，初赤黑黄雲如幕，長數十匹，交錯，聲如雷震，墜地氣熱如火，塵起連天。時有耕者往視之，土猶燃沸，見有一石方尺餘，青色而輕，擊之音如磬。

[1]廣阿：縣名，治所在今河北省隆堯縣東。
[2]熒惑入昴：火星進入昴宿。熒惑，火星。昴，星宿名，二十八宿之一，白虎七宿的第四宿，又名髦頭、旄頭。有亮星七顆。

勒疾甚，遺令："三日而葬，内外百寮既葬除服，無禁婚娶、祭祀、飲酒、食肉，征鎮牧守不得輒離所司以奔喪，斂以時服，載以常車，無藏金寶，無内器玩。大雅冲幼，恐非能構荷朕志。中山已下其各司所典，無違朕命。大雅與斌宜善相維持，司馬氏汝等之殷鑒，其務於敦穆也。中山王深可三思周霍，[1]勿爲將來口實。”以咸和七年死，[2]時年六十，在位十五年。夜瘞山谷，莫知其所，備文物虚葬，號高平陵。僞謚明皇帝，廟號高祖。

[1]周：周公旦，亦稱文公、叔旦。周武王弟，與吕尚同爲西周開國元勳。以魯公封於曲阜。武王去世，輔佐成王，平定叛亂，營建洛邑，制禮作樂，功勛卓著。　霍：霍光，西漢河東平陽（今山西省臨汾市西南）人，字子孟，霍去病異母弟。爲武帝所親信，武帝臨終，任其爲大司馬大將軍，封博陸侯，與金日磾等人輔佐少主。昭帝繼位後，誅除上官桀，先立後廢昌邑王劉賀，專擅朝政前後長達二十年。期間輕徭薄賦，與民休息，社會較安定。

[2]以咸和七年死：中華本校勘記：“《校文》：據《帝紀》及《天文志》，咸云勒死於咸和八年七月。考勒僭即王位，在元帝太興二年，至咸和八年，正合在位十五年之數。傳作死於七年實誤。《舉正》云：《魏書·序紀》，烈帝五年勒死，是年即晋咸和八年也。按：《成紀》，勒於咸和五年八月稱帝，《載記》云改年建平，《御覽》一二〇引《後趙録》，勒死於建平（原作建元誤）四年七月，即晋咸和八年，亦與本書《帝紀》合。此作‘七年’顯誤。”

弘，字大雅，勒之第二子也。幼有孝行，以恭謙自守，受經於杜嘏，誦律於續咸。勒曰：“今世非承平，不可專以文業教也。”於是使劉徵、任播授以兵書，王陽教之擊刺。立爲世子，領中領軍，尋署衛將軍，[1]使領開府辟召，[2]後鎮鄴。

[1]衛將軍：官名，魏晋時位在名號將軍之上，多爲軍府名號，

加給大臣、重要州郡長官。晋二品，開府位從公者一品。

[2]開府：開設府署，辟置僚屬。魏晋時常以此作爲對高級官員的寵待。

勒僭位，立爲太子。虚襟愛士，好爲文咏，其所親昵，莫非儒素。勒謂徐光曰："大雅愔愔，殊不似將家子。"光曰："漢祖以馬上取天下，孝文以玄默守之，聖人之後，必世勝殘，[1]天之道也。"勒大悦。光因曰："皇太子仁孝温恭，中山王雄暴多詐，陛下一旦不諱，臣恐社稷必危，宜漸奪中山威權，使太子早參朝政。"勒納之。程遐又言於勒曰："中山王勇武權智，群臣莫有及者。觀其志也，自陛下之外，視之蔑如。兼荷專征歲久，威振外内，性又不仁，殘忍無賴。其諸子並長，皆預兵權。陛下在，自當無他，恐其快快不可輔少主也。宜早除之，以便大計。"勒曰："今天下未平，兵難未已，大雅冲幼，宜任弼輔。[2]中山佐命功臣，親同魯衛，[3]方委以伊霍之任，[4]何至如卿言也。卿當忠輔幼主之日，[5]不得獨擅帝舅之權故耳。吾亦當參卿於顧命，勿爲過懼也。"遐泣曰："臣所言者至公，陛下以私賜距，豈明主開襟納説，忠臣必盡之義乎！中山雖爲皇太后所養，非陛下天屬，不可以親義期也。杖陛下神規，微建鷹犬之效，陛下酬其父子以恩榮，亦以足矣。魏任司馬懿父子，終於鼎祚淪移，以此而觀，中山豈將來有益者乎！臣因緣多幸，託瓜葛於東宫，臣而不竭言於陛下，而誰言之！陛下若不除中山，臣已見社稷不復血食矣。"勒不聽。遐退告徐光曰："主上向言如此，[6]太子必危，將若之何？”光曰：“中山常切齒於吾二人，恐非但國危，亦爲家禍，當爲安國寧家之計，不可坐而受禍也。”光復承間言於勒曰：“陛下廓平八州，帝有海内，而神色不悦者何也？”勒曰：“吴蜀未平，書軌不一，司馬家猶不絶於丹陽，恐後之人將以吾爲不應符録。[7]每一思之，不覺見於神色。”光曰：“臣以陛下爲憂腹心之患，而何暇更憂四支乎！何則？魏承漢運，爲正朔帝王，劉備雖紹興巴蜀，亦不可謂漢不滅也。吴雖跨江東，豈有虧魏美？陛下既苞括二都，爲中國帝王，彼司馬家兒復何異玄德，李氏亦猶孫權。符籙不在陛下，竟欲安歸？此四支之輕患耳。中山王藉陛下指授神略，天下皆言其英武亞於陛下，兼其殘暴多奸，見利忘義，無伊霍之忠。父子爵位之重，勢傾王室。觀其耿耿，常有不滿之心。近於東宫曲讌，有輕皇太子之色。陛下隱忍容之，臣恐陛下萬年之後，宗廟必生荆棘，此心腹之重疾也，惟陛下圖之。”勒默然，而竟不從。

[1]勝殘：遏制殘暴的人及行爲。

[2]宜任弼輔：弼，宋本作“彊”。

[3]魯衛：喻血緣兄弟。周武王滅商後分封，魯國周公旦和衛國衛康叔均爲其親兄弟。

[4]伊：伊尹，輔佐商湯及其後代外丙、仲壬、太甲的賢臣。霍：霍光。

[5]卿當忠輔幼主之日：忠，宋本作“恐”，中華本亦從宋本。

[6]向言：剛才説過的話。

[7]符録：録，殿本作“籙”。

及勒死，季龍執弘使臨軒，[1]命收程遐、徐光下廷尉，召其子邃率兵入宿衛，文武靡不奔散。弘大懼，[2]讓位于季龍。季龍曰："君薨而世子立，臣安敢亂之！"弘泣而固讓，季龍怒曰："若其不堪，天下自當有大議，[3]何足預論！"遂以咸和七年逼立之，[4]改年曰延熙，文武百寮進位一等。誅程遐、徐光。弘策拜季龍爲丞相、魏王、大單于，[5]加九錫，以魏郡等十三郡爲邑，總攝百揆。季龍僞固讓，久而受命，赦其境内殊死已下，立季龍妻鄭氏爲魏王后，子邃爲魏太子，加使持節、侍中、大都督中外諸軍事、大將軍、録尚書事；[6]宣爲使持節、車騎大將軍、冀州刺史，封河間王；韜爲前鋒將軍、司隸校尉，[7]封樂安王；遵齊王，鑒代王，苞樂平王；[8]徙太原王斌爲章武王。勒文武舊臣皆補左右丞相閑任，季龍府寮舊昵悉署臺省禁要。命太子宫曰崇訓宫，勒妻劉氏已下皆徙居之。簡其美淑及勒車馬、珍寶、服御之上者，皆入于己。[9]署鎮軍夔安領左僕射，尚書郭殷爲右僕射。

[1]臨軒：皇帝不坐正殿而御前殿。殿前堂陛之間近檐處兩邊有檻楯，如車之軒，故稱。

[2]弘大懼：大，宋本作"太"。

[3]自當有大議：宋本無"當"字。

[4]遂以咸和七年逼立之：中華本校勘記："《校文》：弘立於咸和八年七月，云'七年'亦誤。"

[5]丞相：官名，原爲最高國務長官，魏晋時省置無常，或分置左、右，或稱大丞相，多用來安置權臣。

［6］大都督中外諸軍事：官名，都督中外諸軍事爲全國最高軍事統帥，總統中央地方的内外諸軍，權力極大。在都督中外諸軍事上加“大”，地位極高。

［7］前鋒將軍：官名，西晋置，統兵征伐。　司隸校尉：官名，三國魏時先治弘農，後治河南，轄司州所屬河南、河東、河内、弘農、平陽五郡。掌監察京師、糾察京都百官。西晋沿置。晋三品。

［8］鑒代王，苞樂平王：宋本無此七個字。

［9］皆入于己：中華本標點作“皆入于己署”。莊劍先生認爲，“署”字當屬下句。“署”等於説任命。《晋書》中例子頗多，如同頁中有“季龍府寮舊昵悉署臺省禁要”。同卷所附《石弘傳》：“立爲世子，領中領軍，尋署衛將軍”等。莊説是，若“署”字上屬，則下面不成句子。（參見莊劍《〈晋書〉標點疑誤兩則》，《史學月刊》1992 年第 4 期）

劉氏謂石堪曰：“皇祚之滅不復久矣，王將何以圖之?”堪曰：“先帝舊臣皆已斥外，衆旅不復由人，宫殿之内無所措籌，臣請出奔兖州，據廪丘，挾南陽王爲盟主，宣太后詔於諸牧守征鎮，令各率義兵同討桀逆，蔑不濟也。”劉氏曰：“事急矣，便可速發，恐事淹變生。”[1]堪許諾，微服輕騎襲兖州，失期，不克，遂南奔譙城。季龍遣其將郭太等追擊之，獲堪于城父，送襄國，炙而殺之。徵石恢還于襄國。劉氏謀泄，季龍殺之。尊弘母程氏爲皇太后。

［1］事淹變生：事久拖延生變。

時石生鎮關中，[1]石朗鎮洛陽，皆起兵于二鎮。季龍留子邃守襄國，統步騎七萬攻朗于金墉。金墉潰，獲朗，刖而斬之。進師攻長安，以石挺爲前鋒大都督。生遣將軍郭權率鮮卑涉璝部衆二萬爲前鋒距之，生統大軍繼發，次于蒲坂。[2]前鋒及挺大戰潼關，[3]敗績，[4]挺及丞相左長史劉隗皆戰死，季龍退奔澠池，枕尸三百餘里。鮮卑密通于季龍，背生而擊之。生時停蒲坂，不知挺之死也，懼，單馬奔長安。郭權乃復收衆三千，與越騎校尉石廣相持于渭汭。[5]生遂去長安，潛于鷄頭山。[6]將軍蔣英固守長安。季龍聞生之奔也，進師入關，進攻長安，旬餘拔之，斬蔣英等。分遣諸將屯于汧。[7]徙雍、秦州華戎十餘萬户于關東。生部下斬生于雞頭山。季龍還襄國，大赦，諷弘命己建魏臺，一如魏輔漢故事。

[1]關中：地區名，函谷關以西秦國故地，包括今河南省靈寶市以西及陝西省、甘肅省東部和四川省部分地區。

[2]蒲坂：坂，宋本作“阪”。

[3]潼關：位於今陝西省潼關縣東北黄河南岸潼關。

[4]敗績：中華本校勘記：“周校：文似前鋒敗績，與下挺戰死，季龍退奔文不相應。‘敗績’宜作‘敗之’，謂前鋒戰敗挺也。”

[5]越騎校尉：官名，西漢北軍八校尉之一，東漢五校尉之一，隸屬北軍中候。魏晋以後隸屬中領軍（領軍將軍）。晋四品。　渭汭：位於今陝西省華陰市東北，即渭河入黄河處。

[6]鷄頭山：位於今甘肅省成縣西南。

[7]汧：縣名，治所在今陝西省隴縣東南。

郭權以生敗，據上邽以歸順，詔以權爲鎮西將軍、秦州刺史，[1]於是京兆、新平、扶風、馮翊、北地皆應之。[2]弘鎮西石廣與權戰，敗績。季龍遣郭敖及其子斌等率步騎四萬討之，次于華陰。[3]上邽豪族害權以降。徙秦州三萬餘户于青、并二州諸郡。南氐楊難敵等送任通和。[4]長安陳良夫奔于黑羌，招誘北羌四角王薄句大等擾北地、馮翊，與石斌相持。石韜等率騎掎句大之後，與斌夾擊，敗之，句大奔于馬蘭山。[5]郭敖等懸軍追北，[6]爲羌所敗，死者十七八。斌等收軍還于三城。[7]季龍聞而大怒，遣使殺郭敖。石宏有怨言，季龍幽之。

[1]鎮西將軍：官名，與鎮東、鎮南、鎮北將軍合稱四鎮將軍。多爲持節都督，出鎮方面。曹魏二品。晋改三品，加持節都督者二品。

[2]京兆：郡名，治所在長安縣（今陝西省西安市西北）。　新平：郡名，治所在漆縣（今陝西省彬州市）。　扶風：封國名，治所在郿縣（今陝西省眉縣東渭河北岸）。　馮翊：郡名，三國魏以左馮翊改置，治所在臨晋縣（今陝西省渭南市大荔縣）。　北地：郡名，三國魏治所在祋祤城（今陝西省銅川市耀州區東），西晋治所在泥陽縣（今甘肅省寧縣東南）。

[3]華陰：縣名，治所在今陝西省華陰市東南。

[4]氐：古代生活在西北地區的少數民族。黄烈先生《中國古代民族研究》（人民出版社 1987 年版）對氐人的源流有詳細考證。　楊難敵：十六國時略陽清水（今甘肅省清水縣西北）人。左賢王楊茂搜之子。繼楊茂搜之後任左賢王，受前趙劉曜封爲武都王。後降於成漢。　送任：送人質。

[5]馬蘭山：位於今陝西省銅川市北。

[6]懸軍追北：孤軍深入追擊敗退之敵。

[7]三城：位於今陝西省延安市東南。

弘賫璽綬親詣季龍，諭禪位意。季龍曰：“天下人自當有議，何爲自論此也!”弘還宫，對其母流涕曰：“先帝真無復遺矣!”俄而季龍遣丞相郭殷持節入，廢弘爲海陽王。弘安步就車，容色自若，謂群臣曰：“不堪纂承大統，顧慚群后，此亦天命去矣，又何言!”百官莫不流涕，宫人慟哭。咸康元年，幽弘及程氏并宏、恢于崇訓宫，尋殺之，在位二年，時年二十二。

張賓，字孟孫，趙郡中丘人也。父瑶，中山太守。賓少好學，博涉經史，不爲章句，闊達有大節，常謂昆弟曰：“吾自言智算鑒識不後子房，[1]但不遇高祖耳。”爲中丘王帳下都督，[2]非其好也，病免。

[1]子房：張良，秦末人，字子房，韓國貴族後裔。隨劉邦起兵反秦，爲重要謀士。屢出奇策，被劉邦譽爲“運籌帷幄之中，决勝千里之外”。劉邦稱帝後封爲留侯。

[2]帳下都督：官名，公府及開府位從公加兵者屬官，統領帳下親軍，侍衛主將。

及永嘉大亂，石勒爲劉元海輔漢將軍，與諸將下山東，賓謂所親曰：“吾歷觀諸將多矣，獨胡將軍可與共成大事。”乃提劍軍門，大呼請見，勒亦未之奇也。後漸進規謨，[1]乃異之，引爲謀主。機不虚發，算無遺策，成勒之基業，皆賓之勋也。及爲右長史、大執法，封濮陽侯，任遇優顯，寵冠當時，而謙虚敬慎，開襟下士，士無賢愚，造之者莫不得盡其情焉。肅清百寮，屏絶私昵，入則格言，出則歸美。勒甚重之，每朝，常爲之正容貌，簡辭令，呼曰“右侯”而不名之，勒朝莫與爲比也。[2]

［1］規謨：謨，殿本作“模”。
［2］爲比也：宋本無“也”字。

及卒，勒親臨哭之，哀慟左右，贈散騎常侍、右光禄大夫、儀同三司，[1]謚曰景。將葬，送于正陽門，望之流涕，顧左右曰：“天欲不成吾事邪，何奪吾右侯之早也！”程遐代爲右長史，勒每與遐議，有所不合，輒嘆曰：“右侯捨我去，令我與此輩共事，豈非酷乎！”因流涕彌日。

［1］右光禄大夫：官名，齊王曹芳正始元年（240）在光禄大夫上增置左右，位在光禄大夫上。在朝顯職的加官，或授予年老有病致仕者，或授予死者。西晋時禄賜與特進同。晋二品，開府位從公者一品。　儀同三司：即開府儀同三司，三國魏始置。爲大臣加號，意謂與太尉、司徒、司空三司待遇相同，許開設府署，任命僚屬。

晋書　卷一〇六

載記第六

石季龍上

石季龍上

石季龍，勒之從子也，名犯太祖廟諱，[1]故稱字焉。祖曰匐邪，父曰寇覓。勒父朱幼而子季龍，故或稱勒弟焉。年六七歲，有善相者曰："此兒貌奇有壯骨，貴不可言。"永興中，與勒相失。後劉琨送勒母王及季龍于葛陂，[2]時年十七矣。性殘忍，好馳獵，游蕩無度，尤善彈，數彈人，軍中以爲毒患。勒白王將殺之，王曰："快牛爲犢子時，多能破車，汝當小忍之。"年十八，稍折節。[3]身長七尺五寸，趫捷便弓馬，勇冠當時，將佐親戚莫不敬憚。勒深嘉之，拜征虜將軍。[4]爲娉將軍郭榮妹爲妻。季龍寵惑優僮鄭櫻桃而殺郭氏，更納清河崔氏女，[5]櫻桃又譖而殺之。所爲酷虐。軍中有勇幹策略與己侔者，輒方便害之，前後所殺甚衆。至於降城陷壘，不復斷別善惡，坑斬士女，鮮有遺類。勒雖屢加責誘，而行意自若。然御衆嚴而不煩，莫敢犯者，指授攻討，所向無前，故勒寵之，信任彌隆，仗以專征之任。

[1]太祖廟諱：太祖即李虎，唐高祖李淵祖父。北魏任左僕射，封隴西郡公，與周文帝及太保李弼、大司馬獨孤信等以功參佐命，當時稱爲“八柱國家”，賜姓大野氏。北周時追封唐國公，謚曰襄。隋文帝作相，還復本姓。唐朝武德初，追尊景皇帝，廟號太祖。

[2]劉琨：字越石，本書卷六二有傳。　葛陂：在今河南省新蔡縣北。上承澺水（今洪河），東出爲鮦水、富水等注入淮河。今陂與富水、鮦水皆湮。

[3]稍折節：漸漸地加以克制改變。

[4]征虜將軍：既是武官名，也作爲高級文職官員的加官。晋三品。

[5]清河：即清河郡，治所在清河縣（今山東省臨清市東北）。

勒之居襄國，[1]署爲魏郡太守，[2]鎮鄴三臺，[3]後封繁陽侯。勒即大單于、趙王位，[4]署爲單于元輔、都督禁衛諸軍事，[5]遷侍中、開府，[6]進封中山公。及勒僭號，授太尉、守尚書令，[7]進封爲王，邑萬户。季龍自以勛高一時，謂勒即位之後，大單于必在己，而更以授其子弘。[8]季龍深恨之，私謂其子邃曰：“主上自都襄國以來，端拱指授，[9]而以吾躬當矢石。二十餘年，南擒劉岳，北走索頭，[10]東平齊魯，西定秦雍，[11]克殄十有三州。成大趙之業者，我也。大單于之望實在于我，而授黄吻婢兒，每一憶此，令人不復能寢食。待主上晏駕之後，不足復留種也。”

[1]襄國：縣名，治所在今河北省邢臺市。

[2]魏郡：治所在鄴縣（今河北省臨漳縣西南）。

[3]鄴：縣名，曹魏五都之一。治所在今河北省臨漳縣西南。三臺：三國魏曹操所建銅雀臺、金虎臺、冰井臺。

[4]大單于：匈奴最高首領。

[5]單于元輔：十六國後趙置，國家首輔，權勢極重。　都督禁衛諸軍事：禁衛軍最高統帥。

[6]侍中：官名，東漢建安中與給事黄門侍郎出入禁中，省尚書事。曹魏時爲門下之侍中省長官。常侍衛皇帝左右，掌顧問應對、諫諍糾察、平議奏事、駁奏異議等，權力甚重。晋三品。　開府：開設府署，辟置僚屬。魏晋時常以此作爲對高級官員的寵待。

[7]太尉：官名，曹操爲丞相後，太尉府屬官歸相府，晋時太尉雖爲八公之一、三公之首，實爲名譽宰相，多爲大臣加官。晋一品。　守：暫時署理職務。多指官階低而署理較高的官職。　尚書令：官名，秦漢時爲尚書署長官。秩位雖低，權力甚重。魏晋時沿置，爲尚書省長官，綜理全國政務，參議大政，爲高級政務長官。晋三品。

[8]更以授其子弘：弘，原本作“宏”，宋本、殿本作“弘”，據宋本、殿本及其載記改。

[9]端拱：指帝王莊严臨朝，清简爲政。

[10]索頭：稱北方拓跋鮮卑。

[11]秦雍：秦州和雍州。秦州，治所在上邽縣（今甘肅省天水市）。雍州，治所在長安縣（今陝西省西安市西北）。

咸康元年，季龍廢勒子弘，群臣已下勸其稱尊號。季龍下書曰：“王室多難，海陽自棄，[1]四海業重，故俛從推逼。朕聞道合乾坤者稱皇，德協人神者稱帝，皇帝之號非所敢聞，且可稱居攝趙天王，以副天人之望。”

於是赦其境内，改年曰建武。以夔安爲侍中、太尉、守尚書令，郭殷爲司空，[2]韓晞爲尚書左僕射，[3]魏概、馮莫、張崇、曹顯爲尚書，[4]申鍾爲侍中，郎闓爲光禄大夫，[5]王波爲中書令，[6]文武封拜各有差。立其子邃爲太子。季龍以讖文天子當從東北來，於是備法駕行自信都而還以應之。[7]分廮陶之柳鄉立停駕縣。[8]

[1]海陽：即石勒子石弘，被廢爲海陽王。

[2]司空：官名，魏晋南北朝爲名譽宰相，多爲大臣加官。晋八公之一，位在三公之末。晋一品。

[3]尚書左僕射：官名，尚書省次官，輔助尚書令執行政務，參議大政，諫諍得失，監察糾彈百官。有時尚書省不置令，衹設左右僕射，此時左僕射居右僕射之上。晋三品。

[4]尚書：官名，東漢尚書臺六曹各置尚書，魏晋出爲朝官，分掌尚書省諸曹，品秩提高。晋三品。

[5]郎闓：闓，原本、宋本、殿本作“闇”，據中華本校勘記改。　光禄大夫：官名，三公等大臣告老回家即拜此職，或作爲在朝顯職的加官。晋三品，開府位從公者一品。

[6]中書令：官名，掌收納尚書奏事，傳達皇帝詔旨。三國魏文帝初年分秘書置中書省，設中書監和中書令，職權甚重。晋三品。

[7]法駕：天子車駕的一種。天子的鹵簿分大駕、法駕、小駕三種，其儀衛之繁簡各有不同。《史記》卷九《吕太后本紀》：“迺奉天子法駕，迎代王於邸。”裴駰集解引蔡邕曰：“天子有大駕、小駕、法駕。法駕上所乘，曰金根車，駕六馬，有五時副車，皆駕四馬，侍中參乘，屬車三十六乘。”　信都：縣名，治所在今河北省衡水市冀州區。

[8]廮陶：縣名，治所在今河北省寧晋縣西。廮，原本作

“瘦”，宋本、殿本作“瘦”，據中華本改。

季龍徐州從事朱縱殺刺史郭祥，[1]以彭城歸順。[2]季龍遣將王朗擊之，縱奔淮南。

[1]徐州：治所在彭城縣（今江蘇省徐州市）。 從事：官名，州部屬吏。東漢稱從事史，由州部長官自己選拔任命。

[2]彭城：縣名，治所在今江蘇省徐州市。

季龍荒游廢政，多所營繕，使邃省可尚書奏事，選牧守，祀郊廟；惟征伐刑斷乃親覽之。觀雀臺崩，[1]殺典匠少府任汪。[2]復使修之，倍於常度。

[1]觀雀臺：雀，宋本、殿本作“省”。

[2]典匠少府：《資治通鑑》卷九五《晉紀》成帝咸康元年：“虎好治宫室，鸛雀臺崩，殺典匠少府任汪。”胡三省注：“典匠少府，即漢將作大匠之職也。”

季龍自率衆南寇歷陽，[1]臨江而旋，京師大震。遣其征虜石遇寇中廬，[2]遂圍平北將軍桓宣于襄陽。[3]輔國將軍毛寶、南中郎將王國、征西司馬王愆期等率荆州之衆救之，[4]屯于章山。[5]遇攻守二旬，軍中飢疫而還。

[1]歷陽：縣名，治所在今安徽省和縣。

[2]中廬：縣名，治所在今湖北省南漳縣東北。

[3]平北將軍：官名，與平東、平西、平南將軍合稱四平將軍。多持節都督或監某一地區的軍事，有時作爲刺史等地方官員監理軍

務的加官。晋三品，加持節都督者二品。　桓宣：東晋人，本書卷八一有傳。　襄陽：縣名，治所在今湖北省襄陽市。

[4]輔國將軍：官名，屬將軍名號，三國兩晋皆置。晋三品。　毛寶：字碩真，本書卷八一有傳。　南中郎將：官名，與東、西、北中郎將並稱四中郎將，統兵征戰，權職甚重。晋四品。　征西司馬：官名，征西將軍府高級幕僚。掌參讚軍務、管理府内武職，位僅次於長史。晋七品。　王愆期：東晋人，歷任都護、南郡太守、陶侃右司馬。　荆州：三國時曹魏治所在新野縣（今河南省新野縣），孫吴治所在江陵縣（今湖北省江陵縣），西晋統一後治所在江陵縣（今湖北省江陵縣）。

[5]章山：位於今湖北省安陸市東。

季龍以租入殷廣，轉輸勞煩，令中倉歲入百萬斛，餘皆儲之水次。

晋將軍淳于安攻其琅邪費縣，[1]俘獲而歸。

[1]琅邪：封國名，治所在今山東省臨沂市。　費縣：治所在今山東省費縣西北。

石邃保母劉芝初以巫術進，既養邃，遂有深寵，通賄賂，豫言論，權傾朝廷，親貴多出其門，遂封芝爲宜城君。

季龍下書令刑贖之家得以錢代財帛，無錢聽以穀麥，皆隨時價輸水次倉。冀州八郡雨雹，[1]大傷秋稼，下書深自咎責。遣御史所在發水次倉麥，[2]以給秋種，尤甚之處差復一年。

［1］冀州：三國魏治所在信都縣（今河北省衡水市冀州區），西晋移治房子縣（今河北省高邑縣西南）。

［2］御史：官名，此爲巡行御史，奉旨巡行地方。多爲臨時設置。

季龍將還於鄴，尚書請太常告廟，[1]季龍曰："古者將有大事，必告宗廟，而不列社稷。[2]尚書可詳議以聞。"公卿乃請使太尉告社稷，從之。及入鄴宫，澍雨周洽，季龍大悦，赦殊死已下。尚方令解飛作司南車成，[3]季龍以其構思精微，賜爵關内侯，賞賜甚厚。始制散騎常侍已上得乘軺軒，[4]王公郊祀乘副車，駕四馬，龍旗八旒，朔望朝會即乘軺軒。[5]

［1］太常：官名，漢代稱奉常，本掌禮樂宗廟、社稷祭祀，魏晋時此職掌歸尚書裁定，太常成爲閑職。晋三品。　告廟：古代禮儀，天子或諸侯出巡或遇兵戎等重大事件而祭告祖廟。班固《白虎通·巡狩》："王者出，必告廟何？孝子出辭反面，事死如事生。"

［2］社稷：祭祀土神和穀神的場所。

［3］尚方令：尚方署長官，隶属少府。

［4］散騎常侍：官名，三國魏文帝黄初年間置，侍從皇帝左右，諫諍得失，顧問應對，與侍中等共平尚書奏事。也用作宰相、諸公等加官，入宫議政。晋三品。　軺軒：輕車。《文選·陸機〈漢高祖功臣頌〉》："紀信誑項，軺軒是乘。"李周翰注："軺軒，輕車也。"

［5］朔望朝會即乘軺軒：即，殿本作"節"。

時羌薄句大猶保險未賓，遣其子章武王斌帥精騎二萬，并秦、雍二州兵以討之。

季龍如長樂、衛國，[1]有田疇不闢、桑業不修者，貶其守宰而還。

[1]長樂：縣名，治所在今河南省安陽市東。　衛國：縣名，治所在今河南省清豐縣東南。

咸康二年，使牙門將張彌徙洛陽鍾虡、九龍、翁仲、銅駝、飛廉于鄴。[1]鐘一没於河，募浮没三百人入河，繫以竹絙，[2]牛百頭，鹿櫨引之乃出。造萬斛舟以渡之，以四輪纏輞車，[3]轍廣四尺，深二尺，運至鄴。季龍大悦，赦二歲刑，賚百官穀帛，百姓爵一級。

[1]牙門將：官名，簡稱牙門，三國魏晋南北朝皆置，統兵武職，位在裨將軍下、郡守上。晋五品。　鍾虡：掛編鐘的架子。翁仲：《淮南子·氾論訓》："秦之時，高爲臺榭，大爲苑囿，遠爲馳道，鑄金人。"高誘注："秦皇帝二十六年，初兼天下，有長人見於臨洮，其高五丈，足迹六尺。仿寫其形，鑄金人以象之，翁仲、君何是也。"　飛廉：古代傳説中的動物名。《淮南子·俶真訓》："騎飛廉而從敦圄。"高誘注："飛廉，獸名，長毛有翼。"

[2]竹絙（gēng）：竹篾編成的粗繩索。

[3]四輪纏輞車：給車輪加固的載重車。《後漢書》卷二九《輿服志上》："獵車，其飾皆如之。重輞縵輪，繆龍繞之。"

下書曰："三載考績，黜陟幽明，[1]斯則先王之令典，政道之通塞。魏始建九品之制，[2]三年一清定之，雖未盡弘美，亦搢紳之清律，[3]人倫之明鏡。從爾以來，遵用無改。先帝創臨天下，黄紙再定。[4]至於選舉，銓爲首格。自不清定，三載于兹。主者其更銓論，務揚清激濁，使九流咸允也。吏部選舉，可依晋氏九班選制，永爲揆法。選畢，經中書、門下宣示三省，[5]然後行之。其著此詔書于令。銓衡不奉行者，[6]御史彈坐以聞。”

[1]黜陟：人才的进退，官吏的升降。黜，貶降、罷退。陟，提拔、升遷。

[2]九品之制：九品官人法，亦稱九品中正制，即魏晋時期選官任人的制度。州郡中正將人才分爲上上、上中、上下、中上、中中、中下、下上、下中、下下九品，朝廷據此授官。

[3]搢紳：搢，殿本作“縉”。

[4]黄紙：指皇帝詔書，一般寫在黄紙上。

[5]中書：中書省，官署名。三國魏文帝初年分秘書省置，爲掌管機要、出納政令章奏的宫廷政治機構，收納群臣奏疏，草擬皇帝詔令，兼領修史、記録皇帝起居。以中書監、令爲長官，下設通事郎、著作郎等官。　門下：官署名，魏晋南朝初期爲門下諸省的泛稱。掌顧問應對、拾遺補闕、諫諍糾察、儐贊威儀，管理門下衆事，侍奉皇帝生活起居。與散騎省共平尚書奏事，有異議則駁奏之。與散騎省、侍中省共稱三省。

[6]銓衡：選官。

索頭郁鞠率衆三萬降于季龍，署鞠等一十三人親通趙王，[1]皆封列侯，散其部衆于冀青等六州。[2]

[1]署鞠等一十三人親通趙王：中華本校勘記：“《通鑑》九五無‘通’字，九八又云石袛以姚弋仲爲親趙王。疑‘通’字衍。”

[2]青：青州，治所在臨淄縣（今山東省淄博市東北）。

時衆役煩興，軍旅不息，加以久旱穀貴，金一斤直米二斗，[1]百姓嗷然無生賴矣。又納解飛之説，於鄴正南投石於河，以起飛橋，功費數千億萬，橋竟不成，役夫飢甚，乃止。使令長率丁壯隨山澤采橡捕魚以濟老弱，而復爲權豪所奪，人無所得焉。又料殷富之家，[2]配飢人以食之，公卿已下出穀以助振給，[3]奸吏因之侵割無已，雖有貸贍之名而無其實。

[1]金一斤直米二斗：中華本校勘記："《御覽》三五引《三十國春秋》、八一〇引《後趙録》'斗'並作'升'。"

[2]料殷富之家：清查統計富人家庭數量。

[3]公卿已下：已，殿本作"以"。

改直盪爲龍騰，[1]冠以絳幘。

[1]直盪：十六國後趙禁衛軍名稱。

於襄國起太武殿，於鄴造東西宫，至是皆就。太武殿基高二丈八尺，以文石綷之，下穿伏室，置衛士五百人於其中。東西七十五步，南北六十五步。皆漆瓦、金璫、銀楹、金柱、珠簾、玉壁，窮極伎巧。又起靈風臺九殿于顯陽殿後，選士庶之女以充之。後庭服綺縠、玩珍奇者萬餘人，内置女官十有八等，教宫人星占及馬步射。置女太史于靈臺，仰觀灾祥，以考外太史之虚實。

又置女鼓吹羽儀,[1]雜伎工巧，皆與外侔。禁郡國不得私學星讖，敢有犯者誅。

[1]鼓吹：帝王及高級官員儀仗中的樂隊，由管樂和打擊樂器組成，常用來賜予有軍功的高級武官。

左校令成公段造庭燎于崇杠之末,[1]高十餘丈，上盤置燎，下盤置人，絙繳上下。[2]季龍試而悦之。其太保夔安等文武五百九人勸季龍稱尊號，安等方入而庭燎油灌下盤，死者七人。季龍惡之，大怒，斬成公段于閶闔門。[3]

[1]左校令：官名，漢朝隸屬將作大匠，領本署土木工程建造。三國魏以其主天下木材，併入材官校尉。西晋復置，隸少府。東晋省並材官將軍。十六國後趙仍置，掌土木工程。晋七品。

[2]絙繳：用粗繩子纏繞轉動。

[3]閶闔門：後趙都城城門。

於是依殷周之制，以咸康三年僭稱大趙天王，即位于南郊，大赦殊死已下。追尊祖訇邪爲武皇帝，父寇覓爲太宗孝皇帝。立其鄭氏爲天王皇后,[1]以子邃爲天王皇太子。親王皆貶封郡公，藩王爲縣侯，百官封署各有差。

[1]立其鄭氏：殿本“其”下有“妻”字。

太原徙人五百餘户叛入黑羌。[1]

[1]太原：郡名，治所在晋陽縣（今山西省太原市西南）。徙人五百餘户：宋本作“徙遷人百餘户”，殿本作“徙人有五百餘户”。

武鄉長城徙人韓彊獲玄玉璽，[1]方四寸七分，龜紐金文，詣鄴獻之。拜彊騎都尉，[2]復其一門。夔安等又勸進曰：“臣等謹案大趙水德，玄龜者，水之精也；玉者，石之寶也；[3]分之數以象七政，[4]寸之紀以準四極。[5]昊天成命，不可久違。輒下史官擇吉日，具禮儀，謹昧死上皇帝尊號。”季龍下書曰：“過相褒美，猥見推逼，覽增恧然，[6]非所望也，其亟止兹議。[7]今東作告始，[8]自非京城内外，[9]皆不得表慶。”中書令王波上《玄璽頌》以美之。季龍以石弘時造此璽，彊遇而獻之。

[1]武鄉：縣名，治所在今山西省榆社縣西北社城。

[2]騎都尉：官名，最高位領騎兵之武職，不領兵時爲侍衛武官。因親近皇帝，多以侍中兼任。與駙馬都尉、奉車都尉並爲三都尉。晋六品。

[3]石之寶：石，宋本作“古”。

[4]七政：指春、秋、冬、夏、天文、地理、人道。

[5]四極：四境。

[6]恧（nǜ）然：慚愧貌。恧，宋本作“而”。

[7]亟止兹議：止，宋本作“上”。

[8]東作：農事。

[9]京城：京師，國都。

邃自總百揆之後，荒酒淫色，驕恣無道，或盤游于田，懸管而入，[1]或夜出于宫臣家，淫其妻妾。妝飾宫人美淑者，斬首洗血，置於盤上，傳共視之。又内諸比丘尼有姿色者，[2]與其交褻而殺之，合牛羊肉煮而食之，亦賜左右，欲以識其味也。河間公宣、樂安公韜有寵於季龍，邃疾之如仇。季龍荒耽内游，威刑失度，邃以事爲可呈呈之，季龍恚曰："此小事，何足呈也。"時有所不聞，復怒曰："何以不呈？"誚責杖捶，月至再三。邃甚恨，私謂常從無窮、長生、中庶子李顔等曰：[3]"官家難稱，[4]吾欲行冒頓之事，[5]卿從我乎？"顔等伏不敢對。邃稱疾不省事，率宫臣文武五百餘騎宴于李顔别舍，謂顔等曰："我欲至冀州殺石宣，有不從者斬！"行數里，騎皆逃散，李顔叩頭固諫，邃亦昏醉而歸。邃母鄭氏聞之，私遣中人責邃。邃怒，殺其使。季龍聞邃有疾，遣所親任女尚書察之。邃呼前與語，抽劍擊之。季龍大怒，收李顔等詰問，顔具言始末，誅顔等三十餘人。幽邃于東宫，既而赦之，引見太武東堂。[6]邃朝而不謝，俄而便出。季龍遣使謂邃曰："太子應入朝中宫，何以便去？"邃逕出不顧。季龍大怒，廢邃爲庶人。其夜，殺邃及妻張氏并男女二十六人，同埋於一棺之中。誅其宫臣支黨二百餘人。廢鄭氏爲東海太妃。立其子宣爲天王皇太子，宣母杜昭儀爲天王皇后。

[1]懸管：挂着城門的鑰匙。管，鑰匙。

[2]比丘尼：佛教對滿二十歲並受了具足戒的女性出家人的稱呼。

[3]常從：官名，即太子常從，掌東宫宿衛。晋六品。　中庶子：官名，即太子中庶子，太子侍從，掌侍從、奏事、諫議等。晋五品。

[4]官家難稱：難以使皇帝滿意。

[5]冒（mò）頓（dú）：匈奴單于，姓攣鞮氏。初爲質於月氏，後盗月氏善馬逃回。其父頭曼以之爲勇，令率萬騎。公元前209年弑父自立。

[6]太武東堂：太武殿東堂。太武殿，鄴城正殿。《鄴中記》載，石虎於魏武故殿立太武殿。

安定人侯子光，[1]弱冠美姿儀，自稱佛太子，從大秦國來，[2]當王小秦國。易姓名爲李子楊，游于鄠縣爰赤眉家，[3]頗見其妖狀，事微有驗。赤眉信敬之，妻以二女，轉相扇惑。京兆樊經、竺龍、嚴諶、謝樂子等聚衆數千人於杜南山，[4]子楊稱大黄帝，建元曰龍興。赤眉與經爲左右丞相，龍、諶爲左右大司馬，樂子爲大將軍。鎮西石廣擊斬之。[5]子楊頸無血，十餘日而面色無異於生。

[1]安定人侯子光：中華本校勘記："《御覽》三七九引《後趙録》'侯子光'作'劉光'。"

[2]大秦國：域外國名，本書卷九七有傳。

[3]鄠縣：治所在今陝西省西安市鄠邑區北。

[4]京兆：郡名，治所在長安縣（今陝西省西安市西北）。杜南山：《資治通鑑》卷九五《晋紀》成帝咸康三年："安定侯子光，自稱佛太子，云從大秦國來，當王小秦國，聚衆數千人於杜南山。"胡三省注："京兆杜陵縣之南山也。"

［5］鎮西：官名，即鎮西將軍。與鎮東、鎮南、鎮北將軍合稱四鎮將軍。多爲持節都督，出鎮方面。曹魏二品。晋改三品，加持節都督者二品。

季龍將伐遼西鮮卑段遼，［1］募有勇力者三萬人，皆拜龍騰中郎。［2］遼遣從弟屈雲襲幽州，［3］刺史李孟退奔易京。［4］季龍以桃豹爲横海將軍，［5］王華爲渡遼將軍，［6］統舟師十萬出漂渝津，［7］支雄爲龍驤大將軍，［8］姚弋仲爲冠軍將軍，［9］統步騎十萬爲前鋒，以伐段遼。季龍衆次金臺，［10］支雄長驅入薊，［11］遼漁陽太守馬鮑、代相張牧、北平相陽裕、上谷相侯龕等四十餘城并率衆降于季龍。［12］支雄攻安次，［13］斬其部大夫那樓奇。遼懼，棄令支，［14］奔于密雲山。［15］遼左右長史劉群、盧諶、司馬崔悦等封其府庫，遣使請降。季龍遣將軍郭太、麻秋等輕騎二萬追遼，及之，戰于密雲，獲其母妻，斬級三千。遼單馬竄險，遣子乞特真送表及名馬，季龍納之。乃遷其户二萬餘于雍、司、兖、豫四州之地，［16］諸有才行者皆擢叙之。先是，北單于乙回爲鮮卑敦那所逐，既平遼西，遣其將李穆擊那破之，復立乙回而還。季龍入遼宫，論功封賞各有差。

［1］遼西：郡名，治所在陽樂縣（今河北省盧龍縣東南）。鮮卑：我國古代北方少數民族，有拓拔、宇文、慕容、秃髮、乞伏、段諸部。此指段部。　段遼：或作段護遼，十六國時東部鮮卑人，段末波從弟。繼段末波弟段牙後爲大單于、幽州刺史。被石虎打敗，歸附慕容皝，後因謀反事泄被殺。

［2］龍騰中郎：宫廷侍衛武官。

［3］幽州：治所在薊縣（今北京市西南）。

［4］易京：地名，在今河北省雄安新區西北。

［5］横海將軍：官名，雜號將軍，統水軍出征。晋五品。

［6］渡遼將軍：官名，亦作度遼將軍。三國魏置，十六國後趙亦置，統兵出征。

［7］漂渝津：位於今天津市東。

［8］龍驤大將軍：官名，西晋置，禄賜與特進同。十六國後趙、後凉亦置。晋二品，開府位從公者一品。

［9］姚弋仲：本書卷一一六有載記。　冠軍將軍：官名，曹魏、孫吴、西晋皆置。西晋時領營兵。晋三品。

［10］金臺：亦稱黄金臺，位於今河北省易縣東南。

［11］薊：縣名，治所在今北京市西南。

［12］漁陽：郡名，治所在漁陽縣（今北京市密雲區西南）。代：代郡，治所在代縣（今河北省蔚縣東北）。　相：官名，郡國相，也稱内史。晋五品。　北平：郡名，治所在徐無縣（今河北省遵化市東）。　上谷：郡名，三國魏治所在居庸縣（今北京市延慶區），晋治所在沮陽縣（今河北省懷來縣東南）。

［13］安次：縣名，治所在今河北省廊坊市西北古縣。

［14］令支：縣名，治所在今河北省遷安市西南。

［15］密雲山：位於今北京市密雲區南，又名横山。

［16］司：司州，治所在洛陽縣（今河南省洛陽市東北）。兖：兖州，三國魏治所在廩丘縣（今山東省鄆城縣西北），晋惠帝末，兖州闔境淪没於石勒。東晋元帝僑置兖州，治京口（今江蘇省鎮江市）。　豫：豫州，曹魏時治所在安城縣（今河南省正陽縣東北），西晋移治陳縣（今河南省周口市淮陽區），十六國前趙移治許昌縣（今河南省許昌市東）。

初，慕容皝與段遼有隙，[1]遣使稱藩于季龍，陳遼宜伐，請盡衆來會。及軍至令支，皝師不出，季龍將伐之。天竺佛圖澄進曰：[2]“燕福德之國，未可加兵。”[3]季龍作色曰：“以此攻城，何城不克？以此衆戰，誰能禦之？區區小豎，何所逃也！”太史令趙攬固諫曰：[4]“燕地歲星所守，[5]行師無功，必受其禍。”季龍怒，鞭之，黜爲肥如長。[6]進師攻棘城，[7]旬餘不克。皝遣子恪帥胡騎二千，[8]晨出挑戰，諸門皆若有師出者，四面如雲，季龍大驚，棄甲而遁。於是召趙攬復爲太史令。季龍旋自令支，過易京，惡其固而毁之。還謁石勒墓，朝其群臣於襄國建德前殿，復從征文武有差。至鄴，設飲至之禮，[9]賜俘遍於丞郎。

[1]慕容皝：字元真，本書卷一〇九有載記。

[2]天竺：古印度。　佛圖澄：本書卷九五有傳。

[3]未可加兵：宋本“可”字下有小字夾文“一作心”三字。

[4]太史令：官名，屬太常。掌天時、星曆、歲終奏新年曆。記録瑞應、灾異等。晋七品。

[5]燕地歲星所守：歲星所停留的星區對應的分野是燕地。歲星，木星。

[6]肥如：縣名，治所在今河北省盧龍縣北。

[7]棘城：一作大棘城，位於今遼寧省義縣西。

[8]恪：慕容恪，字玄恭，本書卷一一一有載記。

[9]飲至：征伐凱旋所舉行的慶功禮典。

季龍謀伐昌黎，[1]遣渡遼曹伏將青州之衆渡海，戍蹋頓城，無水而還，因戍于海島，運穀三百萬斛以給之。又以船三百艘運穀三十萬斛詣高句麗，[2]使典農中郎將王典率衆萬餘屯田于海濱。[3]又令青州造船千艘。使石宣率步騎二萬擊朔方鮮卑斛摩頭破之，[4]斬首四萬餘級。

[1]昌黎：郡名，治所在昌黎縣（今遼寧省義縣）。

[2]高句麗：古國名，亦作句麗、高麗。都城丸都（今吉林省集安市），後遷都今朝鮮民主主義人民共和國平壤市。

[3]典農中郎將：官名，簡稱典農，掌管屯田事務，管理所部吏民，相當於郡守。晉六品。

[4]朔方：郡名，治所在朔方縣（今内蒙古自治區杭錦旗北），轄境相當於今内蒙古自治區前套西北部及後套地區。

冀州八郡大蝗，司隸請坐守宰，[1]季龍曰："此政之失和，朕之不德，而欲委咎守宰，豈禹湯罪己之義邪！司隸不進讜言，佐朕不逮，而歸咎無辜，所以重吾之責，可白衣領司隸。"

[1]司隸：即司隸校尉，三國魏時先治弘農，後治河南，轄司州所屬河南、河東、河内、弘農、平陽五郡。掌監察京師，糾察京都百官。西晉沿置。晉三品。

加其子司徒韜金鉦黄鉞，[1]鑾輅九旒。[2]

[1]司徒：官名，西漢哀帝元壽二年（前1）改丞相爲大司徒，東漢光武帝時改名爲司徒，東漢末又改爲丞相。三國魏恢復三公制，改丞相爲司徒，管理民政。兩晉沿制，爲八公之一，在太尉之

下、司空之上。與丞相通職，一般不並置，爲名譽宰相。晉一品。　金鉦：古代鐲鐃一類的打擊樂器。　黄鉞：飾以黄金的斧鉞，爲皇帝儀仗。賜予出征重臣，以示威重，令其專主征伐。

[2]鑾輅九旒：挂有天子旌旗的鑾駕。

先是，使襄城公涉歸、上庸公日歸率衆戍長安，二歸告鎮西石廣私樹恩澤，潛謀不軌。季龍大怒，追廣至而殺之。[1]

[1]追廣至而殺之：殿本作“追廣至，殺之”，中華本作“追廣至鄴，殺之”。

段遼於密雲山遣使詐降，季龍信之，使征東麻秋百里郊迎，敕秋曰：“受降如待敵，將軍慎之。”遼又遣使降于慕容皝曰：“胡貪而無謀，吾今請降求迎，彼終不疑也。若伏重軍以要之，[1]可以得志。”皝遣子恪伏兵於密雲。麻秋統衆三萬迎遼，爲恪所襲，死者十六七，秋步遁而歸。季龍聞之驚怒，方食吐餔，乃削秋官爵。

[1]若伏重軍：重，殿本作“衆”。

下書令諸郡國立《五經》博士。初，勒置大小學博士，至是復置國子博士、助教。[1]季龍以吏部選舉斥外耆德，而勢門童幼多爲美官，免郎中魏奐爲庶人。[2]以其太子宣爲大單于，建天子旌旗。

［1］國子博士：學官，教授儒學。晋六品。

［2］郎中：官名，尚書省郎曹長官。位次尚書、左右丞，分曹執行政務。與“尚書郎”互稱。晋六品。

以夔安爲征討大都督，[1]統五將步騎七萬寇荆揚北鄙。[2]石閔敗王師于沔陰，將軍蔡懷死之。宣將朱保又敗王師于白石，[3]將軍鄭豹、談玄、郝莊、隨相、蔡熊皆遇害。季龍將張賀度攻陷邾城，[4]敗晋將毛寶于邾西，死者萬餘人。夔安進據胡亭，[5]晋將軍黄冲、歷陽太守鄭進皆降之。安於是掠七萬户而還。[6]

［1］征討大都督：官名，掌統率外出征伐之軍，名位在征討都督之上。

［2］荆揚北鄙：荆州、揚州的北部邊境。

［3］白石：即白石陂，又名蘇峻湖，位於今江蘇省南京市城區西北部。

［4］邾城：地名，即繹邑，在今山東省鄒城市東南。

［5］胡亭：位於今安徽省阜陽市西北。

［6］“歷陽太守”至“七萬户而還”：中華本校勘記：“周校：‘歷陽’，《成帝紀》作‘義陽’，‘降之’作‘死之’爲是。‘七萬户’作‘七千餘家’。按：歷陽屬揚州，在今安徽和縣，遠不相及，晋義陽治仁順城在今河南信陽西，見《水經·淮水注》。作‘義陽’是。‘七萬户’當是據石趙誇大之辭，此類數字歧異，皆由兩方戰報不同，今不悉舉。”

時豪戚侵恣，賄託公行，季龍患之，擢殿中御史李矩爲御史中丞，[1]特親任之。自此百僚震慴，[2]州郡肅然。季龍曰："朕聞良臣如猛獸，高步通衢而豺狼避路，信矣哉！"

[1]殿中御史：官名，亦稱殿中侍御史，隸屬御史臺，掌糾察宮殿中違法。晋六品。　李矩：矩，宋本作"巨"。　御史中丞：官名，御史大夫副手，掌監察、執法，爲京師顯官，職權甚重。晋四品。

[2]百僚：僚，殿本作"寮"。本卷下文"百僚"同。

鎮遠王擢表雍、秦二州望族，[1]自東徙已來，遂在戍役之例，既衣冠華冑，宜蒙優免，從之自是皇甫、胡、梁、韋、杜、牛、辛等十有七姓蠲其兵貫，一同舊族，隨才銓叙，思欲分還桑梓者聽之；[2]其非此等，不得爲例。

[1]鎮遠：官名，即鎮遠將軍。統兵，臨時所設，事畢即罷。

[2]桑梓：故鄉。

以其撫軍李農爲使持節、監遼西北平諸軍事、征東將軍、營州牧，[1]鎮令支。于時大旱，白虹經天，季龍下書曰："朕在位六載，不能上和乾象，下濟黎元，以致星虹之變。其令百僚各上封事，解西山之禁，蒲葦魚鹽除歲供之外，皆無所固。公侯卿牧不得規占山澤，奪百姓之利。"又下書曰："前以豐國、澠池二冶初建，[2]徙刑徒配之，權救時務。而主者循爲恒法，致起怨聲。自今罪犯流徒，皆當申奏，不得輒配也。京獄見囚，非手殺人，一皆原遣。”其日澍雨。[3]

[1]使持節：漢朝官吏奉使外出時，或由皇帝授予節杖，以提高其權力。魏晋以後，凡重要軍事長官出征或出鎮，加使持節，可誅殺二千石以下官員。　監遼西北平諸軍事：遼西、北平軍事行政長官，位低於都督。　征東將軍：官名，東漢末置，與征西、征南、征北將軍合稱四征將軍。魏晋時多爲持節都督，出鎮方面。晋三品，加持節都督者二品。　營州：十六國後趙置，治所在令支縣（今河北省遷安市西南）。

[2]豐國：縣名，治所在今江蘇省徐州市。《三國志》卷三《魏書·明帝紀》：“以沛、杼秋、公丘、彭城豐國、廣戚，并五縣爲沛王國。”　澠池：縣名，治所在今河南省澠池縣西。　二治：冶，宋本作“台”。

[3]澍雨：大雨。

季龍將討慕容皝，令司、冀、青、徐、幽、并、雍兼復之家五丁取三，[1]四丁取二，合鄴城舊軍滿五十萬，具船萬艘，自河通海，運穀豆千一百萬斛于安樂城，[2]以備征軍之調。徙遼西、北平、漁陽萬户于兖、豫、雍、洛四州之地。[3]

[1]并：并州，治所在晋陽縣（今山西省太原市西南）。

[2]運穀豆千一百萬斛于安樂城：中華本校勘記：“《通鑑》九六‘安樂’作‘樂安’，胡注以爲即《水經·濡水》注之樂安亭（今河北樂亭北）。安樂屬幽州漁陽郡，亦見《水經·沽河》注，在今北京市順義北，與上‘自河通海’不合，疑作‘樂安’是。”

[3]洛：洛州，治所在今河南省三門峽市陝州區。

季龍僭位之後，有所調用，皆選司擬官，經令僕而後奏行。不得其人，案以爲令僕之負，尚書及郎不坐。至是，吏部尚書劉真以爲失銓考之體而言之，[1]季龍責怒主者，加真光禄大夫，金章紫綬。[2]

[1]吏部尚書：官名，三國魏時爲尚書省吏部曹長官，位居列曹尚書之上。晋三品。

[2]金章紫綬：黄金印章紫色綬帶。

季龍如宛陽，[1]大閲於曜武場。

[1]宛陽：又名閲馬臺，位於今河北省臨漳縣西南漳河南岸故鄴縣城之西。

慕容皝襲幽冀，略三萬餘家而去。幽州刺史石光坐懦弱徵還。

賜徵士辛謐几杖衣服，[1]穀五百斛，敕平原爲起甲第。[2]

[1]徵士：不接受朝廷徵聘的隱士。

[2]平原：縣名，治所在今山東省平原縣西南。

先是，李壽將李宏自晋奔于季龍，[1]壽致書請之，題曰趙王石君。季龍不悦，付外議之，多有異同。中書監王波議曰：[2]"今李宏以死自誓，若得反魂蜀漢，當鳩率宗族，混同王化。若遣而果也，則不煩一旅之師而坐定梁益，[3]就有進退，豈在逃命一夫。[4]壽既號並日月，跨僭一方，今若制詔，或敢酬反，則取誚戎裔。宜書答之。并贈以楛矢，[5]使壽知我遐荒必臻也。”於是遣宏，備物以酬之。

[1]李壽：字武考，本書卷一二一有載記。　李宏：中華本校勘記："《成紀》、《李壽載記》、《通鑑》九六'宏'並作'閎'。下同。"

[2]中書監：官名，中書省長官之一。三國魏文帝初年分秘書置中書省，長官爲中書監、中書令。掌收納奏章，草擬詔令。平常不分高下，入朝時監略高於令。晋三品。

[3]梁：梁州，三國曹魏治所在沔陽縣（今陝西省勉縣東），西晋移治南鄭縣（今陝西省漢中市東）。　益：州名，治所在成都縣（今四川省成都市）。

[4]逃命一夫：逃，宋本作"挑"。

[5]楛矢：以楛木做杆的箭。

以石韜爲太尉，與太子宣迭日省可尚書奏事。自幽州東至白狼，[1]大興屯田。

[1]白狼：縣名，治所在今遼寧省喀喇沁左翼蒙古族自治縣西南。

張駿憚季龍之盛，[1]遣其别駕馬詵朝之。[2]季龍初大悦，及覽其表，辭頗蹇傲，季龍大怒，將斬詵。侍中石璞進曰：[3]"爲陛下之患者，丹楊也。[4]區區河右，[5]焉能爲有無！今斬馬詵，必征張駿，則南討之師勢分爲二，建鄴君臣延其數年之命矣。勝之不爲武，弗克爲四夷所笑，不如因而厚之。彼若改圖謝罪，[6]率其臣職者，則我又何求！迷而不悟，討之未後也。”季龍乃止。

[1]張駿：字公庭，本書卷八六有傳。

[2]別駕：官名，别駕從事、别駕從事史省稱。州部佐官，因從刺史行部，别乘傳車，故稱。位居州吏之右。

[3]侍中石璞進曰：中華本校勘記："《石崇傳》'璞'作'樸'。《石季龍載記》下同。"

[4]丹楊：郡名，治所在建鄴縣（今江蘇省南京市）。楊，殿本作"陽"。

[5]河右：即河西，今甘肅、青海二省之間黄河南段以西地區，即河西走廊、湟水流域一帶。

[6]彼若：殿本乙作"若彼"。

李宏既至蜀漢，李壽欲誇其境内，下令云："羯使來庭，獻其楛矢。"季龍聞之怒甚，黜王波以白衣守中書監。

季龍志在窮兵，以其國内少馬，乃禁畜私馬，[1]匿者腰斬，收百姓馬四萬餘匹以入于公。兼盛興宫室於鄴，起臺觀四十餘所，營長安、洛陽二宫，作者四十餘萬人。又敕河南四州具南師之備，[2]并、朔、秦、雍嚴西討之資，[3]青、冀、幽州三五發卒，諸州造甲者五十萬人。[4]兼公侯牧宰競興私利，百姓失業，十室而七。船夫十七萬人爲水所没、猛獸所害，三分而一。貝丘人李弘因衆心之怨，[5]自言姓名應讖，遂連結奸黨，署置百僚。事發，誅之，連坐者數千家。

[1]禁畜私馬：殿本無“私”字。

[2]河南：郡名，治所在洛陽縣（今河南省洛陽市東北）。

[3]朔：朔州，治所在高平縣（今寧夏回族自治區固原市）。

[4]五十萬人：萬，殿本作“餘”。

[5]貝丘：縣名，治所在今山東省臨清市南。

季龍畋獵無度，晨出夜歸，又多微行，躬察作役之所。侍中韋謏諫曰：“臣聞千金之子坐不垂堂，[1]萬乘之主行不履危。陛下雖天生神武，雄據四海，乾坤冥贊，萬無所慮。然白龍魚服，有豫且之禍；[2]海若潛游，罹葛陂之酷，[3]深願陛下清宫蹕路，思二神爲元鑒，[4]不可忽天下之重，輕行斤斧之間。一旦有狂夫之變，龍騰之勇不暇施也，智士之計豈及設哉！又自古聖王之營建宫室，未始不於三農之隙，所以不奪農時也。今或盛功于耘藝之辰，或煩役于收穫之月，頓斃屬途，[5]怨聲塞路，誠非聖君仁后所忍爲也。昔漢明賢君也，鍾離一言而德陽役止。[6]臣誠識慚昔士，言無可采，陛下道越前王，所宜哀覽。”季龍省而善之，賜以穀帛，而興繕滋繁，游察自若。

[1]千金之子坐不垂堂：語見《漢書》卷四九《袁盎傳》。孝文帝想駕車從陡坡上冲下來，袁盎勸諫説：“臣聞千金之子不垂堂，百金之子不騎衡，聖主不乘危，不儌幸。今陛下騁六飛，馳不測山，有如馬驚車敗，陛下縱自輕，奈高廟、太后何？”

[2]豫且之禍：《説苑·正諫》：吴王欲從民飲酒，伍子胥諫曰：“不可。昔白龍下清冷之淵，化爲魚，漁者豫且射中其目。白龍上訴天帝，天帝曰：‘當是之時，若安置而形？’白龍對曰：‘我

下清冷之淵，化爲魚。’天帝曰：‘魚固人之所射也，若是豫且何罪？’夫白龍，天帝貴畜也，豫且，宋國賤臣也，白龍不化，豫且不射。今君棄萬乘之位，而從布衣之士飲酒，臣恐其有豫且之患矣。”

[3]罹葛陂之酷：《後漢書》卷八二《方術列傳下》：“後東海君來見葛陂君，因淫其夫人，於是長房劾繫之三年，而東海大旱。長房至海上，見其人請雨，乃謂之曰：‘東海君有罪，吾前繫於葛陂，今方出之使作雨也。’於是雨立注。”

[4]思二神爲元鑒：以二神爲借鑒。二神指上文注所述白龍和東海君。

[5]頓斃屬途：暴死在行進的途中。

[6]鍾離一言而德陽役止：《後漢書》卷四一《鍾離意傳》：永平三年（60）夏旱，而大起北宫，鍾離意詣闕免冠上疏曰：“竊見北宫大作，人失農時，此所謂宫室榮也。自古非苦宫室小狹，但患人不安寧。宜且罷止，以應天心。臣意以匹夫之才，無有行能，久食重禄，擢備近臣，比受厚賜，喜懼相并，不勝愚戆征營，罪當萬死。”明帝便停止了北宫的建設。

右僕射張離領五兵尚書，[1]專總兵要，而欲求媚于石宣，因説之曰：“今諸公侯吏兵過限，宜漸削弱，以盛儲威。”宣素疾石韜之寵，甚説其言，乃使離奏奪諸公府吏，秦、燕、義陽、樂平四公聽置吏一百九十七人，帳下兵二百人，自此已下，三分置一，餘兵五萬，悉配東宫。於是諸公咸怨，爲大釁之漸矣。

[1]右僕射：官名，即尚書右僕射。尚書令副手，掌拆閲封緘奏章文書、參議政事、諫諍駁議、監察百官。位在左僕射之下。晋三品。　領：以地位較高的官員兼理較低的職務。　五兵尚書：官

名，屬尚書省。三國魏始置，掌軍事樞務，主管全國軍事行政，領中兵、外兵、騎兵、别兵、都兵五郎曹。西晋初不置，武帝太康年間復置，分中兵、外兵爲左右，共領七郎曹，仍稱五兵。晋三品。

遣征北張舉自雁門討索頭郁鞠，[1]克之。

[1]征北：官名，即征北將軍。與征東、征西、征南將軍合稱四征將軍。三國魏蜀吴、兩晋皆置，出鎮方面，地位顯要。晋三品，加持節都督者二品。　雁門：郡名，治所在廣武縣（今山西省代縣西南）。

制："征士五人車一乘，[1]牛二頭，米各十五斛，絹十匹，調不辦者以斬論。"將以圖江表。[2]於是百姓窮窘，鬻子以充軍制，猶不能赴，自經于道路死者相望，而求發無已。會青州言濟南平陵城北石獸，[3]一夜中忽移在城東南善石溝，上有狼狐千餘迹隨之，迹皆成路。季龍大悦曰："獸者，朕也。自平陵城北而東南者，天意將使朕平蕩江南之徵也。天命不可違，其敕諸州兵明年悉集。朕當親董六軍，以副成路之祥。"群臣皆賀，上《皇德頌》者一百七人。時祆怪尤多，石然于泰山，八日而滅。東海有大石自立，旁有血流。鄴西山石間血流出，長十餘步，廣二尺餘。太武殿畫古賢悉變爲胡，旬餘，頭悉縮入肩中。季龍大惡之，佛圖澄對之流涕。

[1]征士五人車一乘：中華本校勘記："《通鑑》九七'車'上有'出'字。"

[2]江表：江外，指長江以南地區。

[3]濟南：郡名，治所在歷城縣（今山東省濟南市）。　平陵城：位於今山東省濟南市章丘區。

寧遠劉寧攻武都狄道，[1]陷之。使石宣討鮮卑斛穀提，大破之，斬首三萬級。

[1]寧遠：官名，即寧遠將軍，屬名號將軍。晋五品。　武都：郡名，治所在下辯縣（今甘肅省成縣西）。　狄道：縣名，治所在今甘肅省臨洮縣。

中謁者令申扁有寵於季龍，[1]而宣亦昵之。扁聰辯明斷，專綜機密之任。季龍既不省奏案，宣荒酒内游，石韜沉湎好獵，生殺除拜皆扁所決。於是權傾内外，刺史二千石多出其門，九卿已下望塵而拜，唯侍中鄭系、王謨、常侍盧諶、崔約等十餘人與之抗禮。[2]

[1]中謁者令：官名，原爲中書謁者令，屬少府。漢代以宦官擔任，掌收納尚書奏事、草擬傳達皇帝詔命。

[2]王謨：謨，殿本作“謙”。　常侍：官名，散騎常侍、散騎中常侍、通直散騎常侍、員外散騎常侍等官的簡稱。晋三品。　盧諶：劉琨别駕、從事中郎。劉琨爲段匹磾所害，率餘衆依段末波，後投後趙石虎。

季龍又取州郡吏馬一萬四千餘匹，以配曜武關將，[1]馬主皆復一年。鎮北宇文歸執送段遼之子蘭降于季龍，[2]獻駿馬萬匹。

［1］武關：位於今陝西省商洛市西南丹江北岸。

［2］鎮北：官名，即鎮北將軍。東漢建安年間置，與鎮西、鎮南、鎮東將軍合稱四鎮將軍，多爲持節都督，出鎮方面。曹魏二品。晋三品，加持節都督者二品。　段遼之子蘭：中華本校勘記："《通鑑》九七'子'作'弟'。《慕容皝載記》亦稱'遼弟蘭'，《北史·段就六眷傳》作'鬱蘭'，亦云遼弟。疑作'弟'是。但本書《段匹磾傳》作遼子，與此同。"

季龍以平西張伏都爲使持節、都督征討諸軍事，[1]帥步騎三萬擊涼州。[2]既濟河，與張駿將謝艾大戰于河西，[3]伏都敗績。[4]

［1］都督征討諸軍事：最高軍事統帥。

［2］涼州：治所在姑臧縣（今甘肅省武威市）。

［3］河西：地區名，今甘肅、青海二省之間黄河南段以西地區，即河西走廊、湟水流域一帶。

［4］"季龍以平西張伏都"至"伏都敗績"：中華本校勘記："此事與《石季龍載記》下所云永和三年孫伏都爲征西將軍，與麻秋率步騎三萬攻涼事略同，一事重出，又訛'孫'爲'張'。據《張重華載記》，事在重華時，《穆紀》在永和二年，此條記於'建元初'之前，張駿未死，並不合，則繫於《載記》下者爲是。"

季龍雖昏虐無道，而頗慕經學，遣國子博士詣洛陽寫石經，校中經于秘書。國子祭酒聶熊注《穀梁春秋》，[1]列于學官。

［1］國子祭酒：官名，國子學的長官，主管國子學，掌教授儒學，參議禮制。晋五品。

燕公石斌淫酒荒獵，常懸管而入。征北張賀度以邊防宜警，每裁諫之。斌怒，辱賀度。季龍聞之大怒，杖斌一百，遣主書禮儀持節監之。斌行意自若，儀持法呵禁，斌怒殺之。[1]欲殺賀度，賀度嚴衛馳白之，[2]季龍遣尚書張離持節帥騎追斌，鞭之三百，免官歸第，誅其親任十餘人。

［1］“一百”至“斌怒殺之”：宋本無此二十五字。

［2］賀度嚴衛馳白之：宋本無“賀度”二字。

建元初，季龍饗群臣于太武前殿，[1]有白雁百餘集于馬道南。季龍命射之，無所獲。既將討三方，諸州兵至者百餘萬。太史令趙攬私於季龍曰：“白雁集殿庭，宫室將空，不宜行也。”季龍納之，臨宣武觀大閲而解嚴。[2]

［1］太武前殿：十六國後趙石虎所修宫殿，故址在鄴城。《鄴中記》載：“石虎於魏武故臺立太武殿，窗户宛轉，畫作雲氣，擬秦之阿房，魯之靈光。”太，宋本作“大”。

［2］大閲：閲兵。　解嚴：解除準備出征的命令。

以燕公斌爲使持節、侍中、大司馬、録尚書事。[1]置左右戎昭、曜武將軍，[2]位在左右衛上。東宫置左右統將軍，[3]位在四率上。[4]置上、中光禄大夫，在左右光禄上。置鎮衛將軍，[5]在車騎將軍上。[6]

[1]大司馬：官名，八公之一，位在上公之下、大將軍及三公之上，高級將帥，多爲大臣加官。晋一品。　録尚書事：官名，初爲職銜名，重臣加此名義始得總知國事，綜理政務，成爲真宰相。魏晋多以公卿權重者居之，總領尚書省政務，凡重號將軍、刺史皆得命曹授用，位在三公之上。

[2]戎昭：左右戎昭將軍，領兵武職，十六國南北朝皆置。後趙分左右。　曜武將軍：領兵武職，十六國後趙、北魏皆置。

[3]左右統將軍：十六國後趙置，掌東宫宿衛。

[4]四率：即東宫四率，東宫左右前後四衛率。

[5]鎮衛將軍：官名，屬將軍名號，十六國後趙置。位在車騎將軍之上。

[6]車騎將軍：官名，魏晋南北朝時位次於驃騎將軍，在諸名號將軍之上，多作爲軍府名號，以加授大臣及重要州郡長官。晋二品，開府位從公者一品。

時石宣淫虐日甚，而莫敢以告。領軍王朗言之於季龍曰：[1]“今隆冬雪寒，而皇太子使人斫伐宫材，引於漳水，[2]功役數萬，士衆吁嗟。陛下宜因游觀而罷之也。”季龍如其言。既而宣知朗所爲，怒欲殺之而無因。會熒惑守房，[3]趙攬承宣旨言於季龍曰：“昴者，趙之分也，熒惑所在，其主惡之。房爲天子，此殃不小。宜貴臣姓王者當之。”季龍曰：“誰可當者？”攬久而對曰：“無復貴於王領軍也。”季龍既惜朗，且猜之，曰：“更言其次。”攬曰：“其次唯中書監王波耳。”季龍乃下書追波前議遣李宏及答楛矢之愆，腰斬之，及其四子投于漳水，以厭熒惑之變。尋愍波之無罪，追贈司空，封其孫爲侯。

[1]領軍：官名，即領軍將軍。三國曹丕置，職掌同於中領軍，但任職者資位重於中領軍，簡稱領軍。爲禁衛軍最高統帥，常由皇帝親信或宗室擔任。兩晋沿置。晋三品。

[2]漳水：源出今山西省長子縣西，東流穿過太行山至河北省臨漳縣北。下游歷代屢有變遷，今已非故道。

[3]熒惑守房：火星停留在房宿。熒惑，火星。房，房宿，二十八星宿之一。

平北尹農攻慕容𨗨凡城，[1]不克而還。黜農爲庶人。

[1]凡城：縣名，治所在今河北省平泉市南。

時白虹出自太社，經鳳陽門，[1]東南連天，十餘刻乃滅。季龍下書曰："蓋古明王之理天下也，政以均平爲首，化以仁惠爲本，故能允協人和，緝熙神物。[2]朕以眇薄，君臨萬邦，夕惕乾乾，[3]思遵古烈，是以每下書蠲除徭賦，休息黎元，庶俯懷百姓，仰稟三光。[4]而中年已來變眚彌顯，天文錯亂，時氣不應，斯由人怨于下，譴感皇天。雖朕之不明，亦群后不能翼獎之所致也。昔楚相修政，洪灾旋弭；[5]鄭卿厲道，氛祲自消，[6]皆股肱之良，用康群變。而群公卿士各懷道迷邦，拱默成敗，豈所望於臺輔百司哉！其各上封事，極言無隱。"於是閉鳳陽門，唯元日乃開。[7]立二畤于靈昌津，[8]祠天及五郊。[9]

[1]鳳陽門：《太平寰宇記》卷五五《河北道・相州》："鳳陽門，鄴城門也。按《記》云，魏太祖都之，城内諸街有赤闕，南面

西頭曰鳳陽門，上有鳳二枚，其一飛入漳水，其一仍以鎖絆其足。鄴人舊歌曰：‘鳳陽門内天一半，上有金鳳相飛唤，欲去不去著鎖絆。’”

[2]緝熙神物：使吉祥神物大放光明。

[3]夕惕乾乾：日夜憂懼自强不息。

[4]三光：日月星。

[5]楚相修政，洪灾旋弭：楚相即春秋時楚相孫叔敖。此指孫叔敖修建芍陂消弭水害之事。《淮南子·人間訓》：“孫叔敖决期思之水，而灌雩婁之野，莊王知其可以爲令尹也。”《論衡·超奇篇》：“叔孫敖决期思，令君之兆著。”劉盼遂集解：“芍陂即期思陂也。孫叔敖本期思人。”

[6]鄭卿厲道，氛祲自消：鄭卿即鄭國子産。其執政之前，國亂，上下不親，父子不和。子産爲相一年，豎子不戲狎，斑白不提挈，僮子不犂畔。爲相二年，市不豫賈。爲相三年，門不夜關，道不拾遺。爲相四年，田器不歸。爲相五年，士無尺籍，喪期不令而治。

[7]元日：正月初一。

[8]二畤：畤，祭祀天地、五帝的場所。　靈昌津：一名延津，位於今河南省衛輝市東古黄河上。

[9]五郊：祭祀禮儀。《後漢書》卷二《孝明帝紀》：“是歲，始迎氣於五郊。”李賢注引《續漢書》曰：“迎氣五郊之兆。四方之兆各依其位。中央之兆在未，壇皆三尺。立春之日，迎春於東郊，祭青帝句芒，車服皆青，歌《青陽》，八佾舞《雲翹》之舞。立夏之日，迎夏於南郊，祭赤帝祝融，車服皆赤，歌《朱明》，八佾舞《雲翹》之舞。先立秋十八日，迎黄靈於中兆，祭黄帝后土，車服皆黄，歌《朱明》，八佾舞《雲翹》《育命》之舞。立秋之日，迎秋於西郊，祭白帝蓐收，車服皆白，歌《白藏》，八佾舞《育命》之舞。立冬之日，迎冬於北郊，祭黑帝玄冥，車服皆黑，歌《玄冥》，八佾舞《育命》之舞。”

李壽以建寧、上庸、漢固、巴徵、梓潼五郡降于季龍。[1]

[1]建寧：郡名，治所在味縣（今雲南省曲靖市西）。 上庸：郡名，東漢建安二十二年（217）置，治所在上庸縣（今湖北省竹山縣西南四十里堵水北岸）。 漢固：十六國成漢所置郡，確切地區不詳。 巴徵：十六國成漢所置郡，確切地區不詳。 梓潼：郡名，治所在梓潼縣（今四川省梓潼縣）。

先是，季龍起河橋於靈昌津，采石爲中濟，[1]石無大小，下輒隨流，用功五百餘萬而不成。季龍遣使致祭，沉璧于河。俄而所沉璧流于渚上，地震，水波騰上，津所殿觀莫不傾壞，壓死者百餘人。季龍恚甚，斬工匠而止作焉。[2]

[1]中濟：橋基。

[2]工匠：工，宋本作“土”。

命石宣、石韜，[1]生殺拜除皆迭日省决，不復啓也。司徒申鍾諫曰：“慶賞刑威，后皇攸執，名器至重，不可以假人，皆以防奸杜漸，以示軌儀。太子國之儲貳，朝夕視膳而不及政也。庶人邃往以聞政致敗，殷鑒不遠，宜革而弗遵。且二政分權，鮮不及禍。周有子頹之釁，[2]鄭有叔段之難，[3]此皆由寵之不道，所以亂國害親，惟陛下覽之。”季龍不從。太子詹事孫珍問侍中崔約曰：[4]“吾患目疾，何方療之？”約素狎珍，戲之曰：

"溺中則愈。"[5]珍曰："目何可溺?"約曰："卿目睕睕,[6]正耐溺中。"珍恨之，以白宣。宣諸子中最胡狀，目深，聞之大怒，誅約父子。珍有寵於宣，頗預朝政，自誅約之後，公卿已下憚之側目。

[1]命石宣：宋本"命"下有小字夾文"一作着"三字。

[2]周有子頽之釁：春秋時，周莊王喜歡子頽，讓蔿國做他的老師。周惠王即位以後，占取蔿國的菜圃、邊伯的府邸，奪取了子禽祝跪和詹父的田地，没收了膳夫石速的俸禄。所以蔿國、邊伯、石速、詹父和子禽祝跪發動叛亂，侍奉子頽去攻打惠王。後子頽被立爲王。

[3]鄭有叔段之難：叔段，春秋時鄭國人，鄭莊公同母弟。受母姜氏寵愛，受封京城。後陰謀作亂，失敗後死於他國。

[4]太子詹事：官名，東宫屬官，掌管東宫内外事務。兩晋南北朝時東宫地位極重，官署齊備，擬於朝廷。太子詹事任總宫官，堪比朝廷之尚書令、領軍將軍，位權甚重。晋三品。

[5]溺中則愈：把尿撒到眼里眼疾就會痊愈。

[6]睕睕：目深陷貌。

季龍子義陽公鑒時鎮關中,[1]役煩賦重，失關右之和。[2]其友李松勸鑒，文武有長髮者，拔爲冠纓，餘以給宫人。長史取髮白之,[3]季龍大怒，以其右僕射張離爲征西左長史、龍驤將軍、雍州刺史以察之,[4]信然，徵鑒還鄴，收松下廷尉，以石苞代鎮長安。發雍、洛、秦、并州十六萬人城長安未央宫。

[1]關中：地區名，函谷關以西秦國故地，包括今河南省靈寶

市以西及陝西省、甘肅省東部和四川省部分地區。

[2]關右：地區名，即關西，泛指故函谷關或今潼關以西地區。

[3]長史：官名，掌顧問參謀，爲所在官署掾屬之長。魏晋南北朝時王府、公府、軍府、邊郡均置。晋八至六品。

[4]征西左長史：官名，征西將軍府左長史。與右長史共掌顧問參謀，爲諸掾屬之長。左高於右。晋七品。　龍驤將軍：官名，高級軍事將領。晋三品。

季龍性既好獵，其後體重，不能跨鞍，乃造獵車千乘，轅長三丈，高一丈八尺，罝高一丈七尺，[1]格獸車四十乘，立三級行樓二層於其上，克期將校獵。自靈昌津南至滎陽，[2]東極陽都，[3]使御史監察，其中禽獸有犯者罪至大辟。御史因之擅作威福，百姓有美女好牛馬者，求之不得，便誣以犯獸論，死者百餘家，海岱、河濟間人無寧志矣。[4]

[1]罝（jū）：捕獸的網。罝，原本、宋本、殿本作“置”，據中華本改。

[2]滎陽：郡名，治所在滎陽縣（今河南省滎陽市東北）。

[3]陽都：縣名，治所在今山東省沂南縣南。

[4]海岱：即青州。　河濟：黄河和濟水。

又發諸州二十六萬人修洛陽宫。發百姓牛二萬餘頭配朔州牧官。

增置女官二十四等，東宫十有二等，諸公侯七十餘國皆爲置女官九等。先是，大發百姓女二十已下十三已上三萬餘人，[1]爲三等之第以分配之。郡縣要媚其旨，務於美淑，奪人婦者九千餘人。百姓妻有美色，豪勢因而脅之，率多自殺。石宣及諸公又私令采發者，[2]亦垂一萬。總會鄴宫。季龍臨軒簡第諸女，[3]大悦，封使者十二人皆爲列侯。自初發至鄴，諸殺其夫及奪而遣之縊死者三千餘人。荆、楚、揚、徐間流叛略盡，宰守坐不能綏懷，下獄誅者五十餘人。金紫光禄大夫逯明因侍切諫，[4]季龍大怒，遣龍騰拉而殺之。自是朝臣杜口，相招爲禄仕而已。季龍常以女騎一千爲鹵簿，[5]皆著紫綸巾、熟錦袴、金銀鏤帶、五文織成韡，[6]游于戲馬觀。觀上安詔書五色紙，在木鳳之口，鹿盧回轉，狀若飛翔焉。

[1]十三已上三萬餘人：宋本無“三已上”三字。

[2]又私令采發者：又，殿本作“及”。

[3]簡第諸女：第，宋本作“弟”。

[4]金紫光禄大夫：官名，對光禄大夫加金章紫綬。禄賜、班位、車服、佩玉等皆與特進同。晋二品。

[5]鹵簿：儀仗。

[6]韡：靴。

遣凉州刺史麻秋等伐張重華。[1]

[1]張重華：字泰臨，本書卷八六有傳。

尚書朱軌與中黄門嚴生不協，[1]會大雨霖，道路陷滯不通，生因而譖軌不修道，又訕謗朝政，季龍遂殺之。於是立私論之條，偶語之律，聽吏告其君，奴告其主，威刑日濫，公卿已下，朝會以目，[2]吉凶之問，[3]自此而絶。軌之囚也，冠軍苻洪諫曰：[4]“臣聞聖主之馭天下也，土階三尺，茅茨不翦，[5]食不累味，刑措而不用。亡君之馭海内也，傾宫瓊榭，象箸玉杯，[6]截脛剖心，[7]脯賢刳孕，[8]故其亡也忽焉。今襄國、鄴宫足康帝宇，長安、洛陽何爲者哉？盤於游田，耽於女德，三代之亡恒必由此。而忽爲獵車千乘，養獸萬里，奪人妻女，十萬盈宫。尚書朱軌，納言大臣，以道路不修，將加酷法，此自陛下政之失和，陰陽灾沴，暴降霖雨七旬，霽方二日，[9]縱有鬼兵百萬，尚未及修之，而况人乎！刑政如此，其如史筆何！其如四海何！特願止作徒，休宫女，赦朱軌，允衆望。”季龍省之不悦，憚其强，但寢而不納，弗之罪也。乃停二京作役焉。

[1]中黄門：官名，宦官中地位較低者。晋七品。

[2]朝會以目：朝會時大家都不敢説話，祇用眼神交流。以目之典出自《國語·周語上》：“厲王虐，國人謗王，邵公告曰：‘民不堪命矣！’王怒，得衛巫，使監謗者，以告，則殺之。國人莫敢言，道路以目。”

[3]吉凶之問：好消息和壞消息。

[4]苻洪：字廣世，本書卷一一二有載記。

[5]茅茨不翦：形容生活儉樸。《韓非子·五蠹》：“堯之王天下也，茅茨不翦，采椽不斲。”

[6]象箸玉杯：喻生活奢華。《韓非子·喻老》：“象箸玉杯，必不羹菽藿，必旄象豹胎。”

[7]截脛剖心：殷紂王的殘暴。《太平御覽》卷八三《皇王

部·帝紂》引《帝王世紀》載：殷紂“斮朝涉之脛而視其髓”。《史記》卷三《殷本紀》載：“紂愈淫亂不止。微子數諫不聽，乃與大師、少師謀，遂去。比干曰：‘爲人臣者，不得不以死争。’迺强諫紂。紂怒曰：‘吾聞聖人心有七竅。’剖比干，觀其心。”

[8]脯賢刳孕：《史記》卷三《殷本紀》載：“九侯有好女，入之紂。九侯女不憙淫，紂怒，殺之，而醢九侯。鄂侯争之彊，辨之疾，並脯鄂侯。”《太平御覽》卷八三《皇王部·帝紂》引《帝王世紀》載：殷紂王“刳孕婦之腹而觀其胎”。

[9]霽方二日：剛剛晴二天。